张源旺 张厚军 主编

南通大学张謇研究院 编

张謇研究系列丛书

张謇与金泽荣

凤凰出版社

图书在版编目（CIP）数据

张謇与金泽荣 / 张源旺，张厚军主编. -- 南京 ：
凤凰出版社，2023.12
（张謇研究系列丛书 / 钱荣贵主编）
ISBN 978-7-5506-3877-8

Ⅰ. ①张… Ⅱ. ①张… ②张… Ⅲ. ①张謇（1853-
1926）－人物研究②金泽荣－人物研究 Ⅳ. ①K825.38
②K833.126.56

中国版本图书馆CIP数据核字 (2022) 第253718号

书　　　名	张謇与金泽荣	
主　　编	张源旺　张厚军	
责 任 编 辑	郭馨馨	
特 约 编 辑	莫　培	
装 帧 设 计	陈贵子	
责 任 监 制	程明娇	
出 版 发 行	凤凰出版社（原江苏古籍出版社）	
	发行部电话025-83223462	
出 版 社 地 址	江苏省南京市中央路165号，邮编:210009	
照　　排	南京新洲印刷有限公司	
印　　刷	江苏扬中印刷有限公司	
	江苏省扬中市大全路6号，邮编:212212	
开　　本	880毫米×1230毫米　1/32	
印　　张	10.375	
字　　数	289千字	
版　　次	2023年12月第1版	
印　　次	2023年12月第1次印刷	
标 准 书 号	ISBN 978-7-5506-3877-8	
定　　价	88.00元	
	（本书凡印装错误可向承印厂调换，电话:0511-88420818）	

"张謇研究系列丛书"
编纂委员会

总　序

　　张謇(1853—1926)，字季直，号啬庵，清末状元，著名实业家、教育家和社会活动家，中国现代化的先驱者之一。2020 年 7 月 21 日，习近平总书记在企业家座谈会上指出："从清末民初的张謇，到抗战时期的卢作孚、陈嘉庚，再到新中国成立后的荣毅仁、王光英，等等，都是爱国企业家的典范。"同年 11 月 12 日，习近平总书记在江苏考察调研，专程前往南通博物苑，参观张謇生平展陈，了解张謇"实业救国"、发展教育和社会公益事业的事迹，称赞张謇是"民营企业家的先贤和楷模"。早在 1950 年，毛泽东同志也说过："没有张謇，中国纺织工业发展不会这样快。"2003 年，在纪念张謇诞辰 150 周年之际，江泽民同志欣然为《张謇》画册题词："发扬爱国主义精神，建设社会主义祖国。"张謇作为清末民初状元实业家，先后受到中华人民共和国三位党和国家最高领导人称赞，足见其非凡成就和深远影响。张謇的家国情怀、社会责任、世界眼光、创新意识、诚信品格、产业链意识等，在新时代需要大力传承与弘扬。

　　张謇是一位"百科全书式"的人物，张謇研究是一个取之不竭的"富矿"，也注定是一场筚路蓝缕的"旅行"。张謇的一生在中国近代动荡不安中度过，历经科举风波、云游入幕、朝鲜壬午兵变、甲午战争、戊戌变法、东南互保、预备立宪、辛亥革命、五四运动等重大时变，涉猎政治、经济、教育、文化、艺术、社会治理、城市规划、水利建设、渔权海权等诸多领域。他在短短的 30 年间，在家乡南通及周边地区创办了 34 家企业、370 多所学校、16 家慈善机构、78 处文化设施，创造了近 20 项"中国第一"，使得南通从一个封建州城一跃成为全国争相观摩的"模范城市"。张謇一生勤勉，在躬行实业、教育、慈善的同时，留下了 600 多万字的著述文字，且有日记并自订年谱。这些都为张謇研究提供了丰富资源和巨大空间。但张謇研究的艰巨性、复杂性也是显而易见的。张謇国学根柢深厚，阅历极丰，涉猎甚广，张謇研究要取得突破性进展委实不易。令人欣慰的是，百年来经过学人的不懈努力，张謇研究取得了丰硕成果。国内成功举办了六届张謇国际研讨会、四届"张謇精神的时代意义"年度论坛和一届张謇研究全国青年学术研讨会，成立了(南通)张謇研究中心、南京大学张謇研究中心、南通大学张謇研究院、海门张謇研究会、张謇纪念馆等一批研习机构。习近平总书记两次高度评价张謇后，全国更是掀起了张謇研究、宣传、教育的热潮，相继成立了张謇企业家学院、扬州大学张謇研究院、江苏省张謇研究会等研学机构，南通博物苑成为中央社会主义学院教学基地，并与张謇纪念馆一起入选全国爱国主义教育基地。(启东)通海垦牧公司正在恢复重建，即将对外开放。这些论坛、机构的成立与运行有力推动了张謇研究的深入和张謇精神的传扬。据不完全统计，百年来张謇研究专题文章已逾 6000 篇，著作逾 500 部。

本系列丛书旨在全面梳理和集中展现百年来张謇研究的丰硕成果，依"张謇与名人""张謇与事业""张謇与名物"三个维度，从已发表的论文中精选代表性研究成果。每本汇编又依论文主题分为若干专题，萃取和聚合相关文章。成果选编难免有遗珠之憾，有鉴于此，书后附有"专题研究综述"和"既往研究目录索引"，有些还根据需要附有人物年谱、相关考证等，以便读者掌握该领域研究全貌。

需要说明的是，本系列丛书的选编绝大多数征得了原作者的书面授权，但尚有少数作者由于各种原因未能取得联系，诚请这些作者见到此书后主动与南通大学张謇研究院联系，以便寄奉样书和薄酬。此外，本丛书编纂按现行出版规范对原文体例进行了调整，补充并重新核实了部分引文，如有不妥之处，敬请批评指正。

钱荣贵

2022 年 7 月 23 日

目　录

金泽荣的思想与学术成就

序

　　张謇与金泽荣作为近代史上具有代表性的重要人物，他们的思想与行为已经成为考察近代史演变不可或缺的组成部分，他们的交往关系也就活化为近代中韩历史变迁与文化交流的典型个案。在历史潮流的裹挟下，张謇在壬午之变赴朝鲜时结识了金泽荣。1905 年秋，金泽荣挈妇将雏，流亡中国，在张謇的帮助下，任南通翰墨林书局编校。金泽荣在南通出版了 30 余部史学、诗文著作，为保存民族文化精华作出了贡献，其中多部由张謇为之作序。两人从初识、扶持、互励到相濡以沫的关系，以个人身份的转变与沉浮书写了时代变迁的斑斓画卷。张謇以实业、教育救国，金泽荣以文章报国、修史救国，他们殊途同归。张謇与金泽荣结下了终生真挚友谊，在中韩文化交流史上留下了精彩篇章。在"张謇与金泽荣交往研究"的框架下，本书聚焦金泽荣相关研究，从多层次影响与多角度关系对相关研究成果作较为全面的展示，从而奠定推进张謇研究、金泽荣研究以及近代中韩文化交流与后世影响研究的资料基础，为进一步深入研究提供助力。

一、张謇与金泽荣的交往始末

　　金泽荣(1850—1927)，字于霖，号沧江，另号韶濩生、云山韶濩堂主人，晚年又称长眉翁，朝鲜京畿道开城郡人。祖籍庆尚道花开县，故又常自署"朝鲜遗民花开金泽荣"，与李建昌、黄玹、姜玮并称为韩末四大古文家。少工诗文，清人俞樾评价他"格律严整似唐人，句调清新似宋人"。金泽荣 1891 年会试中进士，先后任职议政府主事编史局、中枢院参书官兼内阁记录局史籍课长、弘文馆纂辑所正三品通政大夫等。

张謇曾经在1883年作为淮军将领吴长庆的幕僚随驻朝鲜，其间因观览朝鲜诗文结识了金泽荣。两人一见如故，往来甚密。但张謇回国后便与金沧江失去了联系。1905年日本迫使韩国签署《日韩保护条约》，金泽荣不愿苟且，毅然辞官流亡中国。张謇自1884年从朝鲜离军回国后，赴京会试，得取一甲一名进士(状元)，授翰林院修撰。接着甲午战败，国势衰颓，张謇决意弃仕途而走兴办实业与教育以救国的新路。1895年，他借两江总督张之洞请办地方团练之机，回南通创办企业、兴建学校。1905年，正是张謇在南通等地主办的实业与教育方兴未艾，并扩及上海、南京之时。

金泽荣来到南通以后，被张謇安排在南通翰墨林印书局，任编校之职。据南通市图书馆与南通博物苑合编的《金泽荣撰辑书目》，金泽荣在南通翰墨林书局出版了近30种诗文与史学著作，其中多种张謇为之作序。在南通翰墨林书局的大力支持下，金泽荣发愤著书，以传播韩国历史文化为己任。1906年，他选择韩国古代的著名诗文，辑录为《丽韩文选》《丽韩九家诗选》等书出版。后来他还搜集整理了其好友韩国文人黄玹(号梅泉)遗作《梅泉集》；协助《明美堂集》(韩国文人李建昌著)在中国出版。此外，他还先后出版了自己的文集《沧江稿》《韶濩堂集》续、补与《韶濩堂三集》等。除了诗文创作，金泽荣把更大的精力放在修纂韩国的历史上。先是将其《东史辑略》增补为《韩国历代小史》，还出版了《校正三国史记》《新高丽史》《高丽季世忠臣逸事传》等。1918年出版《韩史綮》，可以看作是金泽荣对朝鲜王朝五百年历史的回顾与反思。张謇《韩国历代小史·序》云："于是始终李氏朝鲜之事，成《韩史綮》。……韩之人抱持纶一旅楚三户之志者夥矣。"把撰史看作是记录、维系民族精魂之所在。这是张謇与金泽荣共通的思想，也是他们殊途同归的爱国、救国思想精神的契合点。张謇与金泽荣的交流不仅限于诗文，还包括音乐、舞蹈等艺术，有《张謇与金沧江论舞笔谈》为例。

随着时局的不断变动，身在中国的金泽荣为祖国情势所牵挂。1909年，朝鲜爱国志士安重根在哈尔滨刺杀了逼迫韩国签署《日韩保护条约》的前朝鲜统监伊藤博文。金泽荣获悉此消息，为安重根赋诗并为其作传记，广为流传。1910年，韩国亡国，金泽荣身着素服，为祖国挂孝三日，并给自己的儿子取名"光祖"，即光复祖国之意。1911年辛亥革命后，金泽荣为之赋诗，甚至想过加入中国国籍。1920年，韩国临时政府成立后，金泽荣为之代写《陈情书》，以两国自古至今的紧密联系恳求民国政府支援韩国独立运动。

张謇病逝，金泽荣悲痛万分，当时报载："韩国遗老金沧江，受啬老荫惠尤多，痛念故人谢世，号哭极为凄惨。"1927年4月，张謇逝世8个月后，金泽荣于贫病交迫中自尽。

二、张謇与金泽荣研究概况

在张謇与金泽荣交往研究的视野下，关于金泽荣研究的相关文献是本书选编的侧重点。学界关于金泽荣的研究多集中于其生平思想、诗文创作、社会活动等方面，但这些研究还存在不少问题，多数成果沿袭成说，少有新材料的挖掘与探析，宏观性研究较少等。

（一）张謇与金泽荣研究

金泽荣流亡到中国，张謇在各方面对其都提供了帮助，两人结下了终生真挚的友谊。薛平《张謇与金沧江——一个世纪前的中朝（韩）友谊个案研究》对张謇与金泽荣的交往做了平实的论述与研究。王敦琴《张謇与金沧江诗之比较》通过比较张謇与金泽荣两者的诗歌，认为由于生活境遇与阅历、所追求的事业与目标各异，两人诗歌在思想内容与艺术风格等方面也存在较大差异。徐乃为《金泽荣离韩来华的目的与根因辨正》认为金泽荣离韩来华，其真正的目的是：自许于自己的诗文著述，渴望于自己的声名传扬，恐惧于人生的来日无多，景仰于中华的儒家文化。庄安正《亡国情势·箕子情结·挚友情谊——金泽荣申请加入中国国籍缘由考析》认为，金泽荣于1912年申请加入了中国国籍的缘由在于：韩国1910年的亡国情势将金泽荣逼入无国籍可隶的困境；金泽荣内心的箕子情结因1912年中华民国建立而外化；与张謇的挚友情谊使中国的形象鲜活生动，箕子情结得以激发。张自强《"韩国屈原"金沧江在南通的日子》介绍了金沧江在南通的著述以及历史遗迹。章开沅《张謇与中韩文化交流》着重论析张謇与金泽荣之间的深厚友谊。

（二）金泽荣与其他文化名人的交往

金泽荣在通期间与文化名人的交往与友谊被研究者从多角度探究。周昶、倪怡中《金泽荣和中国文化名人的诗文交往》介绍了自1905年起流亡中国期间，金泽荣与俞樾、张謇、严复、梁启超、屠寄、郑孝胥等文化名人建立了深厚的友谊。庄安正《金泽荣与近代南通文人群体交往考评》认为，以文会友或因文结缘是金泽荣与南通文人群体交往的主要形式。顾敏琪《金泽荣与屠寄、吕思勉之诗文交往》指出：金泽荣与就职于南通的常州籍历史学家屠寄、吕思勉等，通过诗文交往产生了深厚的跨国友谊。庄安正《金泽荣与俞樾交往论述》指出，金泽荣与俞樾于1905—1907年间持续交往并对各自的学术研究均产生了积极影响，并论述了他们交往的过程及其交往的原因。

（三）金泽荣的出版著述活动

金泽荣在南通翰墨林印书局任编校期间的出版著述活动也颇受学者关注。郭美善《金泽荣在中国的出版著述活动考》认为，在通期间，金泽荣出版相关文献多达30余种，其用意在于保存与弘扬朝鲜文化的精粹。庄安正《金泽荣与翰墨林编译印书局》指出，翰墨林编译印书局在促进中、韩两国人民传统友谊，保存韩国民族历史、文化精粹等方面，发挥了积极作用。倪怡中《南通翰墨林印书局里的韩国学者》揭示了中国文化对金泽荣的深刻影响。

（四）金泽荣的学术思想与成就

作为韩国近代最重要的汉学家与文史大家之一，金泽荣的学术思想与成就是研究者关注的重点。羽离子的《〈韩史綮〉与金泽荣的历史批评》认为《韩史綮》全面地展示了金泽荣的历史观，通过分析总结出《韩史綮》历史批评的要点。羽离子《韩国金沧江的汉学成就》认为，金沧江在一生中始终使用汉文写作，并致力于汉学的研究与总结。于秀林《〈沧江稿〉诗集的文献学研究》总结了《沧江稿》诗集在研究中朝关系史、研究汉学在朝鲜的影响、研究朝鲜文学等方面的史料价值。黄伟、董芬《金泽荣诗学渊源论略》揭示了金氏家族及李建昌在金泽荣诗学取法轨辙上留下的深刻印迹。张荣生《金沧江：彪炳韩中两国文坛的汉文学家》认为：儒家思想的熏陶，独特遭遇与阅历，对文学与史学事业的执着追求，对中国古典文学潜心的研磨，造就了旧韩时代伟大的文学家与历史学家金沧江。王庆德《旅华韩人金泽荣的文化拯救活动》认为，旅华韩人金泽荣在中国对韩国传统文学与史学进行了重新整理和著述，使韩国传统文化在国难之时得以保存与传播，也暗含了这一时代所特有的文化拯救意义。

（五）金泽荣研究概况

对当前金泽荣研究状况的梳理，王成的《朝鲜文人金泽荣研究综述》具有代表性。其文指出，国内学界关于金泽荣的研究主要集中在金泽荣的生平思想、诗文创作、社会活动等方面。认为还存在一些问题，如缺乏整体研究、新材料的发现与分析较少、缺少创见等。

概言之，韩国在 20 世纪初被日本逐步蚕食的同时，其文化传统也遭受重大破坏。值此之际，金泽荣对韩国文化遗产与传统进行整理与维护，使韩国传统文化在国难之际得以保存与传播，因而具有文化拯救的意义，从而使当时韩国人从殖民地的绝望、虚无、自我磨灭的消极情绪中解脱出来，坚定了韩国人的民族自信。在特定的历史文化背景下，基于文化身份认同的模糊性，金泽荣面对历史变革，未能清晰地进行历史定位，摆脱旧思想，正确对待现实而进行自我的革新。金泽荣主张文学的独立性，反对文学从属于道德，但对文学的思想性有所忽略。时值中韩两国新文化运动兴起，在这一变革中，金泽荣认为汉文古文是理想的文体，其文学观念在韩国文学近代化的过程中，未能成功地进行自我转换。金泽荣的史学叙述体制沿袭了以王朝为中心的编年体记述方法，而非因果分析式的近代史学叙述方式。他继承了实学期的历史认知，在运用多种资料进行实证的同时又站在春秋微言大义的立场上，重视儒家名分与道德评价。不过，金泽荣在历史评述中也会表现出一定的批判立场，从而超越韩末儒家思想的局限性，蕴含着近代改革的倾向。

三、当前研究存在的问题与展望

目前国内对张謇与金泽荣的研究取得了一系列成果，但是也存在一些问题。首先，研究成果探讨的问题域较为集中，如关于金泽荣与张謇以及其他文化名人的交往、金泽荣在翰墨林印书局的著述编纂与出版活动，金泽荣的思想与学术成就等情况，重复论述较多，新材料的发现与挖掘较少。其次，在金泽荣本人研究方面，主要集中于金泽荣的文学创作、历史意识及文章报国、修史救国等，对于其著作文本的细读、分析尚不够深入。最后，金泽荣作为韩国遗民厕身中国的样本，研究面较为狭窄，宏观性视野不足，没有形成综合性研究、总体性研究的态势。

为了对张謇与金泽荣作全面、系统的研究，笔者认为应该在以下几个方面下工夫。

首先，研究近代史变迁背景下的个案生成。在近代东亚文化转型的社会思想文化背景下，深入对张謇与金泽荣的研究。结合当时的社会政治文化背景，从心态、思想等角度对其著作进行具体分析；并结合对同时期学者进行个案研究、比较研究。在此基础上，进行综合性把握，探析近代社会转型对张謇、金泽荣以及他们之间关系的深刻影响，深入探寻时势对个体生成的影响、个体对时势发展的回应。

其次，研究个案对文化交流的推动与影响。张謇与金泽荣之间的扶持、帮助与互励，使得以个人的努力推进近代中韩文化交流成为可能。特别是金泽荣著作包含着丰富的中国文化因素，通过比较研究，可以透视中国文化、文学的域外影响与接受情况。他与以南通、上海为中心的中国士大夫的思想交流，也有深入分析的必要。挖掘张謇、金泽荣在中韩文化交流上的作用，对当代中华文化走出去，加强与各国的文化交流，可以提供有益资鉴。

最后，继续深入挖掘相关文献，推进中韩文化的当代互动与交流。作为历史文化人物的张謇与金泽荣在中韩文化交流史上具有独特的标本意义，两者究竟有着怎样的地位与影响，如何进行继承与批判，都有深入研究的必要，相关文献仍需进一步挖掘与整理。加强中韩两国学界学术交流，构建汉文学研究动态与成果的共享机制，通过交流与借鉴，构建完整、系统的汉文学整体研究与个案研究体系。加快中韩两国关于张謇与金泽荣研究成果的共享，以张謇与金泽荣研究为基点，融合更多个案研究，从而推进中韩文化乃至东亚文化的整体互动与交流。

张源旺　张厚军

2022 年 7 月 23 日

张謇与金泽荣

张謇与金沧江

——一个世纪前的中朝（韩）友谊个案研究

薛　平

绪　言

　　1882年①，一位从中国南通走出来的农家学子随军登上异邦朝鲜（韩国）的土地，其才能广受中朝要人的赞赏，他就是清末状元张謇。在朝鲜（韩国），他结识了一些新的朋友，其中有一位是朝鲜（韩国）著名文士金沧江。虽是初识，两人却相谈甚洽，彼此倾慕。不久，张謇回国，他们中断了联系，时间长达20多年。1905年，中国上海来了一家外国客人，行装备简，从他们的衣着上不难判别出他们来自与中国唇齿相依的朝鲜（韩国），他们就是金沧江一家，因不愿做广国奴而在国破之后出亡到了中国。金沧江的到来令张謇十分意外，但张謇对逾年老友还是给予了热情的接待，并按朋友的意图做了精心的安排。很快，金沧江携家人辗转到了张謇的家乡南通。在这里，金沧江度过了他一生中的最后22年。张謇与金沧江的个人友谊在这较长的时间里得到了更好的发展。本文便是截取这一段往事，对张謇和金沧江的跨国友谊进行简略的陈述，而后分析这一特殊友谊得以建立和发展的重要基础，并最终从张謇与金沧江的私人友谊来审视历史上的中

---

　　①　由于纪年方法上的原因，张謇第一次去朝鲜（韩国）在很多地方被写成是在1882年，而在张謇研究中心、南通市图书馆编《张謇全集》第六卷（日记）中则是1883年，本文采用前者。

朝（韩）关系，为在新的世纪里进一步发展中朝，特别是中韩国家关系
提供一点历史的借鉴。

写作本文，有一个看似不大的问题首先要做出解释：金沧江到
底是韩国人还是朝鲜人？在有关的文章和书籍中，或称朝鲜人，或
称韩国人，说法不一。是不是两者相互矛盾呢？并非如此。出现这
种情况的原因主要在于朝鲜（韩国）的历史。可从两个层次来作
考察：

第一，众所周知，朝鲜半岛历史上是一个由多民族共同居住的地
域，北部的原始民族主要有古朝鲜①、高句丽和扶余等，南部则主要
是三韩（马韩、弁韩和辰韩），这应当就是后来朝鲜半岛北称朝鲜南称
韩的初始原因。公元前后，半岛开始由原始部落向国家过渡，相继建
立了高句丽、百济和新罗三国。前三国时代到 7 世纪结束，朝鲜半岛
进入到统一时期，国名新罗。10 世纪初，半岛分裂，后三国鼎立并
存，国名与前三国相同。时隔不久，朝鲜再次统一起来，国号为高
丽。1392 年，高丽大将李成桂兵变，废王自立，4 年后将国号改为朝
鲜，史称"李氏朝鲜"。这个名称一直沿用到 1897 年，朝鲜改号曰
"韩"。金沧江生于 1850 年，终于 1927 年，跨越"朝鲜"和"韩"两
个历史阶段，所以称他为朝鲜人还是韩国人都没有问题。而且从地域
概念上讲，这里的"朝鲜"和"韩"并无差异，只是相同对象的不同
名称罢了。金沧江所写的国史《韩史綮》《韩国历代小史》等实际上就是
整个朝鲜半岛的历史。正是由于历史上朝鲜半岛长期以朝鲜为国名，
故而今天的韩国也称"南朝鲜"。

第二，20 世纪 50 年代朝鲜战争以后，朝鲜半岛正式分裂为朝鲜
和韩国，历史人物就出现了一个新的"国属"的问题。解决这一问
题，无非是从他们的祖籍、出生地、主要活动地等方面去作辨识。对
于金沧江，从这几个方面论其"国属"，则朝、韩皆宜。金沧江的出
生地开城，今属朝鲜，临近韩国京畿道。中国地图出版社的《朝鲜·

---

①　西汉初年，中国燕人卫满率部来到朝鲜，废古朝鲜王，建立卫氏朝鲜。

韩国地图册》有明确的表示①。朴忠禄先生谓，金沧江"1850年生于韩国京畿道开城"②，此说不恰。一者金沧江出生时，朝鲜半岛称"朝"不称"韩"；二者今日的开城也并不属于韩国的京畿道。因此，将金沧江看成是（今天的）（北）朝鲜人，是能够成立的。但是，如果从祖籍和主要活动地来看，金沧江又是（今天的）韩国人。金沧江的祖籍是庆尚道的古花开县，这是在今天的韩国。金沧江在著作中即自称"韩国花开金泽荣""韩国遗民""韩侨""韩客"或"南通新民韩产金泽荣"（也许正是因为金沧江本人自称是韩国人，大多数研究金沧江的才将他说成是韩国人）。再则，金沧江在国内的大半生是在今天的韩国境内度过的，当时的都城汉城今天便属韩国，所以称他为韩国人无论古今均有依凭。不过，我们认为，没有必要以今天的国家概念去界定金沧江的"国属"。历史上，我们指称朝鲜半岛一般都用"朝鲜"，因此，本文将金沧江看成是（历史上的）朝鲜人，但为了兼顾现实，在叙述中本文必要时朝鲜与韩国并称，如表述中国和朝鲜的历史关系时写作"中朝（韩）"。

关于张謇和金沧江两人关系的研究，在中朝（韩）两国关系史的研究中，虽然只是一个很小且较特殊的个案，但是，窥一斑而见全豹，他们的私人关系是存在于国家关系这一大背景下的，透过个案可以清晰地看出两国间的历史关系。张謇和金沧江之间的文化和历史的认同意识其实正是中国和朝鲜（韩国）悠悠两千年友好历史的见证。历史上，中国和朝鲜（韩国）一直保持了传统的友好关系，两国人民，尤其两国的知识分子频繁往来，写就了一首首继之不息、咏之不绝的友好诗篇。著有《桂苑笔耕集》的崔致远是唐朝来中国求学入仕的新罗人。18—19世纪前半期，中朝（韩）学者的友好关系达到历史上的最盛期，一大批朝鲜（韩国）学者来到中国，学习中国的文化，与中国很多名士

---

① 刘惠云《朝鲜·韩国地图册》，中国地图出版社，1996年。

② 朴忠禄《从张謇和金泽荣的友谊看中韩两国人民的兄弟情谊》，载第三届张謇国际学术研讨会组委会编《第三届张謇国际学术研讨会论文》（未刊本），页372。

结成至交。中外关系史著名学者朱杰勤先生在对 18—19 世纪前半期中朝(韩)学者的友好关系作专题研究时说:"到十九世纪下半期以后,中朝文化交流继续进行,可是由于帝国主义的侵略,中朝两国人民互相支援来反抗外国的入侵,在这个时期里,最重要和最突出的两国关系就是两国人民并肩作战所形成的战斗友谊,而两国之间的文化交流自然退处于微而不显的地位,因而没有充分的记载。"① 本文对张謇与金沧江两人关系的研究正可以弥补朱先生论断的缺失。张謇和金沧江的交往是 19 世纪后期到 20 世纪初中国与朝鲜(韩国)两国人民友好往来的杰出代表,这种关系是两国历史关系在特殊背景下的继续。因此,本文的研究意义不只是局限于简单的人物交往上,它对于透视中朝(韩)国家关系也具有独特的价值。

对这个问题的研究,史学界才刚开始。过去,研究张謇,一般都不涉及金沧江。如张謇之子张孝若著《南通张季直先生传记》②、张謇密友和助手刘厚生著《张謇传记》③、著名史学家章开沅先生著《开拓者的足迹——张謇传稿》④等均未提到金沧江及张謇与金沧江的关系。其原因或许是因为张謇与金沧江这样一些外域人士的交往在其一生中不是主要的事件。值得注意的还有一个问题,张謇在其日记中也没有关于金沧江的记录,今天我们从张謇留下的文字中只能从其诗文里发现他与金沧江结识、交谊的记录。张謇为什么在他很详细的日记中不提金沧江,的确是一个谜,何故如此,本文尚无结论,且待今后作进一步的研究。

1984 年"张謇研究中心"在南通成立,对张謇的研究进入到一个新时期。1987 年在南京召开了第一届张謇国际学术研讨会,会上提交的数十篇论文(后结集出版,名为《论张謇——张謇国际学术研讨

---

① 朱杰勤《十八、九世纪中朝学者的友好合作关系》,《中外关系史论文集》,河南人民出版社,1984 年,页 135。

② 该书最初由上海中华书局 1930 年 2 月出版,台湾学生书局 1974 年再版。

③ 该书初版于 1958 年上海龙门联合书店,1985 年上海书店影印版。

④ 该书由中华书局 1986 年出版。

会论文集》)是中外学者 80 年代中后期张謇研究成果的汇总，然而其中没有一篇是关于张謇和金沧江私人交往的。1995 年，还是在南京，第二届张謇国际学术研讨会召开，会后出版的《近代改革家张謇——第二届张謇国际学术研讨会论文集》共收录发言、论文 115 篇，规模远远大于前一次研讨会，但同样没有关于张謇和金沧江两人关系的文章①。这说明，对张謇和金沧江私谊的研究作为张謇研究中的一个子课题，尚未得到应有的重视。不过，在这之前，少数学者已开始关注这一课题。作为金沧江一生主要生活地之一的南通于 1976 年就由南通市图书馆、博物馆油印了《金泽荣资料》。在对金沧江研时，不可避免地要涉及他和张謇的个人关系。1988 年由南通市地方志办公室编的《南通今古》即收录了羽离子写的《张謇与流亡韩士金沧江》一文，1989 年羽离子又在《海门县文史资料》第 8 辑上发表了《张謇与流亡的朝鲜名士金沧江》一文。北京大学东方语言文学系的朴忠禄先生是国内专门研究金沧江的学者，他在研究金沧江时（主要是文学方面）自然要涉及张謇和金沧江的私人交往，如其于 1994 年出版的《朝鲜文学论稿》②中《朝鲜近代的爱国诗人金泽荣》等文即是如此。更要提到的是，1998 年，由南通市民间文艺家协会、南京大学中韩文化研究中心和韩国高丽大学民间文化研究所三方合作在南通成立了"金沧江研究所"，到目前为止，该所已出版《金沧江研究》第一辑和第二辑。其中即有专文研究张謇与金沧江的友好关系，较之前的文章，其深度有了一定的扩展，学术性也更突出了。如第一辑杨问春文在谈到张謇和金沧江何以保持了几十年的生死之交时认为，这"不仅仅是一种缘分，更重要的是两人有着同样耿直狷介的个性，同样博大精深的文学修养和同样始终不渝的忧国爱国情操"③。2000 年 8 月在北京召开了第三

---

① 第一、第二次张謇国际学术研讨会的论文集分别于 1993 年和 1996 年由江苏人民出版社和江苏古籍出版社出版。

② 朴忠禄《朝鲜文学论稿》，北京大学出版社，1994 年。

③ 杨问春《青山有幸埋忠骨——韩国诗人金沧江在南通》，金沧江研究所《金沧江研究》第一辑（内部资料），页 7。

届张謇国际学术研讨会，在与会学者所提交的众多论文中有一篇是论述张謇和金沧江的友谊的，即朴忠禄的《从张謇和金泽荣的友谊看中韩两国人民的兄弟情谊》，这些研究都具有拓荒的意义。只是这样的文章仅为孤篇，在论文集中无法单独成一系列，编者只好将其编在"综论与其他"栏中。会后刊发的《第三届张謇国际学术研讨会纪要》在三大研究重点中也没有这方面的成果介绍，这说明张謇的交友活动特别是张謇和金沧江的关系尚未成为张謇研究的一个重要课题①。

从目前关于张謇和金沧江关系的研究成果看，这项工作依然是刚起步，这方面的研究还不够深入，不仅专论文章较少，而且研究者也不多，从研究的内容和层次上看，一般还停留在对张謇与金沧江两人交往过程的铺叙以及对金沧江文学、史学成就的评介上。韩国于1978年出版的"韩国近代思想丛书"，其中就有《金泽荣全集》②，这表明韩国已经给予金沧江应有的历史地位。《金泽荣全集》为我们研究张謇和金沧江的关系提供了直接资料。韩国学者研究金沧江时也注意到了金沧江与张謇的私人友谊，如《金沧江研究》第二辑即收录了韩国人金允熙的一篇长文《沧江金泽荣论》。

本文广泛吸收他人研究的成果，试图在此基础上对张謇和金沧江个人关系的文化、历史和现实的基础作一些初步的探讨。在我们的讨论中，中国和朝鲜（韩国）的历史关系、两国在近代的相同遭际是张謇和金沧江私人交往的宏观背景，而张謇和金沧江的士人禀赋则是他们保持友好关系的个人条件。在历史的大背景下，张謇和金沧江的关系实际上代表的是中朝（韩）两国的历史关系。在近代，由于殖民主义的影响，中朝（韩）两国的历史关系经受了前所未有的考验，金沧江亡居中国，以中国作为他的避难地，这一个人行为其实浓缩了国家间千余年中传统的友好关系，所以研究张謇和金沧江的个人关系本质上是对中国和朝鲜（韩国）国家关系的研究，这是本文写作的意义之所在。今

---

① 江海《第三届张謇国际学术研讨会纪要》，《中国经济史研究》2000年第4期。
② 韩国亚细亚文化社出版。

年将在扬州召开崔致远国际学术会议，这是中朝(韩)关系研究中的一个大事，我们认为对张謇和金沧江的个人关系的研究具有同样的意义：如果说崔致远在中国的活动代表的是中国和朝鲜(韩国)两国古代的友好关系，那么，张謇和金沧江的友谊则代表着近代中国和朝鲜(韩国)两国的友好关系；若从地域上讲，崔致远和金沧江在扬州与南通的生活则是江苏对外友好关系的生动例证。

本文对张謇和金沧江关系的研究尚有许多不足，除论析不深之外，还有一些具体问题没有探究清楚。我的导师周新国教授在对本文进行审阅时提出了这样一个重要的问题：张謇和金沧江两人之间是否有过误会或芥蒂之类，又是如何解开的？遗憾的是，就我目前所掌握的资料，还不能对此进行深入研究。不过，有些问题似乎应给予足够的重视，如，金沧江最后几年生活十分凄惶，显然，张謇对他的关照不如以前。之所以如此，客观上看是因为张謇事业凋落。1920年，张謇的事业达到最辉煌的时期，此后不久便急速衰落。在这样的背景下，张謇疏于对老友的照顾，也能理解，但有没有其他的原因呢？这还需要作进一步的深入研究。再如，张謇给金沧江虽然安排了一个翰墨林的编辑职位，但在经济上是如何更多地帮助金沧江的，本文不得而知。从现有的资料看，张謇在经济上对金沧江的关照有时是不够的，金沧江出版文稿要靠自费，有时不免捉襟见肘，他的《沧江诗稿》是靠了时在南通讲学的屠寄和南通几所学校的学生的资助才得以付梓问世。从企业体制上讲，金沧江在翰墨林印书不可能免费，但张謇如果从其他渠道给予金沧江更多的资助，这种困窘的状况就不会出现。这种状况在几年前刊行《申紫霞诗集》时曾经出现过，当时张謇关照书局今后金沧江出书费用能减则减，能免则免①，显然这没有一贯到底。当然，个中原因也可能是金沧江隐瞒困难而不向老友直言。类似这些问题，都需要将来继续研究。

---

① 杨问春《青山有幸埋忠骨——韩国诗人金沧江在南通》，金沧江研究所《金沧江研究》第一辑(内部资料)，页11。

在写作本文的过程中，读到了章开沅先生新近发表的一篇文章《张謇与中韩文化交流》①，这篇文章侧重论析的是张謇和金沧江之间的私人友谊，在第三部分，章先生分析了张謇与金沧江交谊的深层原因。章先生认为，张謇"数十年如一日关心朝鲜的命运，热爱朝鲜的传统文化，并且与朝鲜的爱国文士心心相印，同时也为中韩文化交流做了许多卓有成效的工作"，其所以如此，首先是由于中朝两国在近代都处于相似的历史命运；其次，中韩都属于儒学文化圈，儒学在近代两国文化交流中仍然是最重要的精神纽带；最后，中韩两国虽然语言不通，但文字则曾经可以通用，两国朝野人士常常借助笔谈以相沟通。本文的某些观点与章先生的这些观点不谋而合。

上篇　生平与交谊

一、张謇与金沧江生平

（一）张謇

1. 历史背景

张謇出生于 19 世纪的 50 年代，他的一生见证了中国近代历史的风雨沧桑，章开沅先生在《开拓者的足迹——张謇传稿》自序中指出："张謇是过渡性时代、过渡性社会中的一个过渡性人物。"② 这个概括言简意赅。中国近代社会的发展主线是半殖民地半封建化以及中国人民的觉醒、奋争和自强，张謇生在这样一个特殊的时代，追随时代而进步，实现了人生的多次飞跃，他通过科举把自己从一个农家子弟变成为一个士人，而后又从士人群体中分化出来进入商人群体，成为新兴资产阶级中的杰出代表。几乎可以说，张謇的一生是较为完整地反

---

①　章开沅《张謇与中韩文化交流》，《华中师范大学学报（人文社科版）》2000 年第 6 期。

②　章开沅《开拓者的足迹——张謇传稿》（自序），中华书局，1986 年，页 3。

映了近代中国的历史脉搏的。变法维新、东南互保、预备立宪、民主
共和、南北之争……张謇时常活跃在历史的舞台上；更为可贵的是，
中国近代许多全新的实践是从他开始的，他在中国近代化的历程中，
"较早和较系统地提出把封建落后的中国建设为'民富国强'的资本
主义国家"①，并努力实践之。张謇具有旧时代士人的种种特质，同
时又区别于旧时代的士人，我们认为这就是章开沅先生所谓的"过渡
性"。一个人的"过渡性"是由时代造成的，"过渡性"的近代中国是
张謇一生奋进的主要背景。

2. 生平

张謇（1853—1926），于清咸丰三年（1853）五月二十五日出生在江
苏海门常乐镇的一个富裕农民兼小商人的家庭，自幼聪慧，熟读诗
书，才思敏捷。依照当时传统的习惯，张謇的父亲为他选择的人生宏
途自然是"学而优则仕"的科举之路。1868年，15岁的张謇开始参
加科举考试，先后通过了县试、州试和院试。1871年，张謇参加科
试，取中一等第十五名，得到了乡试中举的资格。然而，好事多磨，
因为投考冒籍②，屡遭敲诈，张謇一家的经济、身心乃至社会声誉如
蒙严霜侵逼，受损极重。不过，正如章开沅先生所说的那样，变故中
也有"突破性的收获"③，获得社会上层群体的识拔便是这样的收获
之一。通州知州孙云锦就是这些所谓"上层群体"中的对张謇影响很
大的一位重要人物。

1874年，张謇受孙云锦之邀，走出了家乡，赴任江宁发审局书

---

① 严学熙《近代改革家张謇——第二届张謇国际学术研讨会论文集》上册，江苏
古籍出版社，1996年，页2。

② 通州旧俗，家庭三代均无人入学为生员者，称之为"冷籍"，子弟应试往往
要受到学官和保人相互勾串的多方勒索。张謇的家庭属于"冷籍"，为改变之，他经
人介绍冒充如皋人张驹的孙子。并改名育才在如皋应试。但后来，张謇一家屡受张驹
等人的敲诈，不仅经济上遭受严重损失，而且身心蒙羞。这就是张謇人生中的"冒籍
风波"，这场风波在海门师山书院院长王崧畦、海门训导赵菊泉、通州知州孙云锦、
江苏学政彭久余等人的帮助、同情下于1873年经礼部核准"改籍归宗"方得平息。

③ 章开沅《开拓者的足迹——张謇传稿》，页6。

记一职。两年后，孙云锦再将张謇推荐给庆军统领吴长庆，这样，23
岁的青年张謇便开始了客幕吴长庆门下长达八年（1876—1884）的军旅
生涯。张謇就是在这段游幕期间得以结识"文章报国"的朝鲜（韩国）
名士金沧江的。这段经历使之逐步跻身当代名士的行列，以致当时的
督抚名公皆欲将其罗致幕中，然张謇"南不拜张（之洞），北不投李
（鸿章）"，纷纷辞却。之后，张謇回乡，并于1885年继续参加科举考
试，但却成少败多，已过而立的张謇不免心灰意冷。不过，张謇在这
几年中却受到了南派清流翁同龢等要人的赏识。至状元及第前，张謇
在家乡做了不少益事。1894年4月，张謇如意登上了科举"正途"
的顶峰，殿试得中一甲一名，被授以翰林院修撰。

　　张謇科举的最后成功了却了其父彭年之宿愿。然而时隔不久，当
年9月，彭年却病逝故里。"一等之名，何补百年之恨；慰亲之望，
何如侍亲之终"①，原本即已"久倦风尘之想"②的张謇因为父亲的
辞世对仕途愈加厌倦了。于是，他再度回到乡里，为父守制。1896
年，张謇走上了"状元办厂"的道路，这条"学—商"道路不同于传
统的"学—仕"之路。从此以后，张謇的事业便以办实业、兴教育等
为主要奋斗目标，从政只是他的"次等"事业，诗文学术更是成了他
的边缘爱好。张謇在实业、教育、慈善事业上建树颇丰，如民办师范
等尚具有"开风气之先"的意义。有关这方面的内容，论者颇详，兹
不赘述。

　　应该看到，清末民初，张謇的人生选择还是十分有意义的，因为
有自己的实业，对待政治，他便可进可退；也正因如此，他才能为远
道来投的金沧江作妥善的安排。南通是张謇的家乡，南通更是张謇事
业的实验场。那个时代，中国像张謇这样的屈指可数。他是一个既旧
也新的"士人"。

---

①　张謇《啬翁自订年谱》卷上，南通翰墨林书局，1925年。
②　张謇研究中心、南通市图书馆编《张謇全集》日记卷六，江苏古籍出版社，
1994年，页362。

（二）金沧江

1. 历史背景

从年代上看，金沧江生活的时代和张謇是极为相似的。他也是一位过渡性时代、过渡性社会中的过渡性人物。

19 世纪中叶以来的朝鲜（韩国）和中国一样，封建统治进入衰弱时期。1863 年，12 岁的高宗继位，成为朝鲜（韩国）李朝第 26 代王，他的父亲大院君代行国家政权。大院君专权十年，极力维护封建制度，其内外政策均体现了这一思想：对内，组建了一个以他为核心的中央集权的封建统治机构；对外，推行极端的锁国攘夷政策。1882年发生的壬午兵变，便是朝鲜（韩国）内外问题的集中体现，有人分析这次兵变的起因在于四个方面：官吏贪污腐败、政争之祸、国王仁弱、日本的经济侵略①，可见事变之发生，犹冰冻三尺，非一日之寒。面对封建统治的危机，朝鲜（韩国）国内出现了"开化派"和"守旧派"的思想斗争。1884 年，开化派对守旧派发动了武装政变，时仅三日即告失败。"甲申政变"（1884 年为甲申年）是朝鲜近代史上资产阶级第一次反对封建制度的运动②，虽然最终失败了，但却具有一定的时代意义。此后的朝鲜（韩国）社会，政治局势更加动荡。19 世纪末，朝鲜（韩国）国内的阶级矛盾愈加尖锐，人民革命日益高涨，1894 年的甲午农民战争是人民革命的一个高峰。朝鲜（韩国）政府在日本支持下镇压了农民战争，而后进行了所谓的"甲午改革"，改革形式上具有"资产阶级上层改革"的性质，但其实质却是日本侵略者为便于其侵略而让朝鲜政府采取的对策。③ 由于革命和改革都没有动摇封建统治，所以朝鲜（韩国）政局无论就其上下关系还是就其上层统治者内部的关系来说，都不可能得到稳定。朝鲜（韩国）封建统治的危机依然在逐步加深。

---

① 彭晔《张謇与朝鲜壬午兵变》，严学熙《近代改革家张謇——第二届张謇国际学术研讨会论文集》上册，页 146。

② 朝鲜科学院历史研究所《朝鲜通史》下卷，吉林人民出版社，1975 年，页 80。

③ 朝鲜科学院历史研究所《朝鲜通史》下卷，页 144—145。

　　如果说封建制度的衰败决定了朝鲜(韩国)政局的持久动荡,那么外来的殖民侵略则使得这种局面严重恶化。近代的朝鲜(韩国)如同中国一样,为列强所觊觎,从19世纪中期以来,朝鲜(韩国)的民族危机不断加深,西方法、美、俄等国奉行"十字架加大炮"的殖民侵略政策,加快了对朝鲜(韩国)的侵略扩张。日本在明治维新以后也参与到对朝鲜(韩国)的殖民侵略中来。外来殖民势力影响到朝鲜(韩国)政治,使其统治阶级分化为"亲日""亲美""亲俄"诸派,中央政权因此数度更迭。从某种意义上讲,朝鲜(韩国)的政府已丧失了自己的独立性。在朝鲜(韩国)的这种对外关系中,日本的势力和影响最为重要,它从对朝鲜(韩国)殖民侵略的一个参与者开始最终灭亡了朝鲜(韩国)使之变成了自己一国的殖民地。从这个角度上说,朝鲜(韩国)近代史就是日本渗入、侵略和吞并朝鲜(韩国)的历史。直至1910年,日本强迫朝鲜(韩国)签约与之"合邦",这实际上是灭亡了朝鲜(韩国)。面对多难的国势,朝鲜(韩国)朝野文武做出了不同的回应,作为一位爱国的文士,金沧江自觉地以修史警世为己任,国破当头时,他便毅然去国,成为流亡的爱国者。

　　在影响金沧江和近代朝鲜(韩国)其他历史人物的诸多因素中,朝鲜(韩国)和中国的关系是必须要注意到的一个重要背景。历史上,朝鲜(韩国)长期是中国的属国,进入近代,这种传统的关系受到了前所未有的挑战。1873年,外戚闵氏的势道政治取代了大院君的专制统治,推行对日投降主义的外交政策。日本殖民势力快速渗入朝鲜(韩国),1876年签订的《江华条约》使中国的宗主权受到了威胁。1882年,清军进入朝鲜(韩国),帮助镇压了兵变士兵,随后在天津签订的《朝中商民水陆贸易章程》重申朝鲜是中国的"藩属"。但是,中国和朝鲜(韩国)的这种宗藩关系已不可能恢复到清代前期的状态,尤其是日本总想取代中国成为朝鲜(韩国)的新宗主国。19世纪80年代兴起的"开化派"提出要废除朝鲜和中国的封建宗藩关系,1884年他们发动"甲申政变",宣布结束与清政府的宗藩关系,朝鲜完全"独立"。这次政变被"守旧派"和清军镇压了下去,中国和朝鲜(韩国)的宗藩关系名义上得以继续维持下来，不过其实质已开始变化。1885 年，清政府和日本订立《天津条约》，在朝鲜问题上，日本取得了和中国几乎同等的权利。1894 年因朝鲜（韩国）问题而引发的中日战争，清政府被打败，被迫于次年签订了屈辱的《马关条约》，中国对朝鲜的宗主权最终丧失。

2. 生平

金沧江（1850—1927），名泽荣，字于霖，沧江为其号，另号韶濩生、韶濩堂，晚年又称长眉翁。1850 年（朝鲜李朝哲宗庚戌年）生于朝鲜京畿道开城。金沧江是 19—20 世纪朝鲜著名的爱国运动者、历史学家、诗人、散文家、评论家，韩国近代三大诗人之一、十大散文家之一，一生著述宏富，成就卓越。

金沧江祖籍花开县（按其世系，又说为晋阳、晋州），先祖名金庾信，驾洛出身。花开金氏的始祖是文僖公金仁璜，为晋阳牧花开县人，因曾当过高丽高宗年间的兵部尚书，他的后代就一直居住在开城。金仁璜是金沧江始祖金勋的四代祖。金勋的谥号是文节公，自号梅轩。高丽恭愍王代时为太子詹事。高丽灭亡后，他自称高丽遗民，不做新朝（按即李朝）的官，隐居在开城万寿山县陵附近。他居住的庭院里种满梅树，四季开五色花，被称为"丽季三绝"。金沧江家族有崇尚节义的遗风，虽没有出过赫赫有名的大人物，但一直坚守着这个家风。金沧江本人也把自己当成高丽遗民，他贯之一生的爱国主义思想便是这种节义之风的具体化。

金沧江是开城府分监役益福和金知中枢府使尹禧乐的女儿端人尹氏的次子。他出生时，朝鲜（韩国）李朝封建政权正处在内忧外患的末代时期，一如中国晚清。金沧江也是生长在乡村，但他不像张謇那样有师可从，金沧江自小受父亲熏陶，刻苦学习，17 岁就考取了成均初试，19 岁时喜欢古人文章，22 岁开始写诗，23 岁游览了平壤和枫岳。有年冬天读归有光（古文派或唐宋派）的文章，忽有所悟，自谓听到开解声①。所谓"开解"，即指金沧江认识到，文学之道并不在于

---

① 金沧江《韶濩堂集》卷八，南通翰墨林书局，1911 年，页 460。

科举一途，要做文章就要做古文。张謇第一次见到金沧江称后者的诗文有晚唐之风，可谓一语中的。这里所谓的古文，就是韩愈所提倡的大雅文章。金沧江通过努力，终于成为朝鲜的一代古文大家。

作为文学家的金沧江十分重视生活实践，年轻的他游历过平壤、海州、金刚山、东海等地。他还长于交往。24岁这一年，金沧江与另一个朝鲜（韩国）的文坛名人李建昌相识。李建昌小金沧江两岁，但成名较早，19岁就在弘文馆任职，在文学上是金沧江的前辈，金沧江与其相识后便结成莫逆之交，他们都是古文的积极倡导者。金沧江的另一位至密文友是黄玹（梅泉），其文学观点与金沧江较为一致，他们之间有30多年的交谊，黄玹去世后，金沧江在南通还为他编辑了《梅泉集》。金沧江20多岁便在朝鲜（韩国）文坛上声名鹊起。当年金允植便是将他以朝鲜（韩国）一介名士介绍给来自中国的张謇的。他与张謇初次相见时年方33岁。

金沧江与张謇初次晤面时，除其文才蜚声朝鲜（韩国）外，在仕途上尚无建树。但在这前后，他已开始重视对国史的修撰。还在他26岁时，就曾在文章《平壤杂咏》中慨叹朝鲜（韩国）缺少史学人才。1884年，金沧江从开城府移居古德里，因为他担心朝鲜（韩国）没有三长之才，祖国历史容易被后人遗忘，所以自觉地编撰了《嵩阳耆旧传》。传主都是开城著名的文人，如郑梦周等。这是金沧江治史之嚆矢。他就是以这种特殊的方式表达对祖国文化和历史的尊重和爱护。

1887年金沧江作为朝廷的书状官被派到中国，他曾想拜访张謇，但因母亲病故，终未成行。母故子悲，母亲的去世使他十分痛苦，恨自己"忍食至今，而不灭之哉"，有一种恨不能随母离世的悲凉心情。回想少小母亲的呵护疼爱，如今欢笑顿去。遭此不幸，金沧江称自己"顽如木石"，真正是心如止潭！

1891年，金沧江参加朝鲜（韩国）的司马试，主考官赵庚夏因事先了解到金沧江从17岁起曾连续5次考取乡试，人才可惜，故而予以破格录取。这一年，他已42岁。这个经历同样与张謇极为一致。张謇考中状元也是在年逾不惑之后。而且他们都得到了识者的特别提拔(提拔张謇的是有阅卷大权的朝中重臣翁同龢)。也许是久经坎坷，又许是志不在此，中了状元后的张謇并不兴奋，正如他自己在日记中所写的那样："栖门海鸟，本无钟鼓之心；伏枥辕驹，久倦风尘之想。"然而，金沧江对自己的这份迟到的功名却心有喜悦，其父亲更是引以为欣慰，在金沧江先考墓表中记有"先君以黄纸告庙失声痛哭"之语①。考中进士后，金沧江做了朝廷的书记，官虽微小，但这是他为官的起始，意义自不可小视。当时的总理大臣金弘集看了金沧江编的《嵩阳耆旧集》，感到他在历史研究领域很有才华，1894年便提拔他担任了议政府的编史局主事。

19世纪90年代的朝鲜(韩国)，封建统治进入衰途，列强觊觎，尤其是日本图谋灭亡朝鲜(韩国)。金沧江正是在此背景下进入统治者队伍中的，并且屡蒙升迁。1895年夏，金沧江做了内阁主事，同年秋再升至中枢院参书官兼内阁记录史籍课长。又一年，担任大行王后挽章制述官。就在这仕途亨通之际，金沧江却因他事牵累，被迫辞职。事因当时的学部大臣申箕善所撰写的《儒学经纬》一书，这部书中有排斥洋教的内容，金沧江为此书作序。该书引起很大的争议，申氏因此辞职，金沧江继之也辞去了朝中官职。对此际遇，金沧江怨其不公。辞职后，他写了一首诗《投刻作》，认为自己原本不是儒学精英，不该蒙受这样的对待。

金沧江辞官回乡。不久其父去世，更觉世事无味，便安然在家做了一位隐士。直到申箕善官复原职，金沧江才重又回到编辑之位上来。当时有人荐举金沧江为观察使，沧江未受，他曾对该事记之如下："丙申春，俞公吉濬署理内部，谓泽荣曰：'吾欲以子为观察使。'泽荣曰：'向公扬言于政府曰史职非金泽荣不可，今忽欲使泽荣出为外官，何政府用人之无定算如此耶？'俞动容而止。"② 这件事既反映了金沧江立志做好一个史官的志向，同时也反映了他的为官之道：不

---

① 　金沧江《金泽荣全集》卷二，亚细亚文化社，1978年，页575。
② 　金沧江《金泽荣全集》卷二，页578。

求官位的显赫，但求用得其所。当年金沧江考中进士时曾作诗一首：
"不思将相不思仙，傲兀文章四十年。今日微名独是幸，何曾辛苦事
怀铅。"① 喜悦中即已表现出自己独傲不苟的人格个性。

进入 20 世纪，金沧江在仕途上可谓是顺风而行。1901 年升做承
训郎（六品），1902 年连任惠民院主事，1903 年更升为通政大夫弘文
馆纂辑所文献备考续撰委员（正三品），1905 年又兼任学部编辑委员。
这期间，金沧江仍以修史为己任，先后编撰了《东史辑略》和《历史辑
略》等史书，这些工作在当时的朝鲜都具有拓荒补缺的意义。

然而，金沧江并未安于现状，作为一个具有强烈爱国心的文士，
他忧时愤时。甲午中日战争以后，中国丧失了对朝鲜（韩国）的传统宗
主权，日本取而代之，使朝鲜（韩国）成了它的殖民地，朝鲜（韩国）的
内政外交尽陷日人之手。金沧江不愿成为亡国之奴，亡命海外于是成
了他对现实的无声抗议。

二、张謇与金沧江的交往

（一）张謇与金沧江跨国交谊之始

张謇和金沧江是 1883 年初次相识的。促成张、金初晤的机缘是
朝鲜（韩国）内乱和庆军入朝（韩）。

李朝末年，政治无道，民穷财竭。1863 年，幼主高宗李熙即位，
其父大院君摄政国事，10 年后，国王亲政，王妃闵氏则干预政事，
败坏吏治。1882 年 7 月（光绪八年六月），因兵饷问题，朝鲜（韩国）
发生军队哗变，大院君为掌握实权予叛军以支持，政变者闯入王宫，
诛杀大臣，并围攻日本公使馆，日使花房逃离朝鲜（韩国），国王不得
已下令国事暂委大院君，这一事件史称"壬午兵变"。政变发生后，
日本为使闵氏预政以来所奉行的亲日政策不致变易，并维护它在朝鲜
（韩国）的既得利益，欲派兵查办。作为宗主国的清朝政府决定派兵帮
助朝鲜（韩国）平叛。清廷 6 月 24 日上谕言明中国出兵朝鲜（韩国）的

---

① 韩国学文献研究所编《金泽荣全集》卷一，页 217。

理由是："朝鲜久隶藩封，论朝廷字小之义，本应派兵前往保
护。"① 当时中国直接主管朝鲜（韩国）事务的是署北洋大臣张树声
（李鸿章因丁忧请假），他奉清廷上谕，派丁汝昌、吴长庆分率水、
陆两军入朝（韩），担任吴军机要秘书的张謇因而到了朝鲜（韩国）。
从 7 月 7 日到 8 月中旬，张謇在朝鲜（韩国）共度过了一个多月。次
年 4 月中旬，张謇"仍至汉城军幕"，8 月后回国。这期间，他积
极为吴长庆制定戡乱对策，显示出非凡的才能。1883 年张謇经朝
鲜（韩国）领选使金允植的介绍，在吴长庆提督驻军营里初次会见了
金沧江。

金允植（云养）是于 1881 年作为领选使率 38 名留学生被派到中国
天津机器局来学习制造军械的。"壬午兵变"发生后，他在天津与周
馥、张树声、吴长庆商议清军入朝（韩）对策。在赴朝（韩）途中，张謇
曾与之笔谈（因口语不通之故，历史上，朝鲜长期采用"吏读法"，以
汉字标注自己的语言。直到公元 1444 年，李氏王朝才完成"训民正
音"，创制出自己的文字。不过，知识分子对汉字和中国文化却始终
情有独钟，金允植、金沧江等人以汉字笔谈就是因为通字而不通音），
金允植对张謇有了初步的了解。平叛过程中张謇所展露出来的"赴机
敏决，运筹帷幄，折冲尊俎"的杰出才华更使金允植对张謇倍加赏
识。金允植将张謇介绍给金沧江正是出于对张謇才华的礼敬。正如他
在《答张季直謇书》中所说的那样："当今用人之时，如吾先生之才，
谁不欲以礼致之。"② 在此之前，金允植曾先把金沧江的诗集二卷赠
给张謇。

此次张、金（沧江）会晤，给两人都留下了美好而深刻的印象。张
謇以物赠金：福建印石三方、徽州松烟墨二枚。张、金还进行了笔

① （台湾）"中央研究院"近代史研究所编《清季中日韩关系史料》卷三，"中央
研究院"近代史研究所，1972 年，页 765。
② 金允植《云养集》，中国史学会主编《中国近代史资料丛刊 中日战争》（二），新
知识出版，1957 年，页 393。

谈，金沧江记其内容概要："（张謇认为——引者）沧江之诗以所见于东才者，此其翘楚也。无更能胜之者。余谢曰：不可遽定如此，东诗之铮铮者足下顾未之多见。季直即又疾书曰：天下之人才即目前之人才大略要可见矣。其辞采之警稚皆此数而安可见，其乐善爱与之胸怀矣。其冬季直以母祥归中国携余诗以去。"① 这年，金沧江还作了一首《赠张啬庵季直謇(时季宜与其兄叔俨来朝为援兵乱事也，余因金云养得交之)》，诗曰："黑风吹海声如雷，泰山已没扶桑催。大地摇荡无尽夜，高帆映日张生来。"起头四句道出了张謇与金沧江第一次见面的时代背景以及金沧江得晤张謇的喜悦心情。"他日天河洗六合，送汝鳞阁高崔嵬。我且担篥揖通街，不然渔樵结伴侣。天台之下潇湘隈，眼前浊酒长泼乳。玉山自倒非人挨，人生知己岂有极。"② 金沧江后来投奔张謇，寄居通州，这里似已埋下了伏笔。

关于这次会晤，金沧江在 1906 年写的《年略》中曾有追记："中国江苏省通州人张謇字季直，富文章、识时务，去年吴长庆之驻兵吾邦也，来为从事。今春因云养金公见余诗称善，欲先访之，金公驰书道其意。八月余入都往见季直于吴幕中，季直大为倾倒曰：子之诗似晚唐。又曰：近体诗绝好。余叩以律功则季直为之，论辩甚妙。盖其年小余三岁，体壮、颜魁、眉宇明快、意气磊落，洵奇士也。"③ 可见，张謇与金沧江的交谊主要是因为同为文士，彼此慕才而已。相识时间如此短促，尚不足以做更多的了解。但中朝(韩)两国相同的时代背景和两国间深久的历史文化联系为将来张謇与金沧江的再次相聚、发展友谊奠定了深厚的基础。

（二）金沧江出亡中国

甲午中日战争以后，中国丧失了对朝鲜(韩国)的传统宗主权，日本取而代之，使朝鲜(韩国)成了它的殖民地，朝鲜(韩国)的内政

---

①   金泽荣《申紫霞诗集》卷六，南通翰墨林书局，1926 年。
②   韩国学文献研究所编《金泽荣全集》卷一，页 180—181。
③   金泽荣《韶濩堂集》卷十五，南通翰墨林书局，1911 年。

外交尽陷日人之手。金沧江不愿成为亡国之奴，亡命海外于是成了他对现实的无声抗议。他在给朋友黄玹的信中明言其志："时事可知，与其老作岛儿（按指日本）之奴，毋宁作苏浙寓民以终老，子能从我游乎？"① 金沧江还致信张謇，告知将来中国流亡。这已经是距他们在朝鲜（韩国）的第一次相识20多年以后了。金沧江在《年略》中记述道："顾别季直以来，二十三年之间，只闻其擢状元，入翰林而已。乃使人代探于清公使馆，得其闲屏乡里状，遂作出道，情托清使馆以送至。九月初，三室扶安林氏及女②，出仁川留书告行于季弟荣及长女之事李熙初，投劾辞二官不见报而发船至上海。"③

张謇两年以后在给金沧江为申紫霞编印的诗集作序时对他们的往还经历作了简单的回顾："往岁壬午，朝鲜乱。謇参吴武壮军事，次于汉城。事平，访求其国之贤士大夫，咨政教而问风俗。金参判允植颇称道金沧江之工诗，他日见沧江于参判所，与之谈，委蛇而文，似迂而弥真。其诗骎骎窥晚唐人之室，参判称固不虚。间辄往还，欢然倾洽。沧江复为言其老辈申紫霞诗才之高，推服之甚至。……甲申既归，遂与沧江睽隔，不通音问。阅二十年，忽得沧江书于海上，将来就我，已而果来。"④

1905年9月金沧江从朝鲜（韩国）仁川港踏上流亡之路。登船前写下了《九日发船作》诗："沸流城外水如蓝，万里风云兴正酣。谁谓火轮狞舶子，解装文士向江南。东来杀气肆阴奸，谋国何人济此艰？

<hr />

① 转引自吴允熙《沧江金泽荣论》，载金沧江研究所《金沧江研究》（内部资料）第2辑，页28。

② 金沧江一生娶过三位夫人。第一位是开城王氏，生了一子一女，儿子光濂过继给伯氏作后嗣，女儿嫁给了主事李熙初。第二位是罗州全氏，生有一女，后嫁给岳逢春。第三位夫人长扶安林氏，生有一子名光续，但不幸夭折。后来，金沧江将三从弟成均生员大荣的儿子光高过继来作了自己的后嗣，又让族孙晶基代替光续作光高的弟弟。

③ 金泽荣《年略》，民国间南通翰墨林书局铅印本。

④ 张謇研究中心、南通市图书馆编《张謇全集》艺文卷五，页231—232。

落日浮云千里色，几回回首望三山。"① 一面忧国，一面恋国，流亡
的脚步，何其沉重。

　　不久，56 岁的金沧江挈妇将雏，从上海登上了中国的土地。10
月 14 日即搭乘小火轮前往苏州，投奔诗友俞樾。俞樾没有收留金沧
江，有人说那是因为俞樾因已赋闲在家多年，自顾不暇，无法对金沧
江进行安置②。无奈之下，金沧江一家复又回到了上海。徘徊十余天
后，10 月下旬金沧江前往十六铺通海实业公司驻沪账房请见张謇，
张謇十分热情地接待了这位去国无家的爱国者。金沧江在《年略》中写
到了当时的见面情况：

> 　　在上海适遇季直于通海实业账房，季直欢然相接，问答书达
> 否，且问我国之事。余不之答，但曰："吾人生平区区之学殖皆
> 资于中国之神圣……今若老死一隅，不一身到神圣之乡，亦岂非
> 负恩之大者乎？嗟乎，吾纵不得生于中国，独不可死于中国乎？"
> 　　季直闻之，益知余意，为之慨然与叔俨谋为赁一屋于通州
> 南，令校书于翰林书局，以得衣食。十月余遂渡江至通州以居。
> 盖季直数年前，愤中国之挠于列强实业之力，以建私校及书局，
> 欲以教育人士，扶持危势。③

　　金沧江亡命中国本身也是一次文化的寻根，老友的接纳成就了他
的心愿。

　　10 月 30 日，在张謇安排之下，金沧江携家人乘坐火轮前往南
通，次日抵达。张謇为金沧江在清秀的濠河之滨租赁了三间私宅，并
安排他在翰墨林书局任编校。原本张謇希望金沧江出任沪报社的主
笔，但金沧江却辞不受，他说："东产一逋人敢与中州之士大夫上下

---

　　①　韩国学文献研究所编《金泽荣全集》卷一，页 250。三山：汉城镇称三角山。
　　②　杨问春《青山有幸埋忠骨——韩国诗人金沧江在南通》，载金沧江研究所《金
沧江研究》（内部资料）第 1 辑，页 7。
　　③　金泽荣《年略》，民国间南通翰墨林书局铅印本。

议论于天下事乎？"① 应该说，张謇的最后安排是令金沧江比较满意的，虽是寄人篱下，但却依靠劳动所得。

（三）金沧江客居通州

金沧江到南通后，最初居住的是张謇为之代赁的房屋。为了不过多地连累张謇，金沧江不久即自己购下临近的小屋居住。1911年，他又改赁城内许家巷房住下。1915年，金沧江方迁居今天的西南营29号，当年这里靠近南城门。其西邻隔一条小巷，是清初包壮行所建园林"石圃"的遗址，那里有一棵高大的女贞树，荫覆其宅。为此，金沧江将他的居处命名为"借树亭"，取以树为邻之意。金沧江在他的《借树亭记》中表示，要以此"挹包先生之高风远韵而亲之于朝夕之间"。这所金沧江故宅今仍存在，只是已成为普通民宅。但这条小巷基本还保留着旧时风貌。身处异国的金沧江平时生活总是穿着朝鲜（韩国）服装，长袍、腰带、圆桶帽，以明不忘故国之志。从1905年侨居南通到1927年辞世，金沧江在这里整整度过了22年的人生岁月。中间只有1909年为搜集资料编写史书曾短期回国。

金沧江在南通的生活有两个重要内容，一是著述，二是交友。

金沧江在南通翰墨林书局共计出版了30多本他人和自己的著作，占其一生编著的大半。由此可见，张謇安排金沧江在翰墨林任职，其用意不仅仅是为后者提供一份工作。金沧江在学术文化上的成就，断少不了张謇的功劳。金沧江是一个爱国文人，流寓南通期间，他也不忘为民族文化殚精竭虑。他先后编辑出版了《梅泉集七卷续集二卷》《重编朴燕岩先生文集》《校正三国史记五十卷》《丽韩九家文钞》《申紫霞诗集六卷》等朝鲜（韩国）著名作品②。从事这些文史工作绝不仅仅是因为金沧江志趣使然，而且更有一种爱国的动机存乎其中。这是一种特殊的表达爱国情怀的方式。

整理民族文化的精粹是金沧江一贯给予高度重视的有益工作，不

---

① 韩国学文献研究所编《金泽荣全集》卷二，页579。

② 详参《金沧江研究》第1辑之《金沧江撰辑书目》。

仅如此，他还十分重视自己的撰述，以自己的语言更直接地去表述他的饱浸爱国情思的文学观和历史观。从1911—1925年，他出版了《重修崧阳耆旧传》《沧江稿》《韶濩堂集》《精刊韶濩堂集》等文史著作。1924—1927年，金沧江在《南通报》文艺副刊上发表的诗文就有近100篇(首)之多。金沧江治学严谨，常州人高源为金沧江《韶濩堂三集》所作的跋中即言他为保证自己文集的质量，“诗文所删弃者，不可胜数，诗约千首，文约二百”。他所写的大量诗歌、散文、评论及历史著作，其独特价值足以使他在近代朝鲜(韩国)历史上拥有巨擘之位。姜玮、李建昌、黄玹和金沧江被称为“韩末四大家”。李建昌曾评价“百年之内将无人能超过沧江”①；黄玹亦赞金沧江“博学多才，其才质远胜于常人，古人中才能找得到和于霖匹敌的人”②。类似的美誉之词，还有很多，这些既不是自谦，也不是对金沧江的溢美，沧江名与实符。

近代朝鲜(韩国)国学名流郑寅普曾到南通见过金沧江：“岁癸丑，余旅上海，渡海访沧江，见之南通书局。沧江延入室，出小纸片，书问：‘何来?’盖其栖托异域，言以笔久矣。余默然内伤。”③ 这则故事道出，金沧江在南通的20多年由于语言的问题他的生活不很便利的情形。我们自然也很容易想见个中的艰难与金沧江内心的孤窘感受。但越是这样，我们也更能窥见其中的精神：金沧江就是在这种处境中努力生存着，交友、著书……金沧江在南通的精神生活并不寂寞，在这里，人们对这位举家定居异域的外国友人给予了热情的关照。南通人张天一回忆④，金沧江以诗会友，结交了一批文友。张天一老人的父亲和二伯有很多诗文朋友，他们的家是南通的文人经常聚会的地方。金沧江由于靠得近，便成为这种聚会的常客。聚会时，金沧江总是穿着他的朝鲜民族服装，“穿长袍，系腰带。他精通汉文，能作古体诗文，且写得一手好字。但他不会讲中国话，文友相会，全

① 金沧江《金泽荣全集》卷六，页692。
② 金沧江《金泽荣全集》卷一，页639。
③ 金沧江《金泽荣全集》卷六，页601。
④⑤ 张天一《忆韩国诗人金沧江》，《江海晚报》1994年8月19日。

靠笔谈"⑤。张老家有一座小楼,名曰"剩楼",金沧江也经常去那里,还写过一篇《剩楼记》。金沧江甚至还常在楼上午睡。这些都生动地说明,金沧江在中国南通的生活并没有太多的文化障碍和民族隔阂。南通的一批文学艺术之士,对他爱国精神和汉文化功底更是钦佩有加。登门求教者、切磋学问者、请赐诗文者、邀同文会者,他们使身在异乡的金沧江倍觉亲切温暖。

在中国廿余年的岁月中,金沧江还结交了中国著名的文学家、政治家、史学家,如梁启超、严复、俞樾①和屠寄②等人,与他们过往甚密。1915年金沧江写了一首诗《同屠敬山(按即屠寄)赴茂山之菊花大会之后》,表达了两人同病相怜的人生际遇:"翁心厌闻乱世事,假聋遂以成真聋。我衰未操中国语,与彼哑者将无同。"③金沧江与中国这些文化和社会名流的友好交往最深层的原因在于彼此的相知相识。如严复赠金沧江的诗:"笔削精灵聚,文章性命轻。江南春水长,魂断庾兰成。"④便是一曲知己之音。应朋友相邀,金沧江还曾游览了上海、南京、杭州和常州等地,每至一地,均有诗文传世。

当然,在金沧江的中国朋友中,最为重要的是张謇兄弟两人。1905年还是他初到南通的第一年,在参观了张謇创办的大生纱厂后,金沧江以愉快的心情欣然作诗《四日至通州大生纱厂赠张退翁观察叔俨》:"通州从此属吾乡,可似崧阳似汉阳。为有张家好兄弟,千秋元伯一肝肠。江西茂续口碑成,一日抛来敝屣轻。谁识大生纱厂里,丝丝织出好经营。"⑤崧阳乃开城的旧名,汉阳即汉城,金沧江在诗中直言通州是他的又一家乡,朋友的殷勤相待让他稍稍缓释了去国之忧。

张謇和他的三兄张詧(字叔俨,号退翁)确实对来自异邦的金沧江

---

①　俞樾,号曲园,曾官翰林院编修、河南学政。

②　屠寄,常州翰林学部咨议官,曾讲学于南通,金沧江得以与之结识。他曾出资赞助金沧江的《沧江文稿》出版。

③　韩国学文献研究所编《金泽荣全集》卷一,页334。

④　严复《赠金沧江二首》,《沧江稿》卷一。

⑤　韩国学文献研究所编《金泽荣全集》卷一,页253。

待以挚友之礼。金沧江在中国度过的第一个除夕之夜，从上海回来的张謇即持"酒一大壶"前来看望，令其感动不已①。以后每到年残，张家兄弟都要以"岁馈"相赠。每逢时鲜上市，也要邀其前来品赏。当他生病时，他们必定要来探望，以慰友心。若值金沧江有新著完成，他们也乐于为之题签撰序。虽然张謇与金沧江并不是过从甚密（因为张謇有更多的商务、政务、杂务要去应对），但其友谊之深笃，无人会有疑惑。金沧江对张謇也是以真心相待。当张謇所办的育婴堂在资金上遇到困难时，他为之撰写募捐启示。他以自己的学识帮助张謇的博物苑做文物鉴定。当伶工学社初创时，他向张謇介绍朝鲜（韩国）舞艺，并欲为之访求国内的音乐舞蹈人才。如此细微之事，无一不印证金沧江和张謇的纯真之谊。

张謇与金沧江的私谊见之于他的诗文。张謇一生写诗很多，与金沧江的诗作在数量上虽然相对不算多，但却体现在两人交好的不同方面。不妨尽述如下：

1910年（清宣统二年）正月29日，张謇和金沧江一起在张詧处品味时鲜，写下了歌咏刀鱼、银鱼和蚌的《与金沧江同在退翁榭食鱼七绝三首》，诗虽咏物，然杂于主客间的友情跃然于上。1917年（民国六年）正月26日，张謇邀约丁禾生、沙健庵和金沧江等郊游，作诗两首。这一年，张謇与金沧江均已年逾60（张65岁，金67岁），而望古稀。人到暮年，总有些许感慨。"只怜朋辈皆苍老，正要春风劝酒卮"②，真是愈老情愈深。1919年（民国八年）中秋节，张謇约同金沧江、张詧等人泛舟濠河，张謇用"东坡看潮五绝句韵"赋诗五首，其四有云"酒畔不需惊世事，沧江东去汉西流"③，张謇以金沧江名号入诗，其深厚情谊跃然纸上。1920年（民国九年）金沧江70岁，他虽然将生日之事隐瞒不让人知，但后来还是让张謇知道了。8月1日，

①　羽离子《张謇与流亡韩士金沧江》，南通市地方志办公室《南通今古》（内部刊物）1988年第6期。

②　张謇研究中心、南通市图书馆《张謇全集》卷五，页202。

③　张謇研究中心、南通市图书馆《张謇全集》卷五，页237。

张謇在观万流亭为金沧江延客觞庆，老友之情，使金沧江十分感激。
张謇还赋诗为金沧江祝寿，并嘱客与金沧江和诗，诗言尽多喜悦快
乐。张謇在朋友身上用心之细，于此可窥全部。1922 年（民国十一
年）10 月 3 日，张謇在一首题为《十月三日，吴生眉孙至，邀同沧江、
星南、烈卿小集观万流亭，烈卿先有长律，因赋》的诗中，感喟朋友
"良会非易得"，然而"当杯杂问讯，所得惟叹吁"。当大家吁叹时事
如"飔飔兰前叶，堕浪不可扶"时，在座的金沧江却沉默不言，张謇
赞曰"不如沧江叟，语嗫默坐隅"。① 年过 70 的金沧江连一声叹息都
不发出，其内心之哀诚可谓巨矣。到这一年，金沧江亡国已有 16 个
春秋，而朝鲜独立之日却遥不可期，鹤发皓首，去而难返，家山北
望，怎不忧极而无语？张謇在诗里似乎以为金沧江的心态是超然度外
的，其实在金沧江的心里未必有"世事一鸟过，哪辨雌雄乌"的尘外
之意。1924 年（民国十三年）秋冬时节，金沧江病卧在床，晚年之景
殊多悲凉②，张謇前往探视，将所见所感写入诗里："填栖书卺被，
烧炕枻连扃。扶掖怜参术，荒寒满户庭。"诗末两句为"余年犹兀兀，
史笔耿丹青"，此乃知音之评鉴。③

　　1926 年 8 月 24 日，张謇在南通病逝，金沧江怀着无尽的哀痛，
扶病前往吊唁。在其所作的挽诗中，金沧江痛吟："等霸期干负俊才，
应龙飞处一声雷。纵无邓禹奇功在，足试瞿昙活水来。昌黎云与孟郊
龙，文字狂欢卅载中。今日都来成一错，奈何淮月奈江风。"④ 表达
了对老友的深切缅怀。更为让人痛心的是，时隔一年，1927 年 4 月
底，衰暮的金沧江在南通服食鸦片膏自尽，享年 78 岁。尽管人们并

　　① 张孝若《南通张季直先生传记 周止庵先生别传》，《民国丛书》（第 3 编第 73
册），上海书店，1991 年，页 452。
　　② 张謇的事业在 1920 年时进入最盛期，此后则急速下滑。他对老友的生活关
照得自然也不如以前。
　　③ 张謇《视沧江病》，《张謇全集》卷五，页 393—394。
　　④ 金沧江《挽张啬老》，《南通报》民国十五年九月十四日。

不十分清楚金沧江自杀的确切原因①，但张謇的先亡、有国难归，这一切都是不可忽略的重要因素。加之翰墨林书局发不出工资，使金沧江生活陷于无着。病老的金沧江失去了继续活下去的欲望。当年，日本吞并朝鲜（韩国），金沧江的挚友黄玹愤而殉国，他在哀痛之余说，他不吃国禄，因此没有必要自杀②。现在，他之所以自杀，实在是穷厄困顿、希望星灭之使然。

金沧江的去世，使南通友人感到万分悲痛。《南通报》刊登了讣告。各界人士为他举行了隆重的追悼会。地方报刊发表了不少悼词哀示。当年5月7日，"仪仗排列，宾朋云集"③，金沧江的灵柩被运至狼山，安葬于景色秀丽的狼山南麓。张退翁为之手书墓碑"韩诗人金沧江先生之墓"。这里有唐朝诗人骆宾王和南宋文天祥部将金应的墓地，金沧江葬在此地，可谓葬得其所。

下篇　张謇与金沧江交谊的历史透视

张謇与金沧江的友情，如果单纯地从一般性的角度——哪怕从跨国的角度来审察其意义毕竟是有限的。我们之所以研究这一个案，是因为它具有特殊的意义，这个特殊性体现在：（1）张謇与金沧江虽为异国友人，但他们的祖国遭遇了相同的历史命运，这为他们的私人关系衬托出一幅独特的背景。（2）朝鲜（韩国）在历史上长期以来是中国的藩属，文化上饱受中国的影响。金沧江之投奔中国不同于去到别的国家，如前文所言，这也是文化寻根。（3）19世纪末20世纪初，外

---

①　金沧江自杀的原因，人们总结的主要有：（1）三个儿子先其去世；（2）老友张謇的离世；（3）书局发不出工资；（4）复国无望。另有一种说法，1927年的中国政局使他"看不清革命的道路，看不到革命的前途"也是他最后自杀的原因，我们认为这有点牵强。该观点见刘道荣《金沧江简介》一文，载金沧江研究所《金沧江研究》（内部资料）第1辑，页4。

②　转引自金沧江研究所《金沧江研究》（内部资料）第2辑，页45。

③　《南通报》1927年5月8日。

国人侨居中国的例子是有的（如传教士、外国驻华官员等），然而像金沧江这样自愿亡命中国，投靠朋友的例子实在是少之又少，特别是客居南通这一中国东南僻乡，几为绝无仅有。假如没有张謇，是不可能发生的。金沧江在南通度过了他的余生，这20多年他过得并不是寄人篱下而庸碌无为，应该说，他实现了自己所追求的"文章报国"的人生理想。我们感觉到，张謇与金沧江的友谊无论是在朝鲜（韩国）的短暂相遇，还是沧江到中国后20多年的交往，都非同一般，都不是简单意义上的文气相投。同时我们还注意到，张謇与金沧江的人生经历虽然有很多相似，但总的来看，两人所走的路子还是有相当大的差异的，同样是爱国，张謇实践的是"实业救国"和"教育救国"，而金沧江则坚守的是"文章报国"，所以说他们的志趣并不完全一致，那么，何以他们的私谊如此深笃？剖析这种私人交谊的基础，不仅能加深对张謇和金沧江两人关系的了解，而且通过提升这种关系，还可以进一步加深对中朝（韩）历史友好关系的认识。人物关系与国家关系是互为表里的，朱杰勤先生在研究18、19世纪中朝（韩）学者的友好往来和文化交流的经过时是将其作为中朝（韩）人民的传统友谊的一个侧面来阐述的①，本文的写作具有同样的意义。

三、文化认同与归附

金沧江在南通的"借树亭"故居曾有自撰对联"金天还旧籍，石圃结芳邻"，下联是说与包壮行的园林"石圃"遗址比邻而居，而上联"还旧籍"是什么意思呢？这里面便有着金沧江的归同意识。朝鲜（韩国）金氏的始祖据说是以鸟为图腾的中华上古东夷族少昊金天氏，追本溯源，金沧江将自己客居中国说成是回归故里。这种归同意识还可以从另一个金沧江"箕子遗民"的自称上体现出来。箕子是商纣王的"诸父"之一，在商王的班爵制度中位处子、男，其封地"箕"在

---

① 朱杰勤《十八、九世纪中朝学者的友好合作关系》，《中外关系史论文集》，页97。

今山西太谷东北。商之末年，纣王无道，拒不接受箕子、微子等朝臣忠心苦谏，起于西部的姬周乘时吊罪伐商，纣王自焚。箕子"耻食周黍"，于是领着一批亲属出亡朝鲜。据说，箕子可能就是朝鲜（韩国）金氏的始祖，金沧江自然认为自己是箕子的后代。无论金沧江在族源上追认少昊还是箕子，他都把中国当成朝鲜（韩国）以外的又一祖国。1912年，63岁的金沧江在南通加入了中国国籍。他为什么在这一年做出这样一个决定？原来金沧江认为满清非汉，他是箕子的后人，只有在清朝灭亡后，汉人恢复政权，他入中国国籍，才是真正的"还旧籍"。金沧江这种特殊的中国情结对他和张謇的个人关系的建立和发展无疑有着一定的作用。"韩于中国，僻在东陲……其君长自箕子始见于史"①，张謇对箕子乃朝鲜（韩国）先祖的说法也信之不疑。对一个来自箕子之国的友人，张謇怎么会不善加接待、妥为安排呢？

　　当然族源上的认归心理所起的作用只能是有限的，文化上的认同与归附较之更为重要。

　　论及金沧江的学养，不可忽视其中国因素。张謇之所以与金沧江能成文坛知己，极为相近的文化背景是十分重要的。历史上，朝鲜（韩国）曾和日本一样以中国为师，广泛引入了中国唐朝的政治、经济和文化制度。1392年，李成桂自立为王，将前代国号"高丽"改为朝鲜，这就是历史上延续400多年的李朝。李朝按照中国明代的模式，改组了国家制度，"虽在海外，三纲五常，中国一般了。敦行孝悌，遵守礼法，刑政法度，依着大明律条行"②。17—18世纪，朝鲜（韩国）形成并发展出了一种主张改革的实学派思潮，这一思潮强调实用科学（农艺学、数学、天文学），主张学习中国并利用从中国传入的西方科学技术。朝鲜（韩国）与中国在文化上的联系得到了加强。在实学派的代表人物中，洪大容是"北学论"的先驱，所谓"北学论"就是主张学习中国。有相当一批"实学派"特别是"北学论"的著名人

---

①　张謇研究中心、南通市图书馆编《张謇全集》艺文卷五，页291。

②　《象院题语》，朝鲜朝时期司译院编纂。

士到中国来系统学习中国的各科文化以及传到中国来的西方文化。可以说，这是中国和朝鲜（韩国）文化交流的又一高潮。到这个时期，中国依然是朝鲜（韩国）的"文化母国"，儒教依然是朝鲜（韩国）的立国大本。"俗故隆风雅，下至舆台厮役，亦解诵诗掉文，中国诗文毕备"①，可见中国文化对朝鲜（韩国）的影响之深。金沧江正是在这个背景下成长为朝鲜（韩国）的一个封建儒士。

时到李朝末代，朝鲜（韩国）仍有很多精通中国文化的知识分子，金沧江就是其中较为著名的代表。虽然那时在朝鲜（韩国）出现了"西学"与"东学"之争，并且有西学渐长，东学渐弱的趋势，但仍有像金沧江这样独好东学的士人，他们"独慎固风气，谨事大之礼，而不骤迁于异说"②。东学的主体是儒学，西学的主体是天主教，对朝鲜（韩国）来说，东、西学之争实际上就是立国路线的选择问题。不论最后的结果如何，金沧江的个人选择确实对他后来亡命中国以及和张謇的交往等大事产生了十分重要的影响。关于朝鲜（韩国）与中国的文化关系，张謇论之颇为精到。他在为金沧江的文集所写的序言中描写了朝鲜（韩国）儒学兴盛、士节好文的历史，到近代随着殖民势力的侵入，这种近古风气开始为追求功利者所鄙薄，而金沧江却不堕时弊，独守诗人气节。

如金沧江这样的朝鲜（韩国）文士为什么不愿进行文化改宗？这是因为中国与西方在文化上属于两个差异很大的体系，其背景、内涵、思维方式等等莫不如此。而朝鲜（韩国）与中国则属于一个文化体系——汉文化体系，换言之，朝鲜（韩国）在文化上是归属于中国的，所以它无论是从外延还是从内涵上，都与中国极易交流。金沧江来到中国即等同于来到他的文化故乡，这和西方人到中国判然有别。前文所引金沧江《年略》语："吾人生平区区之学殖皆资于中国之神圣……今若老死一隅，不一身到神圣之乡，亦岂非负恩之大者乎？嗟乎，吾

① 姜日干《辒轩纪事》，中华书局，1985 年。
② 张謇研究中心、南通市图书馆编《张謇全集》艺文卷五，页 235。

纵不得生于中国，独不可死于中国乎？"① 不就是一种文化上的自觉认同的意识吗？如果要金沧江改从西方文化，其难度是非常大的。实际上，近代东方各国虽有不少西化之人，但真正改变根本的则微乎其微。况且，金沧江属于文化上的守旧派，他不愿丢弃中国文化的根本，是完全顺乎自然的。不然，我们就难以理解金沧江在国破之时亡命中国而发"纵不得生于中国，独不可死于中国乎"的文化慨叹。近代到中国来的外国知识分子远不止金沧江一人，但像他这样处之若然的却少之又少：对西方人而言，文化的隔阂始终难以逾越，汉化几乎不可能；对日本人而言，置身中国虽不像西方人那样，但因为语言的问题，交流也很不方便；而对金沧江来说，他在南通的生活与他在朝鲜（韩国）的生活相比，从文化上考察，差异甚小。金沧江到中国，如同回到故乡。

金沧江生长于朝鲜（韩国），天然地便会受到中国文化的陶冶，不仅如此，他在文化上的追求更使得他与中国文化靠近了距离。23 岁那年冬天，金沧江读归有光的文章，"胸膈之间犹若焘然开解"。这实际上是一种文化上的觉醒。归有光是古文派或唐宋派的代表，金沧江就是从这以后，立定走古文派的文学之路的信念。关于他与中国文化的渊源关系，金沧江曾自谓："盖泽荣于文，好韩、苏、归太仆，而学之未能；于诗，李、杜、韩、苏下至王。"② 韩即韩愈，苏即苏轼，李即李白，杜即杜甫，王即王士祯，均为中国唐宋至清代的文学名人。可见，金沧江毕生是以中国为师的，唐宋文化对他的影响十分深刻，也正是在这个基础上形成了他的文学观。韩国学者吴允熙就此写道："他（按即金沧江）以卓越的诗文家韩、苏和李、杜为远师，决不退而求其次。我国诗人包括金泽荣在内，都模仿和借鉴了苏轼和杜甫，诗受李白的影响，文受韩愈的影响较大，这些都可从《韶濩堂集》中查得到。"③ 张謇第一次和金沧江相遇即盛赞其诗中体现着唐宋余

① 　金泽荣《年略》，民国间南通翰墨林书局铅印本。
② 　金沧江《金泽荣全集》卷一，页 417。
③ 　金沧江研究所《金沧江研究》（内部资料），第 2 辑，页 32—33。

韵。唐、宋两代，中国的诗词取得了最高的历史成就，自宋以降，未有能超越者，金沧江坚持以李杜韩苏为师，自然其诗文卓尔不群。1907 年张謇回忆当时读了金沧江的诗，说"其诗骎骎窥晚唐人之室"①，真是慧眼识见。难怪当年在朝鲜（韩国），金允植向张謇介绍金沧江的文风，张謇慨叹金允植"称固不虚"。

张謇所以"识金"，根本之处乃在于他的渊博学养。张謇自幼聪颖，4 岁始识《千字文》，5 岁入塾，10 岁即读完了《三字经》《百家姓》《神童诗》《酒诗》《鉴略》《千家诗》《孝经》《大学》《中庸》《论语》《孟子》《诗经》等书，后来又读了《尚书》《易经》《尔雅》《礼记》等。11 岁学属对，以"日悬天上"对老师的"月沉水底"，12 岁又以"我踏金鳌海上来"对老师所出"人骑白马门前去"，显示出其少年才智。13 岁即能"制艺成篇"。如同当时中国的千千万万个家庭那样，张謇的父亲为他选择的人生道路仍然是传统的科举之路，即所谓"学而优则仕"，所以张謇早年的人生目标就是沿着科举之途逐步攀升。20 岁那年，因"冒籍"事犯，家道穷落，张謇的科举"正途"不得不暂时中止。22 岁去江宁，走上了边工作、边学习的道路。直到 42 岁考中一甲第一名，曲曲折折，总算苦熬出了头。作为一位传统的封建文人，张謇积累了深厚的文化功底。他不仅能应制作文，而且旧体诗也写得很好。张謇的诗既有咏物抒情的，也有自勉言志的，还有关注民情、爱国忧时的。我们不能说张謇走的也是古文之路，但是，他的学养使他能够真正读懂金沧江的诗文，因而两人得以成为知己。

文字是文化交流的重要载体，朝鲜（韩国）和中国的友好关系所以绵长而密切，汉字在朝鲜（韩国）的地位起到了十分重要的作用。历史上，受中国文化影响至深的国家主要有朝鲜（韩国）、日本和越南等。这些国家最初都没有自己的文字，而以汉字作为它们的书写文字。后来，这三个国家都先后创制了自己的文字：唐朝时，日本全面学习中国文化，日本人利用汉字创制了本民族的文字，由于假名文字的推

---

①　张謇研究中心、南通市图书馆编《张謇全集》艺文卷五，页 231。

行，从平安时代起，日本开始放弃以汉字写作，从此日本建立起了一套自己的语言体系。越南则在13世纪创成了本国文字"字喃"，字喃是以汉字为基础，用形声、会意、假借等方法创制新字，表达越南语言，以代替过去长期使用的汉字。朝鲜（韩国）有自己的文字迟于日本和越南。15世纪中期，朝鲜（韩国）人对朝鲜语音进行研究，参考中国音韵，创制出28个字母，从此完成了"训民正音"。在这里我们看到，就文字而言，朝鲜（韩国）与中国的关系维系得要比日本、越南两国长。不仅如此，在有了本民族的文字以后，朝鲜（韩国）对待汉字的态度也与日本不同。日本在以新创的文字取代汉字后，基本上就放弃了对汉字的使用，中日交流必须借助翻译；而朝鲜（韩国）则不是这样，虽然有了自己的民族文字，但在很多知识分子中却依然保留着使用汉字的习惯，他们虽不能用汉语讲话，却可以很好地用汉字书写。语言文字是文化交流的重要工具，日本立命馆大学教授竹内实说："从历史上看，联结中日两国文化的纽带就是'汉字'。"[1] 汉字在中朝（韩）文化关系史上的作用也是如此，因为朝鲜（韩国）一直没有放弃汉字（汉字与朝鲜文是其平行的两种书写体系），所以它与中国的文化联系比起曾经一同深受中国文化影响的日本（日本在假名中夹杂汉字，不是对汉字的完整保留，汉字不再是日本的一种书写体系），自然要密切得多。像金沧江这样的文士具有很深的中国文化的底蕴，在朝鲜（韩国）历来不在少数，这十分有利于两国间的交流。金沧江和张謇，虽然口语不通，但借助于"笔谈"，他们仍然可以进行直接的交流。而中日两国间的交流则因为文字的障碍变得不够通畅。金沧江的著作基本都是用汉字写成的，张謇不仅读得懂它们，而且还多次为之作序[2]。这种交流比异种语言的交流要深入得多，在这一点上，我们应给予充分的估价。

---

① ［日］竹内实《东方文化与汉字文化》，中国中日关系史学会《东方文化与现代化》，时事出版社，1992年，页334。

② 如《朝鲜金沧江刊申紫霞诗集序》（1907）、《朝鲜金沧江云山韶濩堂集序》（1909）、《韩国历代小史序》（1922）。

四、士人禀赋

中国与朝鲜境土相接，唇齿相依，两国人民的友好交往渊远流长。张謇与金沧江的友好关系是中朝（韩）两国历史上士人交往的一则范例。类于这样的例子尚有许多，通过对他们的分析，我们就能把握两国士人交往的特质。朝鲜（韩国）历史上长期是中国的藩属，清朝常向中国派出规模很大的使团，其中有不少的文化精英，他们对中朝（韩）文化交流作出了重要的贡献。18—19 世纪间，朝鲜（韩国）国内兴起了"实学思潮"，其中的"北学派"主张到中国来学习先进文化，特别是生产技艺，代表人物有洪大容、朴趾源、朴齐家、柳得恭、李德懋、金正喜等人。他们在清朝首都北京，一方面积极购书，另方面则尽可能地结交中国的知名学者，不少中朝（韩）学者成了终身知交。在他们的身上，不难发现若干年后张謇和金沧江的影子，譬如洪大容与严诚。洪大容等三人游北京琉璃厂附近书店时，结识了在京的浙江学者严诚、潘庭筠等人，一见如故，笔谈甚欢，正如潘庭筠所言："天涯知己，爱慕无穷。"他们还互赠礼物，成"君子交"（潘庭筠《湛轩记》中语）。分别后，他们仍互通音讯。张謇与金沧江的士人之交俨然似一个世纪前的严诚、潘庭筠和洪大容。他们身上表现出来的学者禀赋、交友原则、推重情义，虽有时间之隔，然无有变化。所以我们说，张謇和金沧江的私人友情不是偶然的现象，它是中朝（韩）人民传统友谊的缩影，是千余年中朝（韩）两国学者友好关系的新篇。

当然，儒学是中国和朝鲜（韩国）文士礼交的文化原因。中国是儒学的源头和中心，而朝鲜（韩国）则是受中国儒学辐射的主要地区，多少年来，中国和朝鲜（韩国）在儒学的滋养下造就了一代又一代的尚文重礼的儒雅之士。张謇和金沧江的私谊中便有着濡久的"儒味"，他们因文而互慕，因义而交深。

张謇和金沧江所以能交谊甚厚，封建士人的相同出身也是一个重要的原因。

"书中自有黄金屋，书中自有颜如玉"，"万般皆下品，惟有读书高",中国自隋代以来实行科举取士的人才选拔制度,直至 1905 年,逾时 1300 年,攀沿科举的道路实现人生理想成为中国知识分子毕生追求的目标。这条道路特别对于出身寒微的社会底层的士人更具有不凡的意义,依血统不能改变的却可以通过学问来获得改变。深受中国文化影响的朝鲜(韩国)也实行类似的科举制度。张謇和金沧江均为农民家庭出身,正是靠着科举制度争得了较高的社会地位,他们走的都是一条先"士"而后"仕"的进身之途。

比较张謇和金沧江的前半生,类同之处有很多:

——他们都是一般家庭出身。张謇的家庭是农民兼小商人,他的父亲虽然积累了一定的财富,但在 5 个儿子中只能重点培养天资最优的张謇。后来发生的"冒籍风波",更使得他的家庭走向贫困。张謇的父亲一心一意要让他通过科举出人头地。张謇最后参加殿试,主要是为了顺遂父意。金沧江虽为名人之后,但在他父亲这一代家道也很贫弱,他是从开城乡间走出来的一位诗人。中了进士后他的父亲欣喜无比,觉得可以光宗耀祖,个中情感和张謇的父亲极为相似。正是因为这一点,张謇和金沧江对社会都有一种自觉的责任意识,尽管后来他们回馈社会、报效祖国的具体方式不相一致。

——他们都是少年聪慧。

——考中状元(进士)之前,他们都已得到了一定的社会声誉。张謇在朝鲜(韩国)时因为辅佐吴长庆而显示出杰出的处理政务、军务的才华。回国后,人皆竞相延聘。而当时的金沧江虽无张謇这样的声誉,但其文才盛名已是不胫而走。可以说,张謇与金沧江即使不中状元(进士),也会有其一定的社会地位。不过,"学而优则仕",假若不进考场,道道过关,即使学养再好,也难以进入仕途的高层。他们要么以文士的身份行走天下,如金沧江;要么为人做幕僚,如张謇。

——他们的才学都得到了国中要人的赏识。张謇在 20 岁以前就已得到了海门师山书院院长王崧畦、海门训导赵菊泉、通州知州孙云锦的赏识与帮助。1874 年,孙云锦还将 21 岁的张謇招至江宁发审局的幕中做一名书记。后来又靠着孙云锦的援引进入庆军。这中间的每一步，对张謇来说都是至关重要的。在张謇一生中，对其前途影响最大的是恩师翁同龢。正是靠着翁同龢的暗助，张謇才最终考中状元。金沧江在朝鲜（韩国）文坛上声名鹊起，李建昌的作用是不可忽视的。他最后考取进士，也是因为主考官赵庚夏的破格录取。这些经历使他们都认识到对人才尊重的必要性。

——他们考中状元（进士）时都已年逾不惑，他们对人生都有深切的感悟。在许多有关家事、国事、天下事的是非问题上，他们有着较多的共同点。

——写诗都是他们表情达意的手段。张謇最初就是通过诗来认识金沧江的，称其为东（朝鲜）诗中的"翘楚"。可以说，诗文是张謇和金沧江交谊的重要媒介。张謇在科举成名后，主要致力于兴教育、办实业，在这方面，他和金沧江并没有相同志趣，他们所以将友谊一直保持到人生终点，诗文雅好是维系其中的主要介质。金沧江客居南通期间，他与张謇也时有诗文往来，他们论诗说艺，不避其短，张謇曾在一首诗中写道："爱客攻吾短，论诗数尔强。时时惊破的，炯炯达升堂。"[1] 在这里，金沧江慧眼论道，张謇欣然接受。

这些相同或相近的经历无疑对张謇和金沧江私谊的建立和进一步发展起着很大的作用。在这样的经历中养成的学识、个性、品德便成为他们互相倾慕的物质原因。

张謇与金沧江都是善于交友的人。张謇一生结交的朋友跨越政治、经济、文化等众多领域，可谓四海皆友。他们中有的是事业上的同路人，有的是文章知音。关于后者，我们不难从张謇为他人写的大量序跋、碑传以及与人唱和的诗词中获得证明。张謇交友有自己的原则，或正派诚信，或富有修养……他与袁世凯的关系变化说明了前者，而与金沧江的交往则说明了后者。他说自己当年在朝鲜"事平

---

① 张謇《沧江示所和诗复有赠》，张謇研究中心、南通市图书馆编《张謇全集》艺文卷五，页 205。

（按指用兵平叛），访求其国之贤士大夫，咨政教而问风俗"①，便是基于以才结友的用意。张謇对朋友的感情历久弥真。如他和金允植的关系，若干年后仍将对方牵挂于心，1907 年张謇为金沧江编写的《申紫霞诗集》所作的序中即慨然叹曰："独念金参判年过七十，以孤忠穷窜海岛，不复能有握手谈诗之一日。见沧江所编紫霞之诗，得毋有人事离合相形之慨也乎！"②"破晓飞来纸一尺，开缄叹嗟泪盈眦。"③ 金允植逝世的消息传来，张謇赋长诗哀哭故旧。金沧江起初因"工诗"而得以与张謇一见倾心。虽然他们开始的友情不如张謇与金允植的关系，但真情是永恒的，他们之间后来的交往更是补证了这一点。金沧江一生也是长于交友，而且以文友为主。与其同时代的姜玮、李元八、朴文逵、李建昌、黄玹等都是他的诗文佳友，金弘集、金允植、申箕善等则是他的宦途知己。他还与朝鲜独立运动的代表人物安昌浩、李始荣、李承晚等关系密切。到中国后，除张（謇）家兄弟外，他还与严复、梁启超和俞樾等著名人士结为友好，至于南通的友人则更多。俞樾在为金沧江的《韶濩堂集》作的序中记述金"面貌清癯，须髯修美，一望而知为有道之士"。正是这个"道"成为金沧江在中国知识界中结交广泛的文化介体。金沧江为人刚正，不苟且，不趋炎附势，有一股知识分子的清气，这种品质深深体现在他的为文交友中。在这个方面，他和张謇是非常一致的。金沧江亡国后选择中国作为他的暂住地，不是没有道理的：中国是朝鲜（韩国）文化上的母国，金沧江早就期望能到这里寻觅文化之根；中国有他的良友，可做依靠……无论金沧江是先去了苏州投靠朋友，还是遭拒后再找到张謇，其中道理是完全一样的。金沧江在南通生活了 22 年，添了不少的文坛新友；他与左邻右舍也相处得极为友好。他常去邻家楼上午休，以邻为家，异国恰似祖国。

---

① 张謇研究中心、南通市图书馆编《张謇全集》艺文卷五，页231。
② 张謇研究中心、南通市图书馆编《张謇全集》艺文卷五，页232。
③ 张謇《朝鲜金居士讣至，年八十七矣，哀而歌之》，《张謇全集》卷五，页294。

张謇和金沧江都是学富五车，诗文俱佳，这不仅为他们的第一次结识提供了良好的契机，而且还为后来更久、更深的交往打下了牢实的基础。

虽说张謇考中状元有翁同龢的"私爱"之功，但最重要的还在于他的学识。这之前的 20 余年，张謇正是靠着自己的学养为人所知、为人所重且为人所用。这一点，张謇本人的《自订年谱》《日记》和他人为之撰著的传记均记之颇详，本文不欲赘言。张謇的渊博学识表现在很多方面，《张謇全集》作了汇总。假如张謇在后半生不是以办实业、兴教育、参与政事为主，他的文史成就会更大。张謇与金沧江在朝鲜（韩国）的第一次相遇，彼此倾慕，就是一种文士间的互知互识。"论辩甚妙"，这是年长三岁的金沧江对异国的文友张謇的初始印象。便是这一种短暂的印象，却使金沧江欣然视张謇为"知己""渔樵伴侣"，金沧江期望将来能与张謇做一对纯朴的文友。其实，金允植介绍张謇和金沧江结识，原本就是基于对他们两人的学识的器重，在他们之间，金允植做了跨国名士结交的介体。这一次，张謇对金沧江也是赞赏有加，夸金诗乃"东才之翘楚"，金沧江一生便是以文章传世，张謇的这一评价可谓的评。

比较张謇和金沧江的"学—仕"之路，可以找到他们之所以"文气相投"的一些内在原因。金沧江曾自谦道："虽没多少天分，但喜深思，善屡绎，虽没过人之处，但识解愈入愈明，如能活到百岁，我将会全力以赴。"[①] 实际上，金沧江的天资和成就都是超越常人的。时人对他给予了很高的评价，如前文之引李建昌和黄玹的赞语。在这方面，他比起张謇是有过之而不及。金沧江正是凭借自己不凡的才华沿科举之路进入朝中为官的。虽然张謇和金沧江在中了状元和进士后的感受不太一样，但无疑在科举上的成功都使他们为今后的人生事业奠定了一个坚实的基础。金沧江在中国居住并与

---

① 《沧江先生实记》之《自制墓志铭》，转自金沧江研究所《金沧江研究》第 2 辑，页 30。

张謇交往的 20 余年中，不能不说他们所走的这条相同的道路使他
们的关系更为接近。

当然，张謇对金沧江的认识不仅仅这么简单。且读他为后者《韶
濩堂集》所写的序语："晋山金沧江能为诗，隐山泽间，与之言，陜然
君子也。观其业渊思而絜趣，踔古而冥追。世纷纭趋乎彼矣。沧江独
抗志于空虚无人之区，穷精而不懈，自非所谓'风雨如晦，鸡鸣不
已'者乎。道寄于文词，而隆污者时命，沧江其必终无悔也。"① 张
謇从金沧江的诗里看出了他与众不同的古文精神。《申紫霞诗集》是金
沧江为传存祖国文化而编辑的前人诗文集，张謇于 1907 年为之作序，
序中记道：金沧江亡命中国时"行李萧然，不满一室，犹有长物，则
所抄紫霞诗稿本也"，"沧江于紫霞之诗可谓有颛嗜者矣"。在这篇序
中，张謇自觉申紫霞诗"出入于晚唐北宋之间"，这就看出金沧江为
何十分喜爱紫霞诗的缘由了。② 张謇对金沧江刊行紫霞诗集所评甚
高，"紫霞之诗，诗之美者也。沧江学之而工，而辛苦以传之不迂"。
金沧江无论是自己写诗作文，还是编辑他人的作品，总有一种精神存
乎其中，张謇对此了然于胸。

张謇和金沧江彼此间虽有诗文往来，但其数不多——主要原因当
是张謇后半生以实业、教育诸事业为重（"学而优则仕"，张謇虽以此
为半生追求，然中了状元后，他却并没有一心专务仕途，而是去"状
元办厂"，这在百年前世纪之交的中国确实不同凡响），诗文只是他社
交应酬的工具——这使我们今天的研究有资料不丰的缺憾，不过，这
对他们成为知己文友并无多大的影响。特别是，张謇有着扎实的传统
文化的功底，这有助于他对金沧江的了解。

五、"字小之义"和"事大之礼"的宗藩情结

中朝（韩）两国宗藩关系由来已久，高丽时期，朝鲜（韩国）即奉

---

① 张謇研究中心、南通市图书馆编《张謇全集》艺文卷五，页 236。
② 张謇研究中心、南通市图书馆《张謇全集》卷五，页 231—232。

宋、元为宗家；进入李朝时期，又奉明、清为本家。可以说，宗藩关系是中国和朝鲜(韩国)历史关系的一个最大特点。毫无疑问，这种特殊的关系深深影响着两国和两国人民的关系。且述清与朝鲜(韩国)的宗藩关系之概要。

朝鲜(韩国)原是明朝的藩属，每逢元旦、圣节、冬至、丧祭，朝鲜(韩国)都得派使赴明，这就是所谓的"事大"政策。清本是明朝的建州卫，与朝鲜(韩国)都是明朝的封建单位。1616年努尔哈赤于赫图阿拉建立大金(史称后金)，不久叛明。1627年，清征讨朝鲜(韩国)，与之订为兄弟之国。1636年再征朝鲜(韩国)，次年朝鲜(韩国)降清(朝鲜称"丙子胡乱")，送二子入清为质，并接受下列条件："一，与明国断绝关系，去其年号，纳其所赐诰命册印。二，奉大清正朔，岁时贡献表贺，往来礼仪，一如明制。三……"① 这样就建立起了清与朝鲜(韩国)的宗藩关系②，清代明后未有稍变，直到1895年中日《马关条约》订立始告结束。这种宗藩关系的内容主要有两点，所谓朝鲜(韩国)对清的"事大之礼"和清对朝鲜(韩国)的"字小之义"。"事大之礼"有请册封、遣使朝贡、奉正朔等；"字小之义"有救济灾荒、保护等。中国作为宗主国在经济上使藩属国多有获益，每次进贡就是一次极好的贸易机会，对朝鲜(韩国)，清朝政府特别允许它一年一贡，再加圣元、元日、冬至三个节日，"四贡同进"，朝鲜(韩国)利用这个机会用它的本国土产同中国进行易货贸易。

1882年朝鲜(韩国)发生"壬午之乱"，清朝政府为维护宗藩关系而出兵朝鲜(韩国)。宗主国对藩属国的保护义务有两个方面：对内保护受册封国王的政权；对外保障藩属国的国家安全。"壬午之乱"使朝鲜(韩国)国王的权力和国家安全都受到了严重的威胁。朝鲜(韩国)国王李熙仁弱受欺于其父大院君，政变发生后，李熙被迫将国家权力

---

① 张存武《清代中韩关系论文集》，台湾商务印书馆，1987年，页24。

② 准确地说，朝鲜应是清朝的"属国"。"藩"是内附关系，而"属"则是邦交关系，清在入关前，蒙古是其"藩"，朝鲜是其"属"。参何茂春《中国外交通史》，中国社会科学出版社，1996年，页337。

交由大院君处置。政变中，与大院君"尤不相融"的日本人受到冲击，在闵氏预政期间逐渐发展起来的对朝鲜（韩国）的影响力被挫弱，因此日本很快作出出兵干预的决定。在此情况下，中国政府出兵帮助朝鲜（韩国）国王平叛，应属必然。张树声接到朝鲜（韩国）兵变的消息后，随即向总理衙门报告："惟高丽为中国属邦……中国既知此事，宜不可若罔闻知。"① 6 月 24 日朝廷上谕也直言："朝鲜久隶藩封，论朝廷字小之义，本应派兵前往保护。"

中朝（韩）宗藩关系的长期维持与地缘有关。或者说，中国和朝鲜（韩国）在地缘上的特殊联系使得两国间的宗藩关系更为巩固。张謇曾经指出："中国与朝鲜唇齿相依，利害相因。"② 金沧江也有类似说法，他说中国和朝鲜的关系是"为瓜为葛，为唇为齿"③。这说明中国和朝鲜对维护和发展两国的友好关系有着天然的共识。在近代殖民危机面前，保持这样的共识尤为重要。张謇清楚地看到"中国以朝鲜为外户，朝鲜亦倚中国为长城"④，所以中国和朝鲜（韩国）之间的宗藩关系事关双方的国家安全，这和历史上的两国间的宗藩关系相比，其内涵和意义都发生了重要的变化。

不用说，张謇的内心是有着这样的"宗藩情结"的。壬午平乱，张謇表现出了其非凡的干才，以至乱事平定后，朝鲜（韩国）还有大臣进言国王，欲以宾师之礼，将张謇留下来。张謇在朝鲜（韩国）的这番经历使他日后更为重视中朝（韩）关系。之后，他曾写了《朝鲜善后六策》《壬午东征事略》《乘时规复流虬策》等有关朝鲜（韩国）问题的文章，9 月中，他还上书朝鲜（韩国）国王"论善后事"。这些文字，只有《朝鲜善后六策》尚可从《为东三省事复韩紫石函》（1911）中得知大概。从

① 《清光绪朝中日交涉史料》卷三，故宫博物院 1932 年铅印本。
② 张謇《代某公条陈朝鲜事宜疏》（1885），张謇研究中心、南通市图书馆编《张謇全集》政治卷一，页 22。
③ 金沧江《拟陈情书》，《金泽荣全集》卷一，页 433。
④ 张謇《代某公条陈朝鲜事宜疏》（1885），张謇研究中心、南通市图书馆编《张謇全集》政治卷一，页 22。

这篇时论文章中，我们基本可以了解张謇的宗藩思想。虽然，张謇的宗藩思想中有着"大国主义"的内容，但这无妨其中朝（韩）友好的基本思想。1894年，张謇作《代某公条陈朝鲜事宜疏》，其中有"速申旧约，布告各国，以定藩服之名"①的援护朝鲜（韩国）的计策。尽管张謇的出发点是为了国家安全，但多少还是流露出了一定的宗藩思想。

张謇对朝鲜（韩国）给予的关注远胜于对其他周边国家的关注。这固然与他在朝鲜（韩国）的经历有关，但我们感觉到中国和朝鲜（韩国）两国间的特殊关系是不可忽略的重要因素。由对国家的关注到对人的关注，个中道理完全合乎自然。从张謇对金沧江的关心这件看似属于个人之间私事中，不难透见中朝（韩）友好的历史背景。因此，研究张謇和金沧江两人的私谊对于进一步研究中国和朝鲜（韩国）的历史关系是有见微知著的意义的。

从金沧江的诗文和行动中，我们也能清楚地看到中朝（韩）间的宗藩情结。19世纪的朝鲜（韩国），在朝鲜（韩国）和中国的关系问题上，出现了两种态度。一种认为中国对朝鲜（韩国）有霸主思想，因此要解除和中国的宗藩关系，以金玉均、洪英植为代表的"开化派"即是这个主张的典型。张謇于1909年为金沧江《韶濩堂集》所作的序中即指出：当年他随军在朝鲜（韩国）时朝鲜（韩国）儒风尚旧，而当"海禁既开"后，朝鲜（韩国）朝廷却转向西方，"求通夷学使绝域之才"，"厌薄儒术，苟且功利"之风渐起②。而另一种则认为应维持传统的中朝（韩）关系，并依靠中国来维护朝鲜（韩国）的封建政权，这些人以封建官僚和儒生为主，他们因其政治主张而被称为"守旧派"或"事大党"。从当时的实际情况看，"守旧派"的势力是很强的。韩国学者吴允熙指出："中世以后，朝鲜朝分裂为四党，相互存在激烈的争论。……所幸金泽荣没被卷入党派争斗，一直保持他自己的本心，明

---

① 张謇研究中心、南通市图书馆编《张謇全集》政治卷一，页23。
② 张謇研究中心、南通市图书馆编《张謇全集》艺文卷五，页235。

辨是非。"① 我们无法认定金沧江是不是"守旧派"的成员，但从他重视与中国的文化联系、以中国作为他的流亡地等方面看，其思想总体上是"守旧"的。壬午兵变，中国派军入朝（韩），事后仍不撤兵；开化派搞甲申政变，中国驻朝（韩）军队参与镇压，这些事件经常被一些朝鲜人说成是中国在朝鲜（韩国）搞霸权，而我们在金沧江的文章中却看不到这样的评论。这不是因为金沧江不关注时事，他的文章中有一部分就是时评，他所以不指斥中国在朝鲜（韩国）的行动，应该是受他的中朝（韩）关系观决定的。

1912 年，张謇 60 岁，金沧江为其贺寿，寿文中有这么一段话："始见翁（按即张謇）于吾邦。翁少余三岁，而度量之恢，学识之敏，皆非余之所敢望者。余为之心醉，退而叹曰：惜乎吾独不得与此人同其国。尧舜禹之制，十二州九州也，疆域所拓，专骛东南，而东北则房闼之鸭水，弃之它有。"② 言语间不仅有颂友之意，而且还有明显的宗藩情怀。这颇耐人寻味。

尤其值得注意的是，1912 年，清王朝被推翻，中华民国建立，这一年，金沧江加入了中国籍。这一行动表明金沧江以汉为正朔，这与他的归附汉文化"母统"的思想正相一致。

当然，对张謇和金沧江的宗藩情结的理解不能离开特殊的时代背景：就金沧江而言，他之亲附中国是和日本的殖民侵略有着某种因果关系。虽然清政府在朝鲜（韩国）驻兵预政，但却没有灭亡朝鲜（韩国）的意图，而日本在"征韩论"这一侵略理论指导下不单是要代中国而成为朝鲜（韩国）的宗主，并且最终是要亡并朝鲜（韩国）。金沧江出亡中国正是在日本侵略朝鲜（韩国）愈益深重的国难之际，《马关条约》签订后，日本事实上已取代中国而成了朝鲜（韩国）唯一的宗主国，正确地说，当时的朝鲜（韩国）已经是日本的半殖民地，10 年后，金沧江离开了朝鲜（韩国），再过 5 年，日本便彻底灭亡了朝鲜（韩国）。

---

① 金沧江研究所《金沧江研究》（内部资料），页 39。

② 金泽荣《嵩翁六十后寿序》，《金泽荣全集》卷一，页 492。

官居三品的金沧江在日本最终吞并朝鲜(韩国)之前离开祖国，这一行为充分说明他不愿意接受日本作为朝鲜(韩国)的宗主国。金沧江对日本侵略行径的强烈愤恨在他诗文中多有表现，从1878年的《义妓歌》到1910年的《呜呼赋》，无不浸透着这样的思想。金沧江以中国为他的精神避难地(金沧江是辞官流亡，而不是受迫害逃亡)是传统的宗藩情结和严酷的现实双重作用的结果。

六、国运乖戾，匹夫爱国

国难当头，匹夫爱国。相同的国运是张謇和金沧江所以"相识"的现实基础。

19世纪中期以来的中国和朝鲜(韩国)，同时受到了来自西方的严峻挑战，让我们对这段历史作一个简要的回顾。

1840年6月，英国发动对华第一次鸦片战争，1842年8月两国签订中国近代史上第一个不平等条约《南京条约》，从此揭开了中国半殖民地半封建的历史。1858年第二次鸦片战争爆发，侵略中国的列强增加到两国(英国和法国)，中国在战败的情况下被迫与英、法、俄、美签订《天津条约》和《北京条约》，半殖民地化程度进一步加深了。在这之后，俄国还对中国边疆地区发动侵略，迫使中国与之签订《瑷珲条约》《勘分西北界约记》等不平等条约。17世纪50—60年代，美国开始侵略中国台湾，未获成功。70年代，它支持日本对台侵略，1874年10月，李鸿章代表中国政府与日本特使大久保利通签订《台事专条》(即中日《北京专条》)。1876年因"马嘉理事件"，英国逼迫中国签订《烟台条约》。80年代，英国还加强对中国西藏的侵略，并于1890年、1893年和中国政府签订了《藏印条约》和《藏印续约》。第二次鸦片战争后，俄、英还对中国新疆进行侵略，中国西北与东南、西南一同出现了边疆危机。1884年，中法战争爆发，由于清政府的腐败，中国不战自败，终以签订屈辱的《中法新约》而告结束。前狼未逐，后虎又至。1894年，中日甲午战争爆发，次年双方签订《马关条约》，这一次，中国与以往任何一次和侵略者订约一样，割地、赔款、开埠……丧权而辱国。中国半殖民地化的程度又一次加深了。5 年之后，西方列强八国联合侵华，1901年中国与俄、英等 11 个列强签订《辛丑条约》，中国完全陷入半殖民地半封建社会的深渊。

19 世纪末 20 世纪初的朝鲜（韩国），内忧外患，国之将亡。法、美、日等列强纷纷染指朝鲜半岛。1847 年法国以保护传教士为借口，派舰要求朝鲜（韩国）开放口岸，此次侵略行动因触礁而未遂。19 年后，朝鲜（韩国）摄政的国王（高宗）生父大院君制造教案，颁发禁教令，蒙难者中有 9 名法国天主教神甫，法国印度支那舰队司令罗兹便借此以武力占领了朝鲜（韩国）的江华岛，强迫朝鲜（韩国）对法通商。此次入侵因朝鲜（韩国）的坚决抵抗而未能得逞。大院君政府于是也更坚决地奉行排外主义。同年（1866），美国海盗商人侵入朝鲜平壤地区，他们不顾当地政府警告，侦察地形，准备盗墓，并抢劫财物，屠杀居民。朝鲜军民奋起全歼入侵者。事件发生后，美国便积极策划武力侵朝（韩）。1871 年 4 月初，美国驻华公使镂菲迪、美国亚洲舰队司令罗杰斯率远征朝鲜（韩国）舰队入侵江华岛，提出赔偿和开放口岸的无理要求。美国的这次侵略企图和法国一样都在朝鲜（韩国）人民的英勇抗击下未能得逞。法、美这两次入侵行动说明朝鲜（韩国）封建政权奉行的闭关锁国政策正在受到严峻的挑战。这种形势与鸦片战争前的中国何其相似！1876 年，朝鲜（韩国）与日本签订《江华岛条约》（丙子条约），否定朝鲜为中国属国，朝日互换使节，朝鲜开发釜山、仁川和元山三个港口，日本侵略势力在朝鲜（韩国）取得了突破。1882年，美国海军上将海菲尔诱惑朝鲜（韩国）政府签订了《朝美通商条约》，美国在朝鲜取得了领事裁判权、最惠国待遇和协定关税等特权。李鸿章要求在条约中列入不承认朝鲜自主和不许进行传教的条款，因美国的强烈反对，最终在签约时删除了这两个条款。该条约的签订开了朝鲜（韩国）同列强签订不平等条约的恶劣先例。朝鲜（韩国）的独立主权开始丧失。以后的几年中，朝鲜（韩国）先后与英国、德国、俄国、意大利、奥地利、比利时等国签订了修好通商条约。就在《朝美

通商条约》签订的这一年 7 月，朝鲜（韩国）发生了"壬午事变"。8 月
25 日，事变平息，而日本则以此次兵变为借口①，强迫朝鲜（韩国）
与它签订了《济物浦条约》，获得了在朝鲜的驻兵权。1894 年，朝鲜
（韩国）发生东学党起义，日本乘机增兵朝鲜（韩国），并引发了中日甲
午战争。在次年中国和日本签订的《马关条约》中，中国不得不承认日
本对朝鲜的控制。从此，朝鲜（韩国）落入日本手中，直到 1910 年与
日本订立合并条约，变为日本的殖民地。朝鲜（韩国）的这一历史结局
与中国是不一样的。

从上述的大事序列中，我们可清楚地知道，张謇与金沧江虽生在
异国，但他们所遭逢的时代却极为相似。张謇以吴（长庆）军文员的身
份到朝鲜（韩国）的那个年头，中国和朝鲜（韩国）正在半殖民地、殖民
地的深渊中愈陷愈深。真正是"生于忧患，万方多难"。天下兴亡，
匹夫有责，士人爱国，史可明鉴。

有关张謇爱国主义的思想和实践，前人多有论述，本文不拟详
述。仅举两例：

《马关条约》签订后，张謇将条约内容十款录入日记②，这种罕见
的举动无疑是以铭记国耻为目的的。此事一。1903 年，张謇到日本
考察教育和实业，在参观了《马关条约》的签订处春帆楼以后，写了一
首诗："是谁亟续贵和篇，遗恨长留乙未年。第一游人须记取，春帆
楼上马关前。"③ 表达了他不忘国耻的爱国精神。此事二。张謇不是
一个狭隘的爱国主义者，他的爱国主义思想是建立在国家命运和前途
的基础上的，所以他对金沧江的爱国之举不仅是同情，而且更是理
解。因为中国和朝鲜（韩国）都受日本的殖民侵略，故而张謇对金沧江

---

①　兵变中，日本公使馆遭焚，一些日本人被杀，这成为日本用兵朝鲜（韩国），
向朝鲜（韩国）提出侵略性要求的借口。

②　张謇 1895 年（乙未年）4 月 6 日日记，张謇研究中心、南通市图书馆编《张謇
全集》日记卷六，页 129。

③　张謇《东游纪行二十六首》之一，张謇研究中心、南通市图书馆编《张謇全集》
艺文卷五，页 371。

的独特的爱国方式更是理解有加。

金沧江是外域士人，其爱国主义思想独特而深刻。南通知识界敬尊其为"韩国屈原"。近代朝鲜（韩国）虽然和中国一样，遭受了多国的殖民主义侵略，但最终是为日本一国所吞并，因此，金沧江的爱国主义首先表现为对日本侵略者的痛恨和光复河山的期望。早在 1878 年（《江华岛条约》签订后两年），金沧江便写出了《义妓歌》，表达他的反日爱国思想①。这个思想一直到他走完人生全程，都未有减弱。1909 年，朝鲜（韩国）爱国志士安重根在哈尔滨刺杀刚刚解任的日本驻朝（韩）统监伊藤博文，金沧江闻之十分兴奋，奋笔赋诗，痛抒心怀。1910 年，对朝鲜（韩国）人民来说，是最为惨痛的一年，日本以武力灭亡了朝鲜（韩国）。消息传到中国，金沧江闻之大恸，写下了悲愤的《鸣呼赋》，在该诗小引里，金沧江清楚地表达了自己当时的心情："惟吾国合并之祸在庚戌年七月二十五日，余闻之无所泄哀，缘情起礼制一素服，服之三日，然而犹未足以泄也，故辄为赋一篇，而取篇首语，命之曰鸣呼赋。"为盼祖国早日光复，金沧江甚至给他的儿子更名，将"光续"改为"光祖"，"以儿欲为祖国光……何日何时光复扬"②，其情殷甚。1911 年，中国发生辛亥革命，南通光复，金沧江喜作《感中国义兵事六首》，在诗中，他不由得哀念自己的祖国："箕域地灵应愧死，寥寥仅只产安生。"③ 次年，金沧江申请加入中国籍，他为什么要选择这个时间做这样的决定？这里面有两层含义：一是金沧江自认为箕子的后代，入中国籍对他来说是"还旧籍"；二是汉人光复政权对金沧江也有特别的意义。他从中国的反清解放自然联想到朝鲜（韩国）为日本统治的现实，在中国，他仿佛看到了朝鲜（韩

---

① 关于这首诗的由来，金沧江曾有说明："晋州妓有论介者，宣庙癸巳之难，日本将陷晋，招妓游前江大石上。酒酣，妓抱将落江俱死。余既访其祠，因为诗扬之。"

② 韩国学文献研究所编《金泽荣全集》卷一，页 287。

③ 韩国学文献研究所编《金泽荣全集》卷一，页 302。箕域指朝鲜，安生指安重根。

国)的未来①。1920年，流亡中国的朝鲜(韩国)爱国人士在上海组织
临时政府，金沧江代向中国政府撰写《陈情书》，陈述朝鲜(韩国)人民
反抗日本侵略者的"人心成城"的决心，并希望得到中国政府的
援助。

金沧江因为爱国而亡奔中国，张謇对此很为理解。从某种意义上
讲，爱国可有多种方式，金沧江不愿做亡国之臣，以文章报国，这与
安重根和全斗焕的报国之志相比，别无差异。张謇在他所写的与金沧
江有关的诗词，特别是为金沧江文集所写的序言中，体现了对友人这
种报国方式和爱国情怀的理解。如果从近代中国和朝鲜(韩国)的相似
的历史命运、两国特殊的历史关系和地缘关系上来看，亦可谓共患
难、同命运。正如章开沅先生所言："中韩之间具有历史形成的亲和
感，其近代文化交流不仅具有更多的共同语言，而且具有更为深沉的
感情交流与理念沟通，而这种文化交流又与共同反抗日本帝国主义的
殖民统治的亚洲民族解放运动紧密相联系。"②

说到爱国，张謇和金沧江都是实践主义者，不过他们的具体做法
是不同的：张謇奉行以教育和实业救国的宗旨；而金沧江却是"文章
报国"的力行者。虽然两人有此不同，但彼此是能理解的。金沧江
"文章报国"的途径主要有两端，一是著述国史，二是写作爱国诗文。
就前者而言，金沧江认为将祖国的历史传之后人，对他来说是责无旁
贷，做好这件事就是切实的爱国。在这一点上，张謇对老友十分理
解。他不仅在翰墨林中为金沧江提供了专心著述的良好条件，而且在
为金沧江著作所写的序中还直言他与老友相似的观点。金沧江的《韩
国历代小史》写成后，张謇为之作序，在这篇序文中，张謇表达了他
的历史观以及对老友为国修史的理解。不妨引述如下："金君沧江当
其国是抢攘之际，尝一试为史官，度与其志与所学拂戾不能容，而

① 参岳逢春为《沧江稿》写的跋语，《沧江稿》卷十四。
② 章开沅《张謇与中韩文化交流》，《华中师范大学学报(人文社科版)》2000年第
6期，页37。

国将不国，乃独懔坚冰且至之惧，本其生平崇敬孔子之志，挈妻子而来中国，以为庶几近孔子而中国居也。既至，不十年，国遂为人摧践以亡。而其祖宗丘墓所在，故国禾黍之悲，耿耿不忘于君之心，于是始终李氏朝鲜之事，成《韩史綮》。居数年，以其书合之于前所作《韩国历代小史》为一书，以仿《虞书》冠《尧典》之义。甚矣！金君之用力勤，而其志可悲也。庄生有言，哀莫大于心死，而身死次之。嗟乎！此以人而言也。言乎国则謇独以为哀莫大于史亡，而国亡次之。国亡则死此一姓之系耳，史亡不惟死不幸而绝之国，将并死此一国后来庶乎有耻之人。金君叙一国三千二百余年事，可观可怨可法可戒者略备矣。谓以供人观怨而法戒，如是焉差可也。韩之人抱持纶一旅楚三户之志者夥矣。艰哉！读金君书，其亦有慄然而思，瞿然而忧，蹢蹢然困而弥厉者乎！"① 张謇发出"史亡大于国亡"的感慨，不只是为老友厉志为史之精神而誉美，更有国运相似相系的心理作用。

七、结束语

张謇和金沧江的交谊是近代中国和朝鲜（韩国）友好关系的典型个例，它从一个侧面反映了两国传之久远的友好关系，或者说，它是一个微点，但却可以从中去透视相应的国家关系。张謇和金沧江的交谊又不是普通人物的往还相助，他们是中国和朝鲜（韩国）具有特殊性的士人群体中的代表，他们的友谊更富有文化和精神的内涵。因此，由此所折射出的两国间的友好关系就不止是具有一般的时代意义，而更具有深邃的历史意义：张謇和金沧江的个人关系其实是中国和朝鲜（韩国）历史关系的缩影。

19世纪末20世纪初，由于殖民主义的影响，中国和朝鲜（韩国）的关系受到了一定的影响。第一，殖民主义使中国在朝鲜（韩国）的宗主权受到削弱乃至被取消。第二，随殖民主义而来的西方文化使中国

---

① 张謇研究中心、南通市图书馆编《张謇全集》艺文卷五，页291。

文化在朝鲜(韩国)的地位受到严峻的挑战。这两重变化对中朝(韩)两国的人民交往产生了根本性的影响。应该承认,历史上中国和朝鲜(韩国)的宗藩关系("事大"与"字小")是一种不平等的国家关系,"实学派"中曾经就有人对朝鲜(韩国)政府奉行的"事大主义"进行了批判。例如,洪大容就认为根本不应该有华夷内外之分,他说,若从中华来看,中华为内,东夷为外;若从东夷来看,则东夷为内,中华为外。所以中朝(韩)两国的地位,应该平等。这是理智而富有远见的政治观点,这种观点不会对中朝(韩)关系产生恶性影响。但殖民主义就很不一样了,它对中朝(韩)关系的影响是破坏性的。特别是日本,它要取代中国成为朝鲜(韩国)的新宗主。朝鲜(韩国)国内也有人迎合这种变化,在文化上要以"西学"取代"东学"。金沧江正生活在这样一个政治、文化和社会生活剧烈变化的时代,作为一个极富责任感和爱国心的文士,他必须要提出自己的价值取向:在文化上,是恪守"儒道"还是改从"西学"?国破当头时,是苟且偷生还是奋起抗争?

金沧江是一位爱国的儒士,在山河飘摇的国难之前,以其渊博的学养和傲然的骨气赢得了张謇的敬慕。在维护中朝(韩)友好关系方面,他既是历史的继任者,又是走向未来的开拓者。张謇对他的礼待在某种程度上讲就是中国对朝鲜(韩国)的友好示意。我们看到,张謇和金沧江的关系是完全平等的,这种个人关系突破了历史,甚至还突破了国家关系(即狭隘的宗藩关系),这方面的意义对发展中朝(韩)当代友好关系有着很大的价值,今天我们必须给予充分的肯定。

(原扬州大学 2001 年硕士学位论文)

作者单位:扬州大学社会发展学院

张謇与金沧江诗之比较

王敦琴

1883 年，张謇随庆军赴朝，并与金沧江相见，这似乎注定了二人此生的不解之缘，两位异国文人从相识、相赏到相知，其本身就谱写了中韩文化交流史上的感人乐章，成为千古流传的佳话。同时，他们又都以各自的辉煌成就为后人所景仰。金沧江以诗人、史学家著称于世，张謇以实业家、教育家载入史册。两人均有大量的作品遗世，诗是其中重要的一部分，两人流传下来的诗作各有 1000 多首。虽然他们有许多共通的东西，比如，他们有耿直的个性、相同的志向、相似的兴趣，甚至有过类似的科举考试经历，但是，两人在诗的思想内容和艺术风格方面却迥然不同。现不揣浅陋和冒昧，对二者作一比较，以冀求教于方家。

一、金沧江的诗重言志，托物言志，借景抒情；张謇的诗重言事，缘事而发，因事立题

（一）沧江诗的思想内容

1. 山水诗

他的山水诗，不仅讴歌了中国、韩国的自然风光，表现了对大自然的热爱之情，而且寄情山水，托物言志，借景抒情。

如 1887 年写的《平壤》：

> 垂杨枝外角横吹，王俭城开绿水湄。楼阁参差朝雾重，江山

平远夕阳迟。至今父老怀箕子，何日英雄擅乙支。游女不知兴废事，隔花惟唱郑郎诗。①

这首诗从平壤的自然风光写起，然后，笔锋一转，写出对爱国志士的深深怀念，最后落脚到对民风未开的感叹。当时的朝鲜，在经过了"壬午军乱"和"甲申政变"之后，政局纷乱，朝廷腐败，而民智未开，诗人对这样的局面感到极为痛心，其爱国之情溢于字里行间。

又如诗人1905年来到中国后，写了《姑苏怀古》：

吴王日日奈何欢，越女如花唱艳歌。未洗千年亡国耻，姑苏城下水空多。②

这首诗通过对姑苏古城及其历史事件的回顾，联想到自己的祖国山河破碎、同胞将沦为亡国奴的耻辱，于是发出国耻未洗，水流空多的感叹。诗人当时由于不愿当亡国奴，刚从朝鲜来到中国，这种离乡背井、骨肉分离的切肤之痛使他即使身临仙境也不能排解。所以，我们看金沧江的山水诗，尤其是来中国之后，基本上没有纯粹的山水诗，多是借景抒情，或者是情景交融，或者是"感时花溅泪，恨别鸟惊心"，在他的心灵深处无时无刻不惦念着自己深爱的祖国。

2. 感怀诗

在感怀诗中，诗人有些是直抒胸臆，但更多的还是托物抒怀。这类诗中，其思想内容有的是对爱国人士的赞美，有的是对祖国、家乡的怀念，有的是对好友、故人的思念，也有的是对农民疾苦的同情。如《义妓歌》《东杜门洞歌》《九月发船作二首》《至上海》《追感本国十月之事》《闻义兵将安重根报国仇事》《感中国义兵事五首》《曹公亭歌》《田家叹》《南瓜叹》《秋雨叹》《闻黄梅泉殉信作》《寄黄梅泉》《黄梅泉初忌日作》等等。

①② 金泽荣著、朴忠禄译《沧江诗文选》，图书出版社，1993年。按：后引金诗均出此，不再一一出注。

3. 赠和诗

在赠和诗中，有赠诗，有应和，有酬谢，这些诗的思想内容或是表达友情，或是表达怀念，或是表示赞美，或是表示感谢。如《赠张啬庵季直謇》《赠张退翁观察叔俨》《赠王少屏诸真长二君》《寄朴茂原》《谢汤医士治病牙》《送洪舜俞郑景施金国洵三君》《赠朴南坡赞翊》等等。

总之，金沧江诗的思想内容有一条主线，那就是爱国之情和报国之志，无论是写景还是状物，他都在言志，都在抒发一腔爱国之情，可以说，诗深刻体现了他的心路历程。

（二）张謇诗的思想内容

1. 纪事诗

他的纪事诗较多，占了诗集相当大的分量，从这个意义上说，他的诗是他活动内容的形象化记载。

如《戊戌正月十八日儿子怡祖生志喜》：

> 生平万事居人后，开岁初春举一雄。大父命名行卷上（乙酉天乡举履历，先子豫命今名），家人趁喜踏歌中。亦求有福堪经乱，不定能奇望作公。及汝成丁我周甲，摩挲双鬓照青铜。①

在首句，作者晚来得子的喜悦心情洋溢于字里行间，接着趁势描述祖父当年久盼孙儿之心和今日家人的喜庆场面，然后笔锋一转，写出对于爱子的美好祝福和希冀，最后，不禁对自己得子之晚发出感叹。读此诗，我们就完全可以了解到张謇晚来得子之事、"怡祖"的取名缘由和他当时的复杂心情。

又如《视沧江病》：

> 闻病抛诗叟，来探借树亭。填栖书畚被，烧炕杕连扃。扶掖

---

① 张謇研究中心、南通市图书馆编《张謇全集》艺文（下）卷五，江苏古籍出版社，1993年。按：后引张诗均出此，不再一一出注。

怜参术，荒寒满户庭。余年犹兀兀，史笔耿丹青。

此诗记述了来探视沧江病的情形和所见所感。

再如《营女校廊阜园亭成》：

> 张弛诸生业，优游暇日余。林通三径陟，山纳一亭虚。感善薰琴笛，家常昵笋蔬。不愁耽逸甚，传得大家书。

该诗描述了女校廊阜园亭建成之事，顺势对女校廊阜园亭进行了描绘，并进而对其作用进行了述说。

2. 吟物诗

他的吟物诗也不少，通过吟物写景感事，表达一种心情或心理感受。如《新坟》：

> 八尺峨峨新筑坟，一亭左角易黄昏。生愁五日新魂怯，秋雨秋风满阙门。

这是张謇在经过沈寿墓时，见故人新坟，触发了作者的思念之情。沈寿曾应张謇之邀，来到南通，担任女工传习所所长，培养刺绣人才。沈寿高超的绣艺、高洁的品行和高尚的人格无一不使张謇十分感佩。可是红颜薄命，过早病逝，在她去世百口后，新坟引起其深深的怀念。表面看作者似乎在描写所见之物，但字里行间流露出真挚的怜惜之情。

又如《乍雨》：

> 未测天情性，朝来乍雨晴。稍当被尘土，一笑看风霆。

乍一看，作者是在描述天气，但如果深究一下，就不难发现，这首写于1898年6、7月间的诗，是有弦外之音的，当时正值戊戌维新如火如荼之际，作者其实暗示了当时风云变幻的政局和自己的美好愿望。

再如《感事》：

> 世上风云若可惊，人心矛戟几时平。老夫一笑浑闲事，夜半

霜天看月明。

该诗是张謇在1910年年初所录的旧作，此前一段时间，他为请开国会、预备立宪而奔忙，然而革命党人频繁发动起义，这是他所不希望看到的，他对开国会、预备立宪还寄予希望，所以该诗表达了他的这种心理感受。

3. 赠和诗

他的赠和诗也占了相当一部分，张謇是状元，名气大，交往多，当然，他所交往的人中大多是文人墨客、志同道合者，其交往常常以诗词唱和来交流思想、沟通感情、表达自己的内心感受，这部分诗或是酬答，或是赞美，或是勉励，或是题物，或是贺寿，或是哀逝。

总之，张謇诗的思想内容主要是以事为出发点，大多是因事而作，为事立题，某种程度上说，诗记述了他的生活历程和心理感受。

二、金沧江诗的意境高远，浪漫色彩甚浓；而张謇的诗自然质朴，现实之感厚重

金沧江的诗常常具有丰富的想象和生动的形象，并且善用比喻、拟人、夸张和借代等修辞手法，使其诗注入了深远的意境和浓烈的浪漫气息。他在赠友人王少屏诸真长诗时有两句是："我逐飞云来海道，君如明月在江乡。"这两句运用夸张和比喻的手法，给人描绘了一幅美妙的图画。在《谢汤医士治病牙》中，诗人用了比喻、夸张和拟人的手法："巨灵大斧劈龙门，神将长绳缚夜叉。""有如万万冻僵树，春风所着皆生花。"在《感中国义兵事五首》中，诗人讴歌义兵："龙腾虎掷万豪英，叱落天河潴北京。"读来是何等的气势磅礴、生动形象。

又如1914年写的《遥题开城红叶楼》：

故国风景总依依，最忆城东新石扉。只树何年闻梵呗，兰亭

今日集冠衣。澄潭如月沙堪数，红叶漫山径欲非。铜雀黄尘嗟溢目，诸君且饮不须归。

这里，诗人运用想象的手法，想象友人们在自己的家乡开城红叶楼面对美景开怀畅饮而忘归的场景，其对友人深深的思念和绵绵的故土情结真是剪不断、理还乱。

而张謇的诗则较为质朴平实。

现将两人就同一事或同一物所作的诗进行比较，或许更能清楚地理解其各自的风格。如同样写曹公亭，金沧江的《曹公亭歌》：

往者万历倭寇东，韩臣有李忠武公。李韬姓略妙神鬼，杀倭满海波涛红。当时倭儿患虐疾，背书其名胜药功。三百年后汉江竭，修罗蚀月凶肠充。使我奔伏淮之侧，白头欲举羞苍穹。奈何今日中州彦，遽蒗之病颇相同。慨然共思曹壮士，沐血击贼卫南通。奇功垂成身径殒，愤气化为青色虹。叱工筑亭安厥像，横刀立马生长风。请君且揽新亭涕，与我赊酒向新丰。一杯酹我李兵仙，一杯酹君曹鬼雄。巫阳与招魂气返，旗光剑色摩虚空。雷鼓鼓动两国气，人间何代无勇忠。

张謇的《曹公亭》：

人亦孰无死，男子要自见。曹生磊落人，无畏赴公战。鲸牙白草纤，马革黄金贱。荒原三百年，突兀一亭建。田父何所知，亦说单家店。

这两首诗放在一起比较，就很容易看到两者风格的不同。金沧江的《曹公亭歌》虚实结合，既写中国的抗倭英雄曹顶，又写韩国的抗倭英雄李舜臣，既实写他们的抗倭事迹，又虚写他们的愤气、魂气。并且运用想象、夸张和拟人的手法，诸如"杀倭满海波涛红""横刀立马生长风""愤气化为青色虹""巫阳与招魂气返"等，两位抗倭英雄的威武之形、英武之气跃然纸上。读来使人感到荡气回肠、心潮澎湃。

而张謇的《曹公亭》，则基本采取白描的手法，实写曹顶的抗倭事迹和建亭之事，读来使人感到质朴、自然和平实。

再如同样是写"雁"，金沧江的《闻雁》是：

> 单床无寐数疏缚更，飞雁何来一再鸣。有信人间谁似汝，尽情天外弟随兄。白苹洲上西风急，画角城头北斗横。七十二年年又暮，那堪回首问春莺。

张謇的《雁声》是：

> 萧寥忽雁声，幂房暮云平。晴雨呼群进，荒郊瞥火惊。风疑从上落，江已近前横。淮海秋多稻，何因更远征。

这两首诗都是抒发作者听到雁声之后的感想，而且差不多写于同一时期，《闻雁》写于 1920 年，《雁声》写于 1922 年，两人在写"雁"诗时都是 70 岁左右。但两首诗的艺术手法不一样，所抒发的思想感情也很不相同。在金沧江笔下，自己由于夜不成眠，只好数着那间隔很久的打更声，可是大雁为何一再鸣叫呢？想必是为人间送信，可是这却与己无关，因为自己身处"天外"。他在实写自己的心境和感受之后，忽然话锋一转，转而写景，写那西风呼啸、北斗高悬的夜深人静。然后再回到起笔处，想想又一年的年尾接近了，自己已 72 岁高龄，一切是多么地不堪回首啊。从这首诗可看出晚年的金沧江仍然无时无刻不深念着自己那沉沦的祖国，无时无刻不在这种有家难回的痛苦中煎熬。从艺术手法上看，他的诗虚实相间，时空跨度大，跳跃性强。而张謇的《雁声》则偏重对大雁飞过时的状态进行素描，最后落笔于对大雁远征的反问。从这首诗可看出张謇当时的心境很平和，很悠然，这与金沧江当时的心境截然两样。其诗的自然、质朴也一目了然。

二人有不少互相唱和的诗，一唱一和不仅非常有趣，同时，也能看出二人的思想感情和诗之风格。如 1917 年，张謇召集几位友人到其林溪精舍游饮，并作诗二首以记述之，金沧江阅诗后，作诗和之，然后，张謇又有诗《沧江示所和诗复有赠》：

爱客攻吾短，论诗数尔强。时时惊破的，炯炯达升堂。蜡屐吟山出，蜗庐借树藏。众人怜寓卫，后世有知扬。

金沧江便再步其韵，作诗《次韵啬翁见赠》：

风骚纷百变，何者是差强。世正趋榛棘，君能沂草堂。孤花秋后见，古锷匣中藏。知己侬家幸，宁须待后扬。①

张謇的《沧江示所和诗复有赠》主要是赞美金沧江的诗格和人格，说他深得友人之心，后世定有了解和赞颂。金沧江的《次韵啬翁见赠》则步其韵以和，主要是针对张謇的称赞表示谦让，并对张謇的人格精神进行赞扬，五、六两句可视作对二人的共勉，最后说有这样的知己已是自己的大幸，哪里需要留待后世去褒扬。从这一唱一和之中，我们也可看出两位友人之间的相互敬重、相互仰慕和相互勉励。在写作方法上，张謇的诗也巧妙地运用了借代的修辞手法，如"寓卫"，但主要还是实写金的诗作和金的为人，而金沧江的诗则通篇都用了暗喻和借代的修辞手法，如"风骚""榛棘""草堂""孤花""古锷"等来形象地进行描绘，生动地抒发了自己的思想感情，富有浪漫气息。

三、二者思想内容不同、风格迥异之原因分析

金沧江生于 1850 年，卒于 1927 年，张謇生于 1853 年，卒于 1926 年，他们虽然为同时代人，但是，他们毕竟来自不同的国度，有着不同的生活境遇和生活阅历。

金沧江一生大体可分为前期、中期和后期三个时期：前期是 1891 年（41 岁）以前，为读书、科考时期；中期是 1891 年到 1905 年（41—55 岁），为受封做官时期；后期是 1905 年到 1927 年（55—77 岁），为定居中国时期。金沧江的诗作留存下的有 1000 多首，这些诗

---

① 韩国学文献研究所编《金泽荣全集》，亚细亚文化社，1978 年。

大多写于 1872—1891 年之间和 1905—1927 年之间。而在为官时期，诗作较少。前期的诗作大多是赞美祖国河山抒发自己的热爱之情、反映民间疾苦抒发自己对农民的同情、与友人互相唱和抒发自己的爱国之志报国之心。其后期的诗作主要是寄情山水抒发自己对故国的深切怀念、赞美爱国志士，讴歌他们的英勇行为和不屈精神、与文友知己酬赠唱和表达自己的报国之志。

《毛诗序》说："诗者，志之所之也，在心为志，发言为诗。"① 这就是说，诗言志。作为韩末四大文学家之一的金沧江，同时也是汉文学的集大成者，他对汉文的造诣之深是令人十分感佩的，他对中国古诗词的研究特别深，特别是对诗经、楚辞、唐宋诗尤为精通。他曾潜心研究过屈原、李白、杜甫、白居易、王昌龄、王维等这些中国古代著名诗人，对他们的诗很是赞赏，并对他们的作品进行评说，因而他的诗也自然受其影响。特别是，屈原、杜甫诗歌中所洋溢的爱国主义思想和忧国忧民情感对金沧江的影响很大。在表现手法上，屈原和李白的浪漫主义，杜甫、白居易的现实主义对金沧江的诗都有不小的影响，所以金沧江的诗一方面浪漫色彩较浓，另方面也有现实主义的成分，此外唐朝山水诗人王维诗的清新、边塞诗人王昌龄诗的雄浑，对金沧江诗都有一定的影响。

金沧江的诗，在思想内容上，较富政治性。在表现风格上，后期的诗较之于其早期的诗，虽都具有浪漫色彩，但又有所不同，早期作品自然清新，而后期作品则多了一分沉郁雄浑。诗人生活在旧韩政治黑暗、社会动荡、日本对其虎视眈眈的时代，其早期主要是读书、游历、科考，所写题材大多是赞美祖国大好河山，关心民众生活疾苦，其诗的字里行间洋溢着一种自然和清新。如 1872 年，他"至平壤之三日雇舟具江，向晚忽却还"。诗曰："孤泛方乘兴，中流忽却还。夕阳回首处，无限说江山。"这是开始涉足诗坛时的作品，一开始就显露了他的诗人天赋，他描绘了孤舟远帆、蓦然回首、江山如画的动人

① 阮元《毛诗正义》卷一，《十三经注疏》本。

情景，抒发了作者热爱自然、热爱祖国的壮志豪情。而后期，由于不甘成为亡国奴，也为更好地保存、整理乃至拯救祖国文化，他去国离乡，漂洋过海，来到中国，以其“文章报国”的一腔热血，全身心地投入祖国史籍的编撰和整理工作。尽管张謇为他提供了较为舒适的住所，也提供了一份不错的很适合他的翰墨林编校工作，但是，祖国的命运和前途无时无刻不萦绕在他的心头，中国的一草一木、一情一景时时刻刻触动着他那颗敏感、真挚而寂寞的心，祖国沦陷、有家难回、壮志未酬。于是，他把这满腔的爱国热情、把对故国知己的深沉思念凝聚笔端，或睹物思人，或借景抒情，或托物言志，或梦思故土，或故国神游。对日本的仇恨、对国土的关切、对友人的思念，这一切既赋予他的诗较多的想象，同时也使得他的诗沉郁雄浑，富有沧桑感。所以，读他的诗，你会很真切地感受到一颗火热的爱国之心在激荡，在流血。

张謇一生大体可以 1894 年为界分为前后两个时期，前期主要是读书、科考时期，后期主要是办实业时期。在现存的 1000 多首诗作中，绝大多数是后期写的。他的诗作如同他的为人，质朴实在，生活气息较浓，现实感强，但有时又很深奥难懂。

张謇的诗一方面继承了我国古代诗歌的现实主义传统。从《诗经》这部中国最早的诗歌总集开始，诗歌的现实主义就成为一种重要的表现手法，被后来的诗人继承和发扬，汉乐府的“缘事而发”，杜甫的“因事立题”，白居易的“歌诗合为事而作”，这些不断将诗歌的现实主义推向了新的高峰。张謇正是继承了“缘事而发”“因事立题”的现实主义传统，赋予了其诗之厚重的现实感，所以，张謇有大量的诗是为物为事而作的。另方面，张謇的诗也具有“唐宋八大家”之一韩愈诗的特点。作为文学大家，韩愈不仅是中国文学史上“古文运动”的始作俑者，而且还写了大量的散文和诗歌，他的诗别出心裁、别具匠心，体现出博学多才、艰深奇峻、造词生冷的特点。张謇的诗有不少写得有如韩诗的艰深奇峻、造词生冷。如《州城书所闻四首》中的一首是：“笳鼓喧呶列仗寒，新郎骑出万人看。莫嗤圉隶霜衢蹶，军令朝厨禁赏餐。"张謇毕竟是一位状元，他的国学造诣之深、语言表达能力之强和他的文字功力之厚是一般人所望尘莫及的。因而，他的一些诗写得奇崛、艰深难懂也就不难理解了。

张謇生活的时代是清朝衰退、外敌入侵的时代，他在状元及第之前，虽然科考屡遭挫折，但仍有种积极进取、乐观向上的精神。如《哑鹦》："玉帐朝还莫，金还兀自依。慧曾通佛性，警不露兵机。毛羽饥应瘦，关山梦欲飞。嘈嘈看燕鹊，未觉寸心违。"

在中状元之后，他辞官回乡办实业。在他创业之初最艰难的日子里，诗很少。不过，随着事业的兴起、发展，张謇的诗也多了起来。张謇在回乡办实业的近三十年中，不时有诗。他写诗与金沧江不同的是，他是把诗当作自己的服务工具，在需要时就拿来一用。可以用来记述他的事业，可以用来记述家事，可以用来教育子女家眷，可以用于友人的交流酬答应和，可以用来寄托思念，也可以在闲适时吟风弄月以表达自己的一种心理感受和心理状态，甚至也可以用于自勉。在他的视野里，要使国家富强起来，必须兴办实业，教育与实业迭相为用，于是他大办实业，大办教育，大办各种社会公益活动，在不长的时间内，将南通推进到"模范"行列。张謇全身心地投入"教育救国""实业救国"的实践之中，全身心地投入他的事业之中，而诗则更多地成为他的活动记载，抑或他将其作为自己繁忙工作之余的调味品。他的宏大的事业、繁杂的事务占据了他太多的思想，他很少有诗人的心理空间，他的性格和他的事业使他实实在在地生活在真实里，所以，他的诗缺少了金沧江诗的想象、浪漫色彩和深远意境，但是，他的诗却别具一格，时时处处让人感到一种真实、自然和质朴的魅力，似乎使人触手可感。

由此可见，二人生活的国度不同、生活境遇不同、生活阅历不同、所追求的事业和目标也不尽相同，这一切也就决定了二人诗作的思想内容势必会打上各自思想和生活的烙印，同时也决定了二人诗之表现风格的差异。

四、对金沧江诗和张謇诗的客观评价

在中国文学史上，诗经、楚辞、汉乐府、南北朝民歌、唐诗、宋词、元曲、明清小说，异彩纷呈，美不胜收。就诗歌而言，它在中国文学史上占有很重要的地位。而在中国诗歌发展史上，唐诗又有它独特的魅力。李白、杜甫、白居易等大诗人的诗脍炙人口，千古流传。金沧江对唐诗的研究极为深刻，因而他的诗能博采众长，既具有李白诗的飘逸，又具有杜甫诗的沉郁顿挫，也具有王维诗的清新，同时，还具有王昌龄诗的雄浑，他将现实与浪漫、清新与雄浑融为一体，形成了他诗歌的独特风格。作为一位诗人，能有如此高的成就和造诣已属不易，而何况作为一位韩国人，他的汉诗能达到如此境界，取得这么高的成就，实在是个奇迹，这不能不使世人大为惊叹！金沧江的诗不仅在韩国文学史上理应占有很高的地位，作为一位曾加入过中国国籍的诗人，他的诗在中国文学发展史上也应有其重要地位。

张謇的诗主要承传了现实主义传统，缘事而发，因事立题，他赋予了其诗以厚重的现实感。他现存 1000 多首诗作，也多有力作，按理说，他也堪称是诗人。但是，在清末民初的文学史上却没有他的地位。究其原因，主要是因为：第一，张謇一生尤其是后半生的辉煌太多，他在办实业、办教育、办各种公益事业等方面的光环太多太亮，以致淹没了其诗的成就；第二，在清末民初，与政治无关的人很难青史留名，此时期的文学史也一样，张謇当然不时涉足政治，但是他的诗却与政治关联不多，他是用他的事业实现着救国的理想，而诗涉及政治较少，更没有直抒胸臆的政治诗；第三，在清末民初的文坛，诗的地位不高，也没出现过特别有成就的诗人，尤其是在新文化运动之后，随着新诗的出现和逐渐被人们所接受，古诗更是备受冷落；第四，张謇有部分诗写得艰深奇峻，用字生冷，一般人很难理解，更难引起共鸣。此外，就总体而言，张謇的部分诗似乎缺少了一些生动的形象和深远的意境，有些诗似乎过于平实。尽管如此，张謇在诗方面的造诣和成就却不能否认，正如金沧江在《题啬翁诗卷》中盛赞的："啬翁二十成文章，丽词字字生风霜。谓我赏音笑相示，读过三日牙犹香。"这是一代诗杰对张謇诗的评价。一言以蔽之曰：张謇不仅是位成就卓著的实业家、教育家，同时也是一位较有成就的诗人，这是有目共睹的。

〔原载于《南通工学院学报》(社会科学版)2003 年第 2 期〕

作者单位：南通医学院社科系

金泽荣离韩来华的目的与根因辨正

徐乃为

金泽荣(1850—1927)是韩国近代重要的文学家、诗人、史学家。他在步入晚年的五十五岁之时(1905)毅然离韩来华,在华居住长达二十二年之久,最后死在中国,葬在中国。在中国期间,他出版了诗文、史学著作几十种,数百万字,实现了堪称卓绝的人生价值;最后又因重大客观变故而自戕离世,称得上千古罕见的人间传奇。金泽荣的诗文成就、史学成就,以及对中韩两国文史交流的贡献,已成为中韩两国学者共同关注与研究的重要对象。

金泽荣离韩来华,是人生重大举措,是其最终实现以上列举的诸多成就的重要前提。然而,专门研究金泽荣离韩来华目的与原因的著述却并不多见,而凡涉及金泽荣研究的文章却又绕不开这一问题,于是大多以寥寥数语作概括性述介。

论者大凡先作这样的背景介绍:1904 年,日本逼迫韩国签订"日韩签订议定书",规定日本可驻军韩国;又签"外国人雇聘协定",使日人可参预政权中枢;1905 年日本与俄英美协定,承认日本对韩国的占领与保护,韩国遂至亡国边缘。——金泽荣正是此年秋来华,于是得出结论:金泽荣之来华,是为愤于日本之侵略,忧于亡国之在即;为不做亡国奴,去中国谋求反日救亡。

百度词条具有广泛地、随时地综合吸取各家研究的长处,百度的"金泽荣"词条中便设有专门的"流亡原因"一节,是这样叙述的:

> 金泽荣大器晚成,在 1891 年(韩光武帝二十八年)会试中进士,任编辑局文献备注编辑等职,这些部门看似文化闲职,却是对于国家命运非常敏感的部门。因为在编撰教科书等工作中,日

本已经强迫他们为其侵略行径辩护。1905年，日本悍然在汉城建立宪兵司令部。金泽荣不愿苟且偷欢当亡国奴，毅然流亡中国。

中国著名近代史学家章开沅先生曾两度说及这个问题：

> 甲午战后，日本加强了对朝鲜的殖民统治，1905年实际上已加以吞并。金泽荣愤而辞官，携妻女从仁川乘船来华。
>
> ——《张謇与中韩文化交流》①

> 他（金泽荣）于1905年为反抗日本殖民主义统治投奔张謇，长期从事朝鲜史书纂集与诗文创作。
>
> ——《辛亥革命与亚洲的未来》②

邹振环也曾说过：

> 金泽荣痛心于朝鲜正一步一步沦为日本的殖民地，他不愿做亡国奴，决心……流亡中国。
>
> ——邹振环《近代中韩交流史上的金泽荣》③

以上诸说均大同小异，均与日本的殖民侵略联系起来，认为反抗日本的殖民侵略是离韩来华的原因。

此说自然未始不是一种原因，但细细想来，则不免令人生疑。"反侵略""不做亡国奴"最好的办法应当是留在国内与日本侵略者抗争。当然，流亡于外国而后组织社团反殖民侵略的人士并非罕见（下文有说及），则大凡是无所家累牵挂的热血青年。似金泽荣那样进入暮年而"携取妻孥"前往他国，便颇不合事理逻辑。更重要的是，金泽荣在来华后，并未把"反抗日本的殖民侵略"作为他的基本生活内容；而之后有韩国人来华做出包括组织流亡政府等反抗日本殖民的切

① 章开沅《张謇与中韩文化交流》，《华中师范大学学报》2000年第6期。
② 章开沅《辛亥革命与亚洲的未来》[R/OL]. http：//www.xhg-mw.org/archive-53122.shtml。
③ 邹振环《近代中韩文化交流史上的金泽荣》，《韩国研究论丛》1998年第5期。

实具体的各种斗争的，金泽荣则基本未参与，或者说不是主动参与。

因此，金泽荣之离韩来华，应当自有其显性的直接的目的，隐性的深层的根因，以及引起其作出这一举措的触媒与由头的。

一、金泽荣对离韩来华的自我说辞

首先，正是金泽荣本人，曾陈述自己离韩来华与反日、反殖民统治基本无关。

我们不否认金泽荣是一个爱国者，甚至是伟大的爱国主义者。我们也充分看到他以下一些爱国反日的举动：1909 年安重根刺杀伊藤博文而牺牲后，他既吟诗以赞颂，复撰文以传扬；1910 年韩国与日本签订合并条约而真正亡国以后，他在南通寓所自制民族丧服，大哭三日，作《呜呼赋》以志哀；1920 年受托为韩国在上海的爱国流亡政府撰写《拟陈情书》呈中华民国总理，企望总理支持其反日复国。但是，我们不能以此倒推出这就是离韩来华的原因。因为，金泽荣对来华的原因，是有多次间接的夫子自道的。

金泽荣来华的首选依附人是俞樾，俞樾通过为金氏作序，对他发出忠告：

> 君以异邦之人，航海远来，衣冠不同，语言不通，寄居吴中，踪迹孤危，似乎可虑。与其居苏，不如居沪；沪上多贵国之人。旅居于此，有群居之乐，无孤立之忧，所谓因不失其亲也！
>
> ——俞樾《原序》①

金泽荣读完此序是这样回复的：

> 承谕住沪，盛念恳至；固甚铭肺然。但本国之来沪者，非畏约亡命则皆商贾也，论以气味，十无一近，不足赖以为。因故正欲向通州访张季直……

---

① 韩国学文献研究所编《金泽荣全集》卷一，亚细亚文化社，1978 年，页 8。

——《答俞曲园先生书》①

特别注意的是"畏约亡命"一语，"畏约"之"约"，即是上文说及的 1904 年、1905 年日本胁迫韩国、逐步占领韩国的日军驻屯条约与日人参政条约。"亡命"就是不做亡国奴的流亡。然而，金泽荣认为这些人与自己"论以气味，十无一近"；"不足赖以为"，他所同气相求的文士是俞樾一流人物。这是极为充分的金泽荣来华为"反日本殖民统治、不做亡国奴"说的反证。

误会金泽荣之来华是"反日本殖民统治""不做亡国奴"的，不仅是当代学人，他的朋友亦复如此，诗人的朋友金平季，在金泽荣离韩前写了一首送别诗，诗中有"老臣不作他人妇，携取妻孥下九州"诗句——"不做他人妇"就是"不做亡国奴"，然而金泽荣的奉和诗是这样的，今将题与诗俱录于下：

> 金平季赠诗有"老臣不作他人妇，携取妻孥下九州"之语感而谢之②
>
> 贞妇宁能窃美名，愧君诗写铁崖情。只需认我沧江畔，捉蟹叉鱼一老氓。

意思是说，你说我是"贞妇"、隐士，可说我是"忠臣"，"反日义士"，不可；那是窃取美名了。你说我像元末明初拒绝朱元璋招纳的杨铁崖(维桢)，我很惭愧，还未达到这个"高度"，我只是一个逃避现实的隐士，只以"捉蟹叉鱼"为谋生。

金泽荣在奉赠所拟投靠的俞樾、张謇兄弟的来华首次见面的诗中，都隐约涉及离韩来华的目的原因，今将这些诗全录于下，供大家评判：

奉和俞曲园先生③

耆旧中州已尽倾，皇天遗一老先生。春风书带生庭好，残夜

---

①　韩国学文献研究所编《金泽荣全集》卷一，页 418。

②　韩国学文献研究所编《金泽荣全集》卷一，页 254。

③　韩国学文献研究所编《金泽荣全集》卷一，页 248。

长庚配月明。远海几回劳梦寐，尺书难得罄衷情。玄亭载酒他时约，预祝阳侯送棹轻。

上海晤张啬庵修撰有赠①

一

吾生六十雪浑头，万里胡为汗漫游？已驾浮云凌渤海，更随明月到苏州。艰难莫制袁安泪，居处将从詹尹谋。重把百年知己手，临风咱自解烦忧。

二

那堪回首结交初，二十三年一梦虚。正叹眼中人已老，不知天下事如何！危机屡削藩篱势，妙算空呈改革书。教育知君心胆热，英才他日总璠璵。

四日至通州大生纱厂赠张退翁观察叔俨②

天生港口晚维舟，红叶黄花不尽秋。千古朝歌回辙者，请看穷士到通州。

和俞樾诗尾联涉及来华的"目的"，即"玄亭载酒"，这是汉代年轻文士向前辈大家扬雄问学的典故，他把俞樾比作扬雄。而"阳侯送棹"，便是乘船渡海；说此举目的是问学。

赠张謇的第一首，首联"万里胡为汗漫游"，"汗漫游"，指世外（国外）之游，形容漫游之远。唐杜甫《奉送王信州崟北归》诗："复见陶唐理，甘为汗漫游。"仇兆鳌注引《淮南子》："若士谓卢敖曰：'吾与汗漫游于九垓之外。'"元耶律楚材《过云川和刘正叔韵》："西域风尘汗漫游，十年辜负旧渔舟。"清方文《路灌沟喜遇谈长益话旧》诗："闻尔京师去，真成汗漫游。"清钮琇《觚剩·神僧》："我将从师为汗漫游，师许之乎？""汗漫游"，古人多用为主动的积极的猎新意味的

---

① 韩国学文献研究所编《金泽荣全集》卷一，页451。
② 韩国学文献研究所编《金泽荣全集》卷一，页253。

远游。颔联则诠释此"汗漫游","浮云凌渤海,明月到苏州",俱轻松愉悦的口吻,与反日流亡无关。"袁安泪"一联今稍作分析。《后汉书·袁安传》:"安以天子幼弱,外戚擅权,每朝会进见,及与公卿言国家事,未尝不噫呜流涕。"而《哀江南赋》,全句是"袁安之每念王室,自然流涕",意思不过是:"我虽生活在你们中国,然而还是思念祖国的。""詹尹"是《楚辞·卜居》中的占卜者,《楚辞·卜居》是屈原流放三年而"不知所从"之时,因问詹尹。因此,"居处将从詹尹谋"的意识,我是通过詹尹占卜而选择居处,是天意让我来华的。第二首所表明的是,人已然垂老,不关心时事。关键句"危机屡削藩篱势",是从对方张謇着想——如今时局危机,使得贵国与我朝鲜渐行渐远,有替对方惋惜之意。总之,全诗无从可与反日、不做亡国奴做联系的。

金泽荣给张謇诗中的"朝歌",是商朝的都城,箕子正是由商去朝鲜建立古国的,被认为是朝鲜的远祖,此句表示回到老家的意思。总之,从这几首理当表明自己来华目的和原因的诗中,是看不到丝毫日本殖民侵略的背景意味的。

有文章直说金泽荣"来华是为作反日、抗日之舆论的",我们还需记取:金氏来华在沪投谒张謇,张謇先建议他在沪上作报社主笔,金氏辞曰:吾安敢与贵国文士论战哉![①] 未接受最能发挥"舆论"作用的报社的差事!

因此,日本殖民侵略的背景与金泽荣的爱国情愫,不能说成是金泽荣来华的目的和原因,却只是金泽荣来华的触媒与由头。即使没有这个背景,金泽荣仍然是会来华的。

二、金泽荣离韩来华的直接目的

金泽荣于 1905 年离韩来华,其时已是步入晚年的五十五岁之时

---

① 　韩国学文献研究所编《金泽荣全集》卷六,亚细亚文化社,1978 年,页 695。

了。我们必须知道，那个时代的人寿命很短，他的第一位夫人王氏只活了三十一岁，第二位夫人全氏只三十五岁，长子只二十二岁，小儿子只十一岁，长兄只二十七岁；比他小两岁而实际上把他引上文坛并使其获得巨大声誉的韩国著名文学家李建昌死于 1898 年，只四十六岁。这无情的人生现实无疑地给予他巨大的心灵震动与人生思索——人生苦短，我之余生尚有哪些要事须得完成呢？

金泽荣的性格特征是极能帮助我们作出其来华举动的内心判断的——他是一个自许、自负、自赏，乃至自恋的人。

一个人身后本该由他人撰写传记、墓志铭，他却自己包揽，并且反复撰写。全集中见到几稿同文异名的《自志》《自制墓志铭》，记述自己当官履历、生平著述、他人好评。今知至少一个文本写于七十一岁（1920 年，离逝世七年），另一文本写于七十五岁（1925 年，离逝世两年），他还在 1924 年（离逝世三年）分别写下《自挽诗》与《后自挽诗》！可见其传扬自己声名与诗文的愿望极为强烈。今摘引《自制墓志铭》两条：

> 泽荣为人，性慈而气锐；其才也迟，深思屡绎则往往有所自得。尝自言口：吾无能过人者，但其识解能愈入愈明，假使百年生当百年进。于文，好太史公、韩昌黎、苏东坡，下至归震川；于诗，好李白、杜甫、昌黎、东坡，下至王士禛，自沾沾为喜然。
>
> 其行也，不清不浊；其文也，不高不卑。竭一生之力以为文，而其终也至于斯。噫其悲！①

前一段中的第一层，"其才也迟""无能过人者"，显然只是虚晃一枪的谦虚！"气锐""深思屡绎则往往有所自得""识解能愈入愈明，假使百年生当百年进"，是极高的自我评价。第二层似乎是在列举敬仰的中国文学家、诗人，错了！"沾沾自喜"，只能解作自我得意，因

---

① 韩国学文献研究所编《金泽荣全集》卷六，页 698—704。

此，此处作自我比附，意思是自己已可出入其间。因为，从文脉说，第一层是对自己才识的评价，第二层是对自己诗文的评价。

第二段是墓志铭的结尾，这是他发出一生为文、至死为文、文且不朽的告白。

同样具有一生总结的《后自挽诗》中写道：

> 于此偃仰二十载，重重纂述书齐肩。……一自终结此而已，仰空一望三千年！①

此说自己著作等身，而"仰望三千年"一句，自负至极。自负，是金泽荣素有之品性。早在考取成均进士之时，曾抒怀道：

> 不思将相不思仙，傲兀文章四十年！今日微名犹是幸，何曾辛苦事怀铅？②

将相、神仙不在话下，凭文章傲兀天下，——这些文章还是信手拈来的呢！（怀铅，此处是撰著的意思）此中似可看出李白的豪气！

他在刊刻自己文集《合刊韶濩堂集》的自序中说：

> 吾上之不能为贤为哲以益人道，次之不能为俊为杰以济世艰，所持以遣一生者，惟胚胚之文字而已。③

他在《明美堂集序》中说道：

> 自古人、国未尝不亡，而于亡之中而有不亡者，其文献也！④

他说，国有亡，人有亡；惟文献方是不亡者。这就是他毕生的追求。

其时年届五十五，他认为已来日无多，而一生为之的诗文若沉寂箧箱，将是他最大的遗憾！将这些诗文刻印流传，就是金氏最大的

---

① 韩国学文献研究所编《金泽荣全集》卷二，页522。
② 韩国学文献研究所编《金泽荣全集》卷一，页217。
③ 韩国学文献研究所编《金泽荣全集》卷一，页6。
④ 韩国学文献研究所编《金泽荣全集》卷一，页524。

心愿。

他在乎自己的诗文，看重自己的声名，《自制墓志铭》竟然还有以下文字：

> 李校理凤朝过访谈故旧，见诗而赏之，自是泽荣遂与源源过从于京师，甚欢，而凤朝素以文章冠名缙绅，故泽荣之名因以大起。……（张謇）因参判金公允植得泽荣诗，以为是过海以来所初见者，因以先访，由是泽荣名益起。

金泽荣在自撰《年略》中，也有类似的文字：

> （张謇称）沧江诗以所见于东方者，此其翘楚也，无更能胜之者。①

可见其极为看重自己的声名的，因此，我们的结论是：金泽荣来华直接而迫切的目的是刊刻自己的诗文，传扬自己的声名。

而考察他来华所欲投靠依附之人，他随身所带之物，他着重所做之事，他来华的直接目的就显而易见了。

金泽荣所欲投靠之人的第一依附对象是俞樾，择居之处是苏州。

俞樾（1821—1907），道光三十年（1850）进士，曾短期做过河南学政，在咸丰七年（1857），被参"出题试士，割裂经文"，从此便告别仕进，"隐居"近五十年，一生只读书研学，设帐授徒；是中国当时最孚人望的经学大师、诗文大师、儒学大家。他与李鸿章曾同出曾国藩门下，且同科进士。时人评论说，李少荃（鸿章字）拼命做官，俞荫甫（俞樾字）拼命著书，这就是俞樾在当时的社会定位的底色。而在金泽荣来华赴苏州的1905年，俞樾已只是一个85岁的民间耆宿，更是一个与朝廷、时事、政坛一无瓜葛的垂暮老人，依附这样的老人，是无法与反抗日本的殖民统治、抗日复韩大事相关联的！

问题还不止于此。当金泽荣表明依附俞樾并欲在"吴中（即苏州）卜一廛而居焉"时，却遭到俞樾老先生的婉拒，金泽荣自然十分遗憾

① 金泽荣《年略》，《续韶濩堂集》，南通翰墨林书局，1920年，页524。

而无可奈何，只得退而求其次，即马上请求俞樾为其诗集作序。俞樾
立刻满足了他，序末还点出金氏的目的要求，通过俞樾之作序，"吾
知君之诗必与陈子野（明代来华的越南诗人）集而并传矣！"这里强烈
透露出金泽荣此举的目的要求——传扬诗文声名。

金泽荣选择俞樾作为依附对象，因为俞樾是最孚声望的学者，便
以讨教切磋，希望这个中国文坛上最有声誉的人推介自己。而选择卜
居苏州，除了俞樾住苏州以外，苏州还是中国最有名的刻印书籍的地
方——他想刻印文集；苏州还有人间天堂之誉——他想徜徉在吴越山
水之间！这些就是他来华的直接目的。

而从他所带之物中亦可获知他来华目的。张謇为金泽荣所整理刊
印的申紫霞诗集的序中回忆道，金氏当初来华时是"别无长物"，只
带金泽荣所敬仰的前辈诗人申紫霞的诗稿与自己的诗稿文稿，这难道
还不能彰显其来华的本意吗？

显然，金泽荣对自己的诗文极为自信，以为在韩国已经鲜有侪辈
同道，非到中国刊传便不足以显示其价值。

金泽荣的自信，还来自引领他进入上流文士圈的李建昌等人的赞
扬，李建昌在《金于霖（泽荣字）诗论——赠林有端》中写道：

> 若夫玲珑超妙之思，沉雄崒兀之气，高华炜丽之色，春容骏
> 厉之音，激扬顿挫之节，悠永清疏之韵，闲雅幽靓之态；神与景
> 会，兴在象先；人既不得窥测其所从来而已，亦不知其然而然
> 者，举一世无一人，惟韶濩子（金泽荣号）可以庶几云尔！①

这里已经把金泽荣的诗说成举世无双的了！李箕绍在《遗事》中引
用李建昌的另一处评价：

> 百年内无此作矣！吾学诗累十年庸庸无足短长，如于霖真天
> 马行空，不可及也。②

---

① 韩国学文献研究所编《金泽荣全集》卷六，页 628。
② 韩国学文献研究所编《金泽荣全集》卷六，页 692。

对于他人的如此评价，应当使金泽荣由自信而自许。因此，他在《自制墓志铭》中追述在上海见到张謇的一句话是：

> 此身区区，学殖资于中国之圣人，所谓通于夫子，受罔极之恩者也。吾纵不能生于中国，独不可葬于中国乎！

——我本身区区不足称道，惟学殖尚可；学殖乃所赖于中国的圣人；因此，能使自己的著述诗文与中国的夫子们交流，亦算用以回馈圣人了！这就是我一生的心愿，死前的心愿了。这就是他来华的直接目的与根本原因。

金氏当时之所以只带申紫霞与自己的两部诗稿，是因为在他当初看来，在不可预知的中华之旅的短暂余生中，能完成此两部书的刊刻已属大幸。谁知俞樾之婉拒，正好促成张謇之收留，而且安排了与他夙愿极为投合的翰墨林书局的编校工作，可谓天缘巧合，喜出望外！于是，他反而把自己诗文的刊印安排于后，先将自己仰慕的、在他看来可以与中华诗人相拮抗的前辈诗人申紫霞诗集刊印出来，以投石问路。自己在增添了在华的吟咏以后，再作刊印不迟。这充裕的生活，安逸的工作，（他后来可以自置房产）使他觉得完全可以完成更大的出版自己其他著作与介绍韩国文史、诗文的计划，于是，在四年后的1909年重回韩国，带回他在韩国朝廷任职时间最长的史官时所编撰的多种史学著作、早年编著的其他著作，以及韩国杰出文人的一些诗文集。这样，便导致在他二十余年中完成刊印各种著述数十种、几百万字之多的伟业！这就是金泽荣来华的直接原因与目的的分析论证。

当然，金泽荣还有一些相关的其他"文事"。那就是能与中国的前辈耆宿、同道学人问学请益，切磋论道。如上文已引的《奉和俞曲园先生》有这样一句"玄亭载酒他时约，预祝阳侯送棹轻"；写与张謇的信中有"从吾子于山椒水曲之间，与吾子对论文史，忽焉忘世"的话等。这样的诗文极多。这些亦是他来华所向往的一种生活，但只能从属于刻印流传诗文这一主旨。

三、金泽荣离韩来华的深层根因

至于他来华隐性的深层的根源，这又当从几个方面说起：一是文化依归意识，二是"故国源流"意识，三是士大夫的隐逸意识。

金泽荣是以中华文化、儒家文化为依归的。而中华文化、儒家文化的根脉则在中国。

我们在他的文集中发现，他称自己"国脉"的时候，用"吾韩"；而称自己"文脉"的时候，则用"吾儒"（有多处），他把祖国和儒学已经视为同等之事，这是一种最为显明的同根同文的依归意识。

1898 年，他任内阁主事时，曾上书朝廷——《请孔子改称至圣先师疏》，我们知道，孔子更大的封号是"文宣王"，那是元朝封授的，明朝则封为至圣先师，清代则先封文宣王、又封至圣先师。而金泽荣的倾向是应封"至圣先师"，——至高无上的前辈祖师，其着眼点是文化、教化，自然可以表明他的文化依归。

他在《儒学经纬序》中这样定位儒学：

> 俾读者晓然知后世术人事之变虽千端万绪之多，而不能出于圣人一贯之旨。[①]

他在《泗阳书室记》一文中说道：

> 呜呼！于斯之世杂教之与孔子为敌者，李耳如来之外又不可胜数……吾道之存者，只如一发！[②]

他对孔子儒学的式微是这样的伤怀，称"儒学"为"吾道"，即上文指出的"吾儒"，这就是他对儒学的感情。

他在说到自己诗文传承的时候是这样说的："于文，好太史公、韩昌黎、苏东坡，下至归震川；于诗，好李白、杜甫、昌黎、东坡，

---

① 韩国学文献研究所编《金泽荣全集》卷一，页 460—461。
② 韩国学文献研究所编《金泽荣全集》卷一，页 62。

下至王士祯。"他提及的都是中国的文人，没有韩国历史上的文人，这自然也是他的文化的源流意识、归属意识。

这里还说说他的斋号"云山韶濩堂"，他在《别号记》中说及，是爱好元次山（元结）《湘中曲》中的"云山韶濩之语"。"韶濩"是什么意思呢？《左传·襄公二十九年》："见舞《韶濩》者。"李善注引郑玄曰："韶，舜乐；濩，汤乐也。"这是儒学的源头。这些，都强烈地传达出金泽荣对中华文化、儒家思想的向往与依归。

韩国学者郑载喆是这样评判金泽荣的"意识与行动"的：

> 金泽荣一贯的意识与行动，倾向于中国为中心的儒教的普遍主义。[①]

这是很客观的触及金泽荣的价值取向的。

这里必须讲一下的是金泽荣的"故国源流"的意识，这也与他的决定来华有密切的关系。韩国是金泽荣的祖国，这不错。但是，中国之对于金泽荣，却不能视如"纯粹的外国"，至少完全不同于日本、美国、英国、俄国那样的"外国"，是一种"祖国"的"祖国"——远祖之国，犹"故国"罢！毋庸讳言，中国长期是韩国（朝鲜）的宗主国，特别像金泽荣那样的以儒学文化为依归的人，这样的意识就比别人更为浓重。

金泽荣在来华的1905年写给张謇的信有这样一段话：

> 抑敝邦寒心之故，虽是吾所自致，而中州士大夫独可不任其职哉？敝邦自箕子以来三千余年之间，其于中州依倚藉赖有如一家者，曾何如？[②]

上一句话说，我韩国目前境况使人寒心，自然是我们韩国人自己造成的，但你们中国士大夫没有责任吗？——这是把中国视如自家人。下一句便说出两国间的源流关系，我们本是你们上代箕子的臣

---

① 崔惠珠《韩国的金泽荣研究状况》，《韩国研究论丛》，1998年第1期。

② 韩国学文献研究所编《金泽荣全集》卷一，页415。

民，三千年来一直亲如一家。因此，在金泽荣的眼里，未把中国视如外国。

金泽荣在 1912 年撰写的《呈南通县官请入籍书》中，于陈述加入中国国籍缘由时，则云："伏念朝鲜自箕子子孙以来，世为中国藩民者已三千年。以泽荣今日之所遭，尤愿附中国编民，沐共和新化，而忘沧桑之悲。"所以，在他的诗文中，经常自称"箕子遗民"。

他在南通为自己大门撰写的春联为："金天还旧籍，石圃结芳邻。"——那不是说，来到中国犹如回到老家吗？再联系上文曾经引用过的"吾纵不能生于中国，独不可葬于中国"等说辞，这些都鲜明反映出金泽荣对中国的"故国"认知意识，到中国来，是走亲戚，回老家。

金泽荣的隐逸意识亦当是解读他来华原因的重要坐标。金泽荣在给俞樾、张謇的信中，在他《自制墓志铭》中，都反复强调"投劾"而来中国，"投劾"就是主动呈文辞职，亦所谓归隐山林，这是一种消极的处世方式，其与强敌积极抗争的态度是格格不入的。他所拟投靠的俞樾与张謇都知晓得甚是清楚。俞樾的序中说："其自言于本国虽有纂修之职，区区鸡肋固不足恋，已弃家挈眷而来。"接着将金泽荣之来华比作"昔明代有陈芹者，诗人也，本安南国人，避黎氏之乱，卜居秦淮"，因视泽荣为"君以东国儒官，为中华旅客（侨居别国的隐士）"。张謇序金泽荣诗集云："晋山金沧江能为诗，隐山泽间，与之言，隤然君子也。观其业，渊思而絜趣，躐古而冥追，世纷纭趋乎彼矣。沧江独抗志于空虚无人之区，穷精而不懈，自非所谓'风雨如晦，鸡鸣不已'者乎。道寄于文词，而隆污者时命，沧江其必终无悔也。"总之，张謇亦视其为隐士。

金氏之隐逸意识，还有金氏自己的说辞为证——"于山椒水曲之间，与吾子对论文史"①，"玄亭载酒他时约，预祝阳侯送棹轻"②，

---

① 韩国学文献研究所编《金泽荣全集》卷一，页 416—417。

② 韩国学文献研究所编《金泽荣全集》卷一，页 248。

"只需认我沧江畔，捉蟹叉鱼一老氓"①……

这里，还需辨析一条有学者引用作为金氏来华目的为"不作亡国奴"而实质是隐逸的例证。

金泽荣曾约好友黄玹同来中国，黄玹因写《闻沧江去国》②较为透彻地揭示了金泽荣离韩来华的原因，此诗极长，仅小序就有二百三十七字，七言诗三十六句。小序开头即有须辨析者：

> 春暮得沧江正月出书云："新年颇有万里之想，倘借天灵，得终老于苏浙之间，则不犹愈于作岛儿之奴耶？老兄闻此，亦当仙仙欲举。"

引号中即是金泽荣信中原话。而前引者只引"得终老于苏浙之间，则不犹愈于作岛儿之奴耶"，便突出"不作岛儿奴"——不作亡国奴。

此中"终老苏浙之间"与"不作岛儿奴"，决非并列，而是前主后宾。整句语气语意轻松欢快，并无亡国复国的愤懑激烈。仅"仙仙欲举"一词，不是说隐逸与徜徉山水吗？因此，真意全在"主"——终老苏浙；"宾"——"不作岛儿奴"，完全是虚晃一枪。而且，黄玹的小序与本诗，再也找不到与"不作岛儿奴"相关的一个字，全是隐逸涵义。今仅引头尾；便知端底：

> 少小我作中州梦，白头坐在醯鸡瓮。有时历历黄卷中，卧想吴楚与秦陇。……扁舟短棹作寓公，到处选胜吟肩耸。江汉南纪古犹今，地灵尚应英髦众。酒酣落笔赋江南，见我东国文章凤。

诗开头说黄玹我少时与你泽荣相同，亦"作中州梦"之游，表示认同，以应信中"仙仙欲举"语。结尾点明泽荣此去是作"扁舟短棹"的寓公，吟赏中州胜迹的诗人，末句则称颂其可与中州诗人并驾齐驱，可传名中国，说出他离韩去华的心志。

---

① 韩国学文献研究所编《金泽荣全集》卷一，页254。
② 韩国学文献研究所编《金泽荣全集》卷六，页617—620。

金泽荣的弃官归隐，强烈透露出其对来日无多的人生迟暮的恐惧，以及要在人生大幕落下之前完成大事的焦灼心态，这就是刻印并传扬自己文集的迫切的目的。

通过以上的叙述与分析，对金泽荣离韩来华的目的与原因，我们可以作如下概述：金泽荣自许于自己的诗文著述，渴望于自己的声名传扬，恐惧于人生的来日无多，景仰于中华的儒家文化。于是，在日本殖民侵略使祖国每况愈下态势的刺激之下，来华谋求诗文著述的刊印流传，与中国文士切磋交流，乃至徜徉山水，而度过余生。

〔原载于《南通大学学报》(社会科学版)2013 年第 4 期〕

作者单位：南通大学文学院

亡国情势·箕子情结·挚友情谊

——金泽荣申请加入中国国籍缘由考析

庄安正

金泽荣(1851—1927),字于霖,号沧江,原籍韩国开城府,韩国近代著名的历史学家、诗人与散文家。1905年秋,金泽荣携妻儿流亡中国,投奔南通(时称通州)张謇。1912年,他又在客居地申请加入中国国籍并获批准,成为一位中籍韩裔学者。金泽荣究竟出于何因入籍中国,对这一反映近代韩国知识分子坎坷命运和独特的爱国人生轨迹的事件,中国学者以往虽有论及,但往往浅尝辄止。笔者不揣浅陋,试以此文求教于方家。

一

金泽荣1912年申请加入中国国籍之举,与他1905年的流亡中国之行,不仅存在时间上的赓续相接性,而且也与韩国严重的民族危机有着密切的关系。韩国最终亡的情势,逼迫金泽荣选择入籍中国。

韩国近代处于悲风骤起、国运衰落的时期。作为出身书香世家,饱受儒家思想浸润的知识分子,金泽荣每每喜欢用诗文抒发自己的忧国之情。甲午以后,随着日本的侵略野心日益暴露,韩国大好河山惨遭践踏,金泽荣的诗文更是充满"哀怨幽杳如羁人寡妇含涕太息,而旁观侧听者亦将为之潸然"①。金泽荣感受到的是恰似脖子被绞索逼

---

① 韩国学文献研究所编《金泽荣全集》卷六,亚细亚文化社,1978年,页647。

勒，几近窒息般的痛苦。1905 年秋，日本进一步在汉城建立宪兵司令部，并攫取了韩国外交、海关的统监权，韩国国事日非，呈现出亡国兆象。金泽荣眼看李氏王朝无力挽狂澜于既倒，留在国内不仅无法进行正常的历史、文化的撰述工作，而且难逃"岛儿奴"的屈辱命运，遂选择携妻儿流亡中国一途。临行所赋"东来杀气肆阴奸，谋国何人济此艰。落日浮云千里色，几回回首望三山"① 诗句，真实抒发了他悲愤交加，与祖国难以割舍的思想感情。

从金泽荣与韩国关系的视角，可推知他在其后五六年间，虽客居中国江苏南通，仍然保留韩国侨民的身份，一直没有申请加入中国国籍的缘由：李氏王朝 1910 年前亡犹未亡，韩国国家的外壳还继续存在，以致金泽荣感到个人与国家的血脉联系如游丝般仍可维持。金泽荣在这段时间身居中国，却心系韩国情势的演变。他一方面对李氏王朝在日本强权政治威逼下，"朝廷之上大冠之徒，恐恐惧惧手战股栗不敢出一气"② 的表现，越来越感到失望；另方面又高度赞赏安重根在哈尔滨惊天一搏，刺杀伊藤博文的爱国义举，称曰："平安壮士目双张，快杀邦仇似杀羊"，"多少六洲豪健客，一时匙箸落秋风"③。对韩国爱国志士的反抗斗争寄予莫大期待。但是，在金泽荣爱怨交织的目光注视下，韩国情势江河日下，未能出现衰而复振的奇迹，1910 年，亡国的命运终于降临韩国。"秋八月，（日本）遣其臣寺内正毅以兵舰压境，颁合并韩国之诏。帝（指纯宗李坧）涕泣谓李完用等曰：'今日之事将奈何？'完用曰：'弱不胜强久矣，韩独如之何？臣惟保陛下万岁之安。'帝乃下让国诏，日本遂改韩为朝鲜……韩遂亡。"④

尽管早已国事日非，国亡有兆，但亡国一旦成为事实，金泽荣仍

---

① 韩国学文献研究所编《金泽荣全集》卷一，页 250。
② 韩国学文献研究所编《金泽荣全集》卷二，页 255。
③ 韩国学文献研究所编《金泽荣全集》卷一，页 277。
④ 韩国学文献研究所编《金泽荣全集》卷四，页 654。

作出了强烈反应："余闻之无所泄哀，缘情起礼制一素服，服之三日"①，"犹未足以泄也"②。又赋《呜呼赋》，对祖国沦亡寄予无尽哀思，曰："纷虎夺而狼攘，戈已长而犹恐其或短兮；疆已辟而犹患其不广，嗟我弹丸黑子之邦兮；处斯际也，良难恭雌伏以自免兮。"③ 具有3000多年悠久文明史的韩国被日本并吞，与祖国的血脉联系生生被日本割断，从此游子孤涯，浮萍浪梗，回国无路，报国无门！只有亲历亡国惨祸之人才能深刻体验金泽荣《呜呼赋》中刻骨铭心的伤痛。至于金泽荣，也只有在此时才意识到已面临无国籍可隶的严酷现实，进而被迫考虑改籍的问题。

由此可知，金泽荣初因亡国有兆，不愿作"岛儿奴"而流亡中国；又因韩国外壳尚存，亡犹未亡保留侨民身份；终因韩国覆亡，无国籍可隶申请入籍中国。金泽荣曾云："仆之入通籍在本邦已丧之后。"④ 证之韩国一日不亡，他一日不会改入中国籍。在此意义上，金泽荣对韩国是充满热爱之情的，他从未放弃过韩国国籍，而是日本殖民者（以及腐朽的韩国李氏王朝）割断了金泽荣与祖国的国籍隶属联系，把韩国的优秀儿女逼入了困境。

二

金泽荣自幼长怀一种箕子情结。韩国亡国尤其是中华民国的建立，激发了蛰伏内心的这一情结，遂外化为一次改变他个人命运的举动：入籍中国。

浏览金泽荣一生撰写的大量诗文，发现他时常以"箕子子孙""箕子遗民"等自居。1912年，金泽荣在撰写的《呈南通县官请入籍书》中，于陈述加入中国国籍缘由时，即云："伏念朝鲜自箕子子孙以

①② 韩国学文献研究所编《金泽荣全集》卷一，页394。
③ 韩国学文献研究所编《金泽荣全集》卷一，页395。
④ 韩国学文献研究所编《金泽荣全集》卷一，页420。

来，世为中国藩民者已三千年。以泽荣今日之所遭，尤愿附中国编民，沐共和新化，而忘沧桑之悲。"非常清晰地表明了蛰伏内心的箕子情结，以及这一情结与加入中国国籍之间的内在关系。箕子，商代贵族，纣王的叔父，官太师，封于箕（今山西太谷东北）。相传商、周易代之际，箕子因不愿臣服周武王，携部属避至韩地，并在此教民以田蚕织作，建国兴邦，又"设八条之教，以教化吾人"①，遂被后世尊为韩国民族的始祖。有关箕子避韩之说在中、韩两国流传很广，是否属实，且待学者进一步考证。但在中、韩两国长达 3000 年的交往过程中，韩国一直是中国的近邻与藩国，在政治、经济与文化等方面深受中国影响，两国政府关系密切，两国人民世代友好，"（韩国）与中国为瓜为葛，为唇为齿，曾何如其深且厚。而其或不然者，乃一时之时耳"②，乃是不争的事实。金泽荣熟谙上述历史与传闻，坚信韩国始祖系箕子，与中华同脉，他自己系箕子后裔，同中国一家。这即是金泽荣的箕子情结，这种情结所包含的实质上是中、韩两大民族之间一种深厚的历史亲和感与一家亲的观念。据此，不难理解为什么在韩国遭遇野蛮侵略，金泽荣难免"岛儿奴"命运之际，他想到的唯一客居地是中国；在韩国遭遇亡国大祸，金泽荣丧失国籍之时，他想到的唯一寄籍国也是中国。

但是，仍有一个细节问题需要辨析：金泽荣流亡中国后，1910年遭遇韩国亡国，在其后 1911 年的一年时间内，他在客居地南通并未申请加入中国国籍。而武昌兵兴，继而中华民国建立的 1912 年，金泽荣很快作出了个人生涯中的这一重大决定，这是为何？是否如有的学者所认为的那样，主要与他反对清朝专制，赞成共和制度的思想有关？事实上，金泽荣在后来致一位"张生"的中国友人复函中，就此作了具体说明："若仆当乙巳之岁（1905 年），见本国之为强有力者

① 吴云翔《韩国民族意识的高涨与抗日独立运动的矛盾分析》，谢俊美《中国抗日战争与韩国独立运动》，韩国眼光一户出版社，2004 年，页 161—167。
② 韩国学文献研究所编《金泽荣全集》卷一，页 433。

所噬，恐一朝俘虏之辱及于身，弃官至通居数年。而噬者果竟下之腹，则仆之一身尤怅怅何所依。然而不忍为清民者，清与元班故也。曾未几日，武汉兵兴，中国复还旧观，故仆于是得为中华民国之民，以还其本分。"① 原来，如同中国许多儒家饱学之士，金泽荣思想深处也存有"华夷之辨"之类的正统观念，并渗透到他的箕子情结中。在金泽荣看来，箕子的嫡系后裔是汉人，而清朝满族如同元朝的蒙古族，均为异族。中国虽系箕子故乡，其时却由异族当政。韩国国亡，金泽荣归路断绝，但客居地清廷犹存，前路又彷徨。"然而不忍为清民者，清与元班故也"②，这成为妨碍他采取进一步行动的羁绊。幸而这年 10 月，武昌兵兴，清廷垮台，中华民国随后建立，古老的中国迎来了新生，金泽荣也盼来了"复还旧观"③，即汉族主政的一天。"武昌城里一声雷，倏忽层阴荡八垓。三百年间天帝醉，可怜今日始醒来。"④ 中华民国的建立，使在中国流亡的金泽荣感到了"得为中华民国之民，以还其本分"⑤，恰逢其时。

诚然，金泽荣将武昌革命党人称为"义兵"，也自称"中国新民"，并讲过愿"沐共和新化"一类的话。笔者并不否认他在客居南通，逐步融入中国近代社会后，其政治主张与学术思想也在演变发展；中华民国建立时，他对共和制度也持积极欢迎与肯定的态度。但是，通观金泽荣在中华民国以后较长时间（尤其在 1912 年前后）对共和制度的理解与阐发，仍不免非常有限与肤浅，与之相关对封建专制的认识与批判也是如此。金泽荣从总体上被视为中、韩两国"老辈士大夫"中的一分子，无疑是准确与恰当的。因此，决定他于 1912 年而非此前入籍中国的缘由，主要是他箕子情结中包含的两大因素：中、韩之间的历史亲和感与一家亲的观念，以及"华夷之辨"。而反对清朝专制，赞成共和制度的思想成分即使有，也不占主导地位，不应夸大它的作用。

---

①②③⑤ 韩国学文献研究所编《金泽荣全集》卷一，页 419—420。
④ 韩国学文献研究所编《金泽荣全集》卷一，页 302。

三

与张謇的挚友情谊，既是金泽荣在亡国情势逼迫下，实现箕子情结的重要媒介，也是推动他申请加入中国国籍的一个重要缘由，不应忽视。

张、金相识于1883年，张謇随淮军将领吴长庆入韩平定"壬午兵变"期间，两人在汉城经人介绍相识、相交，很快发展为相知。张謇盛赞金泽荣："一见惊折以为渡海来所见第一人，相契甚挚。"① 金泽荣则评价张謇："啬翁二十成文章，丽词字字生风霜。谓我赏音笑相示，读过三日牙犹香。"② 可知首先是博学能文，两峰并秀，使彼此产生惺惺相惜之情。自然，两人互生倾慕，引为"知己"③，还有各自近乎完美的士人赋禀，其中包括对自己祖国的热爱尤其是对日本侵韩野心警惕与反对的共同主张。汉城过从虽然短暂，但开启了两人延续近半个世纪的友谊篇章。其后20多年中，张、金隔海相望，联系中断，双方对这一段情谊都"未尝暂忘于中"④。1905年秋，金泽荣流亡中国，冒险登陆上海，立即得到张謇的热情接纳与周到安排。其实，金泽荣当时结识的中国人，只限于二三人（引为知己的仅张謇一人），此时如遭张謇拒绝，金泽荣很可能陷入流落上海街头的悲惨境地，流亡计划即告夭折。同例，在1912年，金泽荣入籍中国的申请，虽是通过卸任南通县民政长孙宝书"为之言于县官（指时任民政长田宝荣）"⑤，又由田宝荣上呈并最终得到中华民国政府批准的。但在南通县署未曾任职的张謇，不仅是该县事实上的最高行政官员，而且是中国国内有影响的实力人物。如果没有张謇对金泽荣入籍的理解与支持（乃至事先为之上下疏通），民国肇建、百废待举之际，田宝荣

---

① 韩国学文献研究所编《金泽荣全集》卷六，页710。
② 韩国学文献研究所编《金泽荣全集》卷一，页262。
③④ 韩国学文献研究所编《金泽荣全集》卷一，页416。
⑤ 韩国学文献研究所编《金泽荣全集》卷一，页318。

不会如此重视金泽荣的个人申请而迅速转呈，中华民国有关政府部门也不会在当年就拨冗批准其请求的。概言之，张謇是金泽荣流亡中国，进而实现箕子情结的重要媒介。

更有甚者，张、金的挚友情谊，也构成金泽荣 1912 年申请加入中国国籍不可或缺的重要缘由。就金泽荣而言，他 1905 年逃离韩国虽是为了免受"岛儿奴"的屈辱，但客居中国却"不是寻真蓬莱岛，不是避世桃源洞"①，而是为了到中国寻求中国战友给予支持，运用手中的笔墨作武器，兴灭国，继绝世，存国魂，以这种方式鼓舞祖国人民，揭露日本侵略行径，争取韩国的复兴与解放。金泽荣客居中国后，惊喜地发现张謇不仅一如既往对己友善，在反对日本吞并韩国的问题上更属志同道合。事实上，自 19 世纪 80 年代开始，张謇一直注视着韩国的民族危机，主张对侵略中、韩两国的日本持强硬态度。1884 年，张謇参与平定"壬午兵变"后，即撰《朝鲜善后六策》，就抵制日本侵略韩国向清廷建言献策；1894 年甲午战争爆发，张謇单独上疏，痛斥北洋重臣李鸿章对日"非特败战，并且败和"②；1903 年张謇东渡日本考察，在《东游日记》中又处处流露出因强邻逼视而产生的忧患与自强意识。金、张正由此找到了彼此思想上的契合处，而这又构筑了两人延续挚友情谊的基础。张謇同情金泽荣的不幸遭遇，支持他的笔墨事业，为之在南通悉心营造了一个有利于其进行史学与文学撰述的小环境，以全其志，竟其功。仅举几例，张謇不仅在城区购买房宅供其全家居住，又安排其于翰墨林编译印书局任编校，借以养家糊口，更可扬其所长，从事撰述。张謇还资助金泽荣出版撰述文史（尤其是历史）著作（并为之序），运回韩国国内发挥"亡国之遗宝"的作用。并引导他融入南通士人社交圈，邀请参与诸如吟哦唱和，诗文征集的文人雅事，在精神上予以慰藉等等。如此，金泽荣才得以在

---

① 韩国学文献研究所编《金泽荣全集》卷六，页 619。
② 张謇研究中心、南通市图书馆编《张謇全集》卷一，江苏古籍出版社，1994 年，页 28。

南通"安居乐业",并开始了大量挽救韩国历史、文化的研究工作,"于此偃仰二十载,重重纂述书齐肩"①。金泽荣称:"通州从此属吾乡,可似崧阳似汉阳。为有张家好兄弟,千秋元伯一肝肠。"② 确系真情流露,内心告白。

　　流亡之前,金泽荣对中国这一"神圣之乡,文明之地,名学士大夫之所凑聚"国度的理解③,多少限于概念与抽象的层面。但1905—1911年,金泽荣客居南通这几年,中国上述形象开始对他变得非常鲜活生动。这一变化的发生,就是因为有了"好兄弟"张謇为金泽荣所做的一切;而张謇的所作所为,又使金泽荣真正把中国当作了第二故乡。可以说,金泽荣的箕子情结和与张謇的挚友情谊之间,在某种意义上构成了普遍性与特殊性的关系,金泽荣就是得益于与张謇的挚友情谊,进一步激发了蛰伏内心的中、韩两个民族历史亲和感与一家亲的箕子情结,强化了在中华民国建立时编入中国"新民"行列的愿望。

　　综上可知,韩国1910年的亡国情势将金泽荣逼入无籍可隶的困境,是他其后申请加入中国国籍的根本缘由;金泽荣长怀心中的中、韩两大民族之间深厚的历史亲和感与一家亲的箕子情结,因1912年中华民国建立而外化,是他当年作出这一决定的直接缘由;与张謇的挚友情谊使中国的形象鲜活生动,箕子情结得以激发,也构成金泽荣入籍中国的一个重要缘由。三者结合,缺一不可,才有了韩国近代著名历史学家、诗人与散文家金泽荣1912年的入籍中国之举。金泽荣此举是他在面临中、韩两国特殊时期、特殊情势下的一种特殊行为,它见证了因共同遭遇日本侵略,两国源远流长的友好关系在近代的延续与发展,也见证了一位韩国知识分子独特的以"文章报国"的人生轨迹,亦即所谓"愧无身手关时运,只有文

---

①　韩国学文献研究所编《金泽荣全集》卷二,页522。
②　韩国学文献研究所编《金泽荣全集》卷一,页253。
③　韩国学文献研究所编《金泽荣全集》卷一,页418。

章报国恩"① 是也。

〔原载于《扬州大学学报》(人文社会科学版)2006 年第 5 期〕

作者单位：南通大学文学院

---

①　韩国学文献研究所编《金泽荣全集》卷一，页 288。

"韩国屈原"金沧江在南通的日子

张自强

2014 年 10 月 15 日，是"韩国屈原"金沧江先生诞辰 164 周年。国内外专家学者均知，金沧江故居在南通城内西南营 29 号，金沧江墓地在狼山南坡处。南通图书馆、博物苑保存着金沧江的大量著作，民间一些有识之士收藏着金沧江书写的诗词条幅及生前所用的物品。金沧江在南通逝世多年了，而今，人们怀着崇敬的心情纪念他。

韩国历史学家、汉学家、爱国诗人金泽荣，字于霖，号沧江，别名韶濩生，晚号长眉翁。于 1850 年（清道光三十年，韩哲宗章皇帝熙伦王李升元年）10 月 15 日，生于韩国京畿开城东部子男山南之舍。他是"花开金氏"世系的第 20 世子孙。其祖先是少吴金天氏，祖居庆尚道花开县（古称），为此，在金沧江著作中自称"韩国花开金泽荣"。他年轻时，以渊博的历史知识及韩史方面的著作，名闻开城郡。1891 年，在京会试中以诗中进士。1894 年，任政府主事隶编修、内阁记录局史籍课长。1895 年，升中枢院参书官，兼内阁参书官，仍兼内阁记录局史籍课长。1896 年，主动请辞。1898 年，应招任史礼所辅佐员。1899 年，应学部大臣由箕善邀，以辅佐员身份赴学部编辑局供职。1902 年，升六品承训郎。1903 年，任弘文馆纂辑所委员，升三品通政大夫。

自 1894 年中日甲午战争后，日本吞并韩国日趋明朗化，1905 年 9 月，日本分别与美、英等签订协约，列强正式承认韩国由日本单独占领和所谓"保护"。接着，日本陆军大将长谷川好道来驻韩国首都汉城，建立宪兵司令部。日本驻韩国大使伊藤博文，提出五项条约，胁迫韩国政府签字，以攫取韩国外交、海关等国家主权。金沧江目睹这一幕幕亡国史，悲愤至极，毅然辞去官职，于 10 月 4 日悲离汉城。10 月 7 日随身仅有数只书箱，别无它物，挈妇将雏，由仁川港登舟下海。当即作诗以表离别祖国之悲愤眷恋之心情。

《九日发船作二首》

沸流城外水如蓝，万里风来兴正酣。谁谓火轮狞舶子，解装文士向江南。

东来杀气肆阴奸，谋国何人济此艰。落日浮云千里色，几回回首望三山。（汉城镇曰三角山）

经过五天五夜的飘泊，终于到达中国上海。14 日晚搭小轮船前往苏州，投奔诗友，遭到婉言辞却。他四顾茫然，只得返回上海。在上海徘徊十余天之后，终于 10 月下旬前往十六铺通海实业公司驻沪账房请见张謇。因张謇在 1882 年作为吴长庆幕僚去过韩国，而韩国参判金允植一向赞赏金泽荣，经他推荐并介绍，张謇在汉城与金泽荣有过交往。所以，张謇十分热情地接待了这位去国离乡的爱国人士。由张謇作了通盘安排之后，10 月 30 日，金沧江一家乘轮船前往南通，次日抵达南通，张謇在濠河之滨租了三间私房，安排金家暂住，并安置金沧江到南通翰墨林书局任督校之职。金沧江在中国度过的第一个除夕，从上海回来的张謇，特持“酒一大壶”前来看望，使金全家感动不已。

金沧江在南通期间，精心著作，先后出版的书籍有 30 多种，这一宝贵财富，迄今尚妥善地保存着。在每种书前面的署名中，他不是加上“韩国遗民”“箕子遗民”“韩侨”“韩客”等语，就是直谓“南通新民韩产金泽荣”，念念不忘自己的祖国。仅在出版《韶濩堂集》一书中，诗作有千首，文章近五百篇。金沧江每种著作出版，都有一部分运回韩国流传。如辑印的《申紫霞诗集》，第一次印的 1000 部书，几乎全部被韩国人士购去。他平生治学严谨，对自己的著作反复锤炼。正如常州人士高源在《韶濩堂三集·跋》中所述，金沧江对自己的“诗文所删弃者，不可胜数，诗约千首，文约二百”。又如他的代表作

《韩国历代小史》，这是他经过几十年的努力，反复改写、增补而成
的。他为保存祖国文化，编选、校注出版了一系列韩国史和辑选韩国
文学的诗文专集，如《校正三国史记》《丽韩九家诗选》《丽韩十家文
钞》。他不仅热爱自己的祖国，也热爱中国，在撰写的史书中，他多
次提及上古朝代中韩之间情同一家的友谊，并记述了中国文明对韩国
文明的深远影响及中韩间频繁的友好交往。

1909 年，韩国爱国青年安重根刺杀伊藤博文。金沧江闻知立即
撰写《安重根传》，颂扬安重根的勇敢牺牲精神，激励祖国人民"快杀
邦仇似牛羊"，奋起反抗侵略者。其文辞激昂慷慨，印成万册，四处
传播。当韩国被日本侵吞，他在南通寓居痛哭流涕，即制丧服，穿戴
三日。自此以后，每年到亡国耻日，他都着丧服，以追思祖国。他在
《呜呼赋》中写道"吾国'合并''三祸'，在庚戌（1910 年）7 月 25 日，
余闻之，无所泄哀，缘情起礼，制一素服，服之三日。然而犹未足以
泄愤，故辄为赋一篇"。同年，给儿子取名光祖，"望其光复祖国"，
并有此诗句："嗟乎祖国寒心久，何日何时光复扬。"1911 年，中国
辛亥革命发生，南通光复，金全家欣喜欲狂。金沧江当即作《感中国
义兵事五首》诗篇。当韩国的爱国志士组织韩国临时政府于上海法租
界，金沧江代拟《陈情表》，向当时的中国政府要求给予支持，在《陈
情表》中介绍了英雄的韩国人民反抗日本侵略者，"人心成城""忠义
之士日夜习武事"。表中慷慨陈词，如诉如泣，爱国之心，令人感动，
表中还比喻中韩关系，"为瓜为葛，为唇为齿"。1912 年又写出了气
壮山河振奋人心的《曹公亭歌》，号召中韩两国人民团结起来，继承抗
击侵略者的光荣传统，赶走外国侵略者。

金沧江在韩国颇有影响。崔益翰，蔚珍人，年轻时求教于金泽
荣，有人云："金翁以作韩史之故，方为人所欲杀。"崔答曰："吾所
取者，正在于人之欲杀耳。"其后，崔为复国事，被日本侵略者杀害。
当《日韩合并条约》签字，千年古国至此而亡。韩国名士黄玹听到亡国
消息，极为悲痛，绝食六日，以身殉国。他留下遗嘱，将自己的诗文
稿交金泽荣处理。其后，金沧江获此遗稿，声泪俱下，日夜校勘，节

衣缩食为之刊印。《梅泉集》就是黄玹的遗作。金沧江来到中国以后，与韩联系仍很密切，在1909年曾回国一次，也常有韩国人士前来南通金寓拜访、联系，来者往往带来高丽参相赠。

金沧江在南通22年期间，受到中国人民的同情、尊重、支持，当张謇从外地返回南通之际，常与沧江会晤，一起分析时势，谈论诗文，有了时鲜食物，也相约品尝。张謇还在城中西南营处，购买一座独门独院的住宅相赠。在金沧江70岁时，张謇特为他设宴于北公园观万流亭，延客觞庆，并率先赋诗为贺，又嘱客与金翁和。这些都使沦落国外的金沧江倍感安慰："通州从此属吾乡，可似崧阳似汉阳，为有张家好兄弟，千秋元伯一肝肠。"翰墨林书局为了照顾他年高，语言不通，交给他的编校工作不多，主要让他从事自己著作的出版工作，他的绝大部分著作是该书局编印出版的，经费也是由各方面资助的。如常州翰林学部资议官屠寄来南通讲学时，读了金沧江诗稿，大加赞赏，当得知出书经费困难，立即倾囊相赠。此事传开，南通的国立专修科的学生，以及中学、师范学校的教职员工"群然响应"，给予支持，遂使《沧江诗稿》得以迅速出版发行。他的至亲好友，同道之士，闻知此情，感叹不已，立即聚款相赠，使《沧江文稿》也于同年刊成，所以这部《沧江稿十四卷》的出版，凝聚着中韩两国人民的深情厚谊。

在此期间，与金沧江交往的人士很多。他与严复、俞樾、梁启超等也有联系。南通的陈武臣、万跃西、陈修定、陈曙亭、费范九等常去金寓拜访。有的与他进行学术上的交流、研究，有的向他请教古文学，有的请他作序、跋，有的慕名求书，也有的邀请他游玩或去外地观光。在友谊交往中，因不会说中国话，他有事与人接洽，总是用笔在纸上写汉字交流。如今出版的《张謇全集》中，即有《与金沧江论舞笔谈》一文。在这次笔谈中，金沧江不仅介绍韩国的尖袖、剑器舞、六角乐、琴乐，他还关心张謇在南通创办的伶工学社，并为之推荐韩国艺术家。

1926年8月24日，张謇先生溘然而逝于南通。沧江老人深为哀痛，负病前往吊唁。在晚暮之年的沧江翁，三个爱子已相继去世，此时又失去挚友，加之眼见当时中国军阀割据，战火不断，天灾人祸，饿殍遍地，他向往的复国归国的愿望，多年不能实现，这一切都令他心情极为沉痛。所在的翰墨林书局，连工资也发不出了，生活又发生困难。在极度悲愤抑郁之中，他于1927年4月底服鸦片膏自杀，享年78岁。金沧江的逝世，南通人民深为悲痛。《南通报》登了讣告，并刊载《金沧江先生出殡狼山》之报道，五月七日出殡那天，"仪仗排列，宾朋云集"，有张孝若公使（张謇的公子）、王翰霄、钱内方、钱浩哉、钱艳姓、孙廷阶、罗鑫泉、黄量如、方汇泉、江养如等名士相送，灵柩葬于狼山南坡，"知墓向正对隔江福山中峰"，"该墓位置甚高，风景甚佳"，墓碑系张退公（即张謇的三兄）手书，为"韩诗人金沧江先生之墓"。

中韩两国乃至世界各地的不少高校，都有相关金沧江的专题研究。为此南通市民间文艺家协会、南京大学中韩文化研究中心和韩国高丽大学民族文化研究院合作创办了"金沧江研究所"。这是经南通市人民政府批准成立的民间学术研究机构，隶属南通市文学艺术界联合会。该所经费除市政府适当补贴外，其他均为自筹。该所的任务是：编纂出版《金沧江研究》内部资料本；编辑《金沧江全集》校注本；筹办金沧江纪念馆，修葺故居，整理墓地，立碑塑像；举办国际学术研讨会；创建新的旅游景点；全方位开展金沧江研究活动以及其他一切相关事宜，并以此为契机，全面促进中韩间的经济、文化交流。

由于种种原因，多年以来，金沧江研究所没有学术活动，部分宝贵文史资料收存在南通民间艺术馆。曾经从事金沧江研究工作的人士，而今已近耄耋之年，办好以上金沧江学术科研项目和修建项目，任务繁重，意义深远。衷心期望国内外的有关部门、单位与有识之士，鼎力相助，为共同完成这项富有历史意义的任务而努力！

（原载于《钟山风雨》2015年第1期）

作者单位：南通市图书馆

金泽荣与其他
文化名人的交往

金泽荣和中国文化名人的诗文交往

周　昶　倪怡中

金泽荣(1850—1927年)，字于霖，号沧江，另号韶濩生，云山韶濩堂主人，晚年又称长眉翁，朝鲜京畿道开城郡(旧名嵩都，今朝鲜民主主义共和国开城市)人，与李建昌、黄玹、姜玮并称为李朝晚年四大古文家。金泽荣从小在父亲的督促下专心学习，17岁通过了成均初试。他说："十九(岁)始，慨然慕古人之文章，然久未有得。二十三(岁)出游平壤枫岳。其冬，读归有光文，忽大感悟，胸膈间如有开解，声如折薪然。"① 可见中国文化对金泽荣的深刻影响。他在1891年(韩光武帝二十八年)会试中进士，先后任职议政府主事编史局、中枢院参书官兼内阁记录局史籍课长、弘文馆纂辑所正三品通政大夫等。1905年日本迫使朝鲜签订《乙巳保护条约》，在汉城建立统监府，金泽荣毅然携妻子流亡中国，在张謇的帮助下，寓居南通22年，直到1927年辞世。

胡适写《南通张季直先生传记》序说："近代中国历史上有几个重要人物，很可以做新体传记的资料。远一点的如洪秀全、胡林翼、曾国藩、郭嵩焘、李鸿章、俞樾；近一点的如孙文、张之洞、张謇、严复、袁世凯、盛宣怀、康有为、梁启超。——这些人关系一国的生命，都应该有写生传神的大手笔来记载他们的生平，用绣花针的细密来搜求考证他们的事实，用大刀阔斧的远大识见来评判他们在历史上的地位。"② 金泽荣到中国时，胡适说的"远一点的"人物只有俞樾

---

① 金泽荣《自志》，《金泽荣全集》卷二，亚细亚文化社，1978，页576。

② 张孝若《南通张季直先生传记》，《民国丛书》第三编第73册，上海书店据中华书局1930年版影印，页3。

尚在世,"近一点"的孙文是革命家,张之洞、袁世凯、盛宣怀是晚清重臣,其他几位属于学者文人圈的皆一时之选,除康有为外,都和金泽荣有过交往。探寻金泽荣在中国交游的踪迹,特别是他和中国文化名人的诗文交往,对于中外文化交流史和金泽荣及有关人物的研究都是有意义的。

一、和张謇的莫逆之交

金泽荣和张謇相识于 1882 年(光绪壬午,韩光武帝十九年)。当时清朝政府应朝鲜国王李熙之邀,派遣庆军统帅吴长庆率部赴朝协助平定军乱,张謇作为庆军幕僚随军出征。来华请援的领选使朝鲜吏部参判金允植(洵卿)和张謇在谈论诗词时介绍了金泽荣。张謇后来在文章中记录了这件事:"往岁壬午,朝鲜乱,謇参吴武壮军事,次于汉城……金参判允植颇称道金沧江之工诗,他日见沧江于参判所,与之谈,委蛇而文,似迂而弥真,其诗骎骎窥晚唐人之室,参判称固不虚。间辄往返,欢然颇洽。"[①] 张謇认为金的诗,忧时悯乱,有浓厚的感伤气氛,而金近体诗更加出色。张謇赠送金泽荣从祖国带去的三方福建印石和两块徽州松烟墨。金泽荣也到清军驻地拜访过张謇,"(壬午)八月会清人张季直于清军中……金公送余诗二册,季直见而称善……乃将书往见季直于军中,笔谈数十牍,因其兄叔俨,极欢而罢……又数日访余以金公家叙别……余见季直神宇英爽,意气磊落,笔谈如流,其在金公座语次,忽顾金公,奋笔书曰,沧江之诗以所见于东方者也,此其翘楚也,无更能胜之者。余谢曰,论不可遽定,如此东诗之铮铮者,足下顾未之多见。季直又疾书曰,天下之大才,即目前之人才,大略要可见矣。其辞采之警雅皆此类而,亦可见其乐善

---

① 张謇《朝鲜金沧江刊申紫霞诗集序》,《张季子九录》第五册,文海出版社影印本,页 2205。

爱才之胸怀矣"①。金泽荣非常倾慕张謇，赋诗赠别："……大地摇荡无昼夜，高帆映日张生来，吴公幕下三千士，借箸运筹须汝才。"②"壬午之役"是鸦片战争以来清军在对外战争中难得的一次胜利，张謇协助吴长庆运筹帷幄，出奇制胜，显示出杰出的才能，并撰写了《朝鲜善后六策》《壬午东征事略》《乘时复规流虬策》等文章，主张清政府持强硬态度以阻遏日本的侵略扩张野心。因此赢得了朝鲜许多有识之士，包括金泽荣的尊敬，金泽荣在诗中对张謇作了很高的评价。

　　张孝若《南通张季直先生传记》中说黄炎培著《朝鲜》写到吴武壮（吴长庆谥曰武壮）祠，祠内有一块去思碑："祠有光绪十一年金尚铉撰，金允植沈履泽书去思碑，附光绪八年随征将士宾吏题名：首列幕宾，优贡江苏通州张謇"，"国府颇为嘉许，特用主席名义，题给'箕封遗爱'四字，饬该总领事择期悬挂，并行纪念式，以维史绩。"③可见吴长庆在朝鲜的威望以及张謇协助吴长庆平定军乱的功绩，金泽荣诗中赞颂并非过誉。

　　金泽荣来中国之前，给张謇写了一封信："与吾子别，今已二十三年矣……得人知己，自古所难，以仆不肖，窃尝奉吾子知己之言也，至今未尝暂忘于中，此生此世夫复何幸，亦复何求，将朝暮投劾，航海而南，从吾子于山椒水曲之间，以与吾子对论文史，忽焉忘世。"④从后来张謇的文章记载，他是收到金泽荣这封信的。

　　1903年，张謇在南通创办了翰墨林印书局，建议延聘外国学者和遴选中国"文笔优长"而能通外国语者，金泽荣顺理成章地成为书局的编校。据南通市图书馆和南通博物苑合编的《金泽荣撰辑书目》，他在翰墨林书局出版了32种诗文和史学著作，其中多种张謇为之作

　　①　金泽荣《续韶濩堂集》卷三，南通翰墨林印书局，1920年排印本。
　　②　韩国学文献研究所编《金泽荣全集》卷一，亚细亚文化社，1978年，页180。
　　③　张孝若《南通张季直先生传》，民国丛书·第三编第73册，上海书店据中华书局1930年版影印，页44。
　　④　韩国学文献研究所编《金泽荣全集》卷一，亚细亚文化社，1978年，页415—416。

序。首先编辑出版的是《申紫霞诗集》。申紫霞名申纬，字汉叟，被誉为朝鲜 500 年仅有的大诗人，曾在清嘉庆十七年(1812)到过中国，拜翁方纲为师，写下"杜苏光焰放万丈，学诗谁不高山仰"的诗句，诗风倾向杜甫和苏轼。金泽荣 20 多岁时在京师看到他的诗稿就深为折服，惜其未刊。30 年后金泽荣流亡中国，简洁的行囊中却带着申紫霞诗稿本。张謇曾记述到："……忽得沧江书于海上，将来就我，已而果来，并妻孥三人，行李萧然，不满一室，犹有长物，则所抄申紫霞诗稿本也。"① 张謇为之作序云："沧江复为言其老辈申紫霞诗才之高，推服之甚至"，"沧江于紫霞之诗，可谓有颛嗜者矣"，"紫霞之诗，诗之美者也。沧江学之而工，而辛苦以传之不迁"②。《申紫霞诗集》出版后几乎全被朝鲜购去，金泽荣自序道："余刊紫霞申公诗二本一千部于通州翰墨林书局，而韩人主刊者尽数输去，以为售计故，余不得布之于中州，心常恨之。兹者，乃于二本略施删落而刊一百五十部，将以百部布赠中州词苑诸家，庶几湔涤其所谓恨者。然所以能有些者，岂余之力者哉，实中州诸君子之力也。故辄列诸君子姓名于左，以存不忘时。"金泽荣在书后列出了 16 位襄助人的名单，有陈星南、习位思、费范九、徐贯恂、瞿竟成等南通学者。南通图书馆藏《申紫霞诗集》，封面就有金泽荣亲笔题识"此请邵大椿代赠南京词家"。

1911 年，金泽荣自选诗文集《韶濩堂集》出版。张謇又为之作序写道："世纷纭趋于彼矣，沧江独抗志于空虚无人之区，穷精而不懈，自非所谓'风雨如晦，鸡鸣不已'者乎！道寄于文词，而隆污者时命，沧江其必终无悔也。故为之撼所感以序其诗。"③ 一个柔弱文人，却以天下兴亡为忧乐，虽流亡他乡，仍恪守忠孝节义，以诗文言志载道，以诗文报国，这才是最可钦佩的读书人！他们的心是完全相通

---

① 张謇《朝鲜金沧江刊申紫霞诗集序》，《张季子九录》第五册，页 2205。
② 张謇《朝鲜金沧江刊申紫霞诗集序》，《张季子九录》第五册，页 2506。
③ 张謇《韶濩堂集序》，《张季子九录》第五册，页 2209。

的。不久，金泽荣又出版了自选集《沧江稿》，他在封面上题写了"此是正误最精之本也，复赠吾啬庵老人，泽荣癸丑五月十八日"，赠给张謇，措辞之亲密，见出两人非同寻常的友谊和深情。

对于金泽荣修纂祖国历史的用心，张謇深以为然，他为金泽荣《韩国历代小史》作序时慨然写道："金君沧江当其国是抢攘之际，尝一试为史官。度与其志与所学拂戾不能容，而国将不国，乃独懷坚冰且至之惧，本其生平崇敬孔子之志，挈妻子而来中国，以为庶几近孔子而中国居也。既至，不十年，国遂为人摧践以亡。而其祖宗邱墓所在，故国禾黍之悲，耿耿不忘于君之心。于是始终李氏朝鲜之事，成《韩史綮》。居数年，以其书合之于前所作《韩国历代小史》为一书，以仿虞书冠尧典之义。甚矣！金君之用力勤，而其志可悲也。庄生有言，哀莫大于心死，而身死次之。嗟乎！此以人而言也。言乎国，则謇独以为哀莫大于史亡，而国亡次之。国亡则死此一系耳，史亡不唯死不幸而绝之国，将死此一国后来庶乎有耻之人。金君叙一国三千二百余年事，可观可怨可法可戒者备矣。谓以供人观怨而法戒，如是焉差可也。韩之人抱持纶一旅楚三户之志者伙矣。艰哉！读金君书，其亦有慄然而思，矍然而忧，蹢躅然困而弥厉者乎！"[1] 把撰史看得比生命还重，把撰史看作是记录、维系民族精魂之所在，使人思索，使人振奋，是鼓舞民族斗争的旗帜，这是张謇和金泽荣共通的思想，也是他们殊途同归的爱国、救国思想精神的交融契合点。金泽荣在南通翰墨林出版的许多著作因为其撼人的民族气节而被日本侵略者定为禁书。

张謇请金泽荣中秋之夜濠河泛舟。张謇吟诗："画船觞客快清游，白发当风映黑头。酒畔不须惊世事，沧江东去汉西流。"[2] 将金泽荣的号"沧江"巧妙地嵌入诗句，表现了对朋友的一片深情。河岸上亮

_____

① 张謇《韩国历代小史序》，《张季子九录》第五册，页 2272。

② 张謇《己未中秋约沧江叟吕鹿笙张景云罗生退翁与儿子泛舟用东坡八月十五日看潮五绝句韵》，张謇研究中心、南通市图书馆编《张謇全集》第五卷，江苏古籍出版社，1994 年，页 237。

着灯，新招收的伶工学社的学生们正表演着婀娜多姿的舞蹈，宾主望月观景，山光水色，笙歌夜舞，仙乐飘渺，人不饮酒也醉了。张謇和金泽荣的交流不仅限于诗文，还包括音乐、舞蹈等艺术。张謇改良社会从对人们习惯、影响最大的戏剧着手，创办了伶工学社，请欧阳予倩主持，分设音乐、戏剧二班开课，建设了近代化的剧场更俗剧院，邀请一大批包括梅兰芳在内的京剧界名流到南通演出。为了更深入地了解艺术，张謇曾向金泽荣请教舞蹈、音乐。有《张謇和金沧江论舞笔谈》为证，这是一篇宝贵的中韩文化交流的原始文献。金泽荣认为："中国多乱离，乐所以失也。若韩则僻在一隅，自古别无大兵乱，故乐至今能存。"① 因此他当仁不让地详尽回答了张謇的请教。大约因为这次笔谈，中秋赏月时，张才特地安排伶工学社的学生表演舞蹈。

张謇曾去看望病中的金泽荣，并作诗记之："闻病抛诗叟，来探借树亭"，"余年犹兀兀，史笔耿丹青"②。两位老友年届古稀，感情却更加笃厚，怀抱更加虔诚，这大约是张謇写给金泽荣的最后一首诗了。两年后张謇病逝。金泽荣悲痛万分，当时报载："韩国遗老金沧江，受啬老荫惠尤多，痛念故人谢世，号哭极为凄惨。"③ 他含泪写下挽诗："等霸朝王负俊才，应龙飞处一声雷。纵无邓禹奇功在，足试瞿昙活水来。昌黎云与孟郊龙，文字狂欢卅载中。今日却来成一错，奈何淮月奈江风。"④ 表达了对老友的无尽哀思。1927 年 4 月，张謇逝世 8 个月后，贫病交迫的金泽荣故国难归，挚友撒手，书局濒于倒闭，终于忍受不了生活的煎熬，吞鸦片自尽。

---

① 张謇、金泽荣《张謇和金沧江论舞笔谈》，《张謇全集》第四卷，页 300。

② 张謇《视沧江病》，《张謇全集》第五卷，页 393—394。

③ 《通海新报》1926 年 8 月 26 日。

④ 金泽荣《挽诗》，《通海新报》1926 年 9 月 14 日。

二、得到俞樾的赏识

俞樾治经、子、小学，著有《春在堂集》250多卷，不但章太炎、吴大澂、张佩纶、陆润庠、吴昌硕等均出其门下，他的学术威望还及于海外，不少东南亚学者不远千里到中国向他求学。金泽荣仰慕俞樾，曾投书示意，"书意殷拳，推许甚厚"。俞樾当时已是85岁高龄，仍赋诗二章答之，"韩国正三品宏文馆纂辑官金君泽荣寄书于余，极道仰慕之诚并以诗文数篇见示，因次其晴字韵二首报之：清和四月雨初晴，吹到三韩一纸轻。已感深情传缱绻，更惊健笔擅纵横。西京旅望推金史，东观词臣重墨卿。莫惜缘悭难觏面，好凭鱼雁话平生。

海天辽阔异阴晴，时运迁流共重轻。（来书言文章关乎时运，信然，又谓天与公寿，以左右斯道亦时运所关，则未敢当也。）明月虽然千里隔，青灯同此一编横。只惭示疾维摩诘，不是成仙项曼卿。（来书封面称余为老仙。）欲报斗山推许意，且将录要寄先生。（时以春在堂全书录要一册寄之。）"①

金泽荣寄诗文稿给俞樾，俞樾也将自己的文集录要回赠金泽荣。金对俞是崇敬仰慕，俞对金是赏识提携。应该说金泽荣得到俞樾的赏识是促成他流亡中国的重要原因。俞樾是清末著名大学者，得到他的认可，也就得到了中国学界的认可，金泽荣以文章报国，著述为业，这一点对他是至关重要的。因此他在《奉和俞曲园先生》诗中说："远海几回劳梦寐，尺书难得罄衷情。玄亭载酒他时约，预嘱阳侯送棹轻"②，表达了要到中国投奔俞樾的心曲。

俞樾因年老已久不见客，却热情地欢迎金泽荣的到来。"来见我于春在堂，面貌清癯，须髯修美，望而知为有道之士。出其所著诗文

---

①　俞樾《春在堂诗编·二十二（乙巳编）》，清光绪二十八年刻本。

②　韩国学文献研究所编《金泽荣全集》卷一，亚细亚文化社，1978年，页248。

见示，余读其文，有清刚之气而曲折疏爽，无不尽之意，无不达之
词，殆合曾南丰王半山两家而一之者。诗则格律严整似唐人，句调清
新似宋人。吾于东国诗文亦尝略窥一二，如君者，殆东人之超群绝伦
者乎。"书信往返，诗文酬答，相见却是第一次。金泽荣表示"已弃
家挈眷而来，将于吴中卜一廛而居焉"。俞樾则劝金泽荣："君以异邦
之人，航海远来，衣冠不同，言语不通，寄居吴市，踪迹孤危，似乎
可虑。与其居苏，不如居沪。"① 他听从俞樾的劝告，返回上海投奔
张謇。

　　对这次苏州会面，金泽荣后来写道："至九月中自沪至苏州谒之，
先生时年八十有五，以病谢客久矣。闻余至，扶杖出见，见其身短面
圆，神气精紧，只似五六十岁人，殆天纵也。笔谈有顷，余出诗文稿
请序，先生许之。及余辞归沪而序文至，则距请不过五六日，盖其年
已极隆而精力之不衰者如此，而序中所论所赏多有令人感动者，实余
文字游世以来数十年所不几值也。"② 扶杖见客已是礼遇，应允作序
更属优渥，何况仅五、六天后序文即寄至沪，俞樾是声名卓著的学
者，温润和平，休休有容，金泽荣的知遇之恩可想而知。"大作敝稿
序，平驯有韵而成又甚速，孰谓先生已耄也哉。诗文之评俱极精深，
使人油然有感。"③

　　两年后，俞樾辞世，金泽荣闻讯悲伤不已，作诗寄托自己的哀
思，"……何来凶讯忽到耳，再抚往尘涕沾裳。惟公树立自不朽，永
与江水流汤汤。……知公浩浩欣凌举，独我落落愁彷徨。赠言(公赠
余有诗二及稿序一)雒诵不忍掇，箧中夜夜丹虹长。"④ 他从箱子中翻
检出俞樾赐予的诗文稿，反复诵读，知遇之恩怎能忘怀。

① 俞樾《沧江稿》序，见金泽荣《沧江稿》，南通翰墨林书局，1911 年排印本，页 8。
② 金泽荣《挽曲园先生》，《金泽荣全集》卷一，亚细亚文化社，1978 年，页 259。
③ 金泽荣《沧江稿》，《金泽荣全集》卷一，页 417—418。
④ 金泽荣《挽曲园先生》，《金泽荣全集》卷一，页 259。

三、严复赠诗

十九世纪末严复翻译的《天演论》出版，开启了中国近代思想发展的新时代，吴汝纶删节《天演论》作为许多新学堂的教科书又极大地延伸了它的普及率。金泽荣赠诗严复："太息汝纶归宿草，如今谁复序君来。"[①] 吴汝纶不但为《天演论》译文斟酌文句，并作序，和严复是亦师亦友的莫逆之交，严复的许多译著都请他作序，吴去世后，严复伤感地说以后再也没人给他写序了。严复译《天演论》是要用"物竞天择、适者生存"的进化论原理，唤起全国各界人士的警醒。中、朝（韩）共同被侵略的历史命运，很容易交汇融合两国知识分子的思想感情。金泽荣在《自志》中记道："六十岁……去取书籍，以完吾史乎，遂行至上海，留候仁川直船，间至杭州观西湖，且交严复几道郑孝胥苏龛，甚欢，二人皆名士也。"[②] 他因编史需要，1910 年返国取资料，到上海候船，结识了当时居住在上海的严复和郑孝胥。严复日记二月二十四日（3 月 15 日）记载："信与南通州翰墨林李晓芙、金沧江、胡梓芳、侯毅，还其文集。"[③] 李晓芙，名祯，号苦李，浙江绍兴人，著名书画家，翰墨林书局经理；金沧江即金泽荣；胡梓方，江西铅山人；侯毅是江苏无锡人。胡、侯二人可能和金泽荣一起同在翰墨林供职，而侯毅则是严复的门生。侯向书局推荐严复，书局请严复译书都属情理中事。严复日记记载，金泽荣在二月二十八日（3 月 19 日）先到严府拜访，严以所译《原富》《名学浅说》相赠，金也以诗文手稿呈严过目。严复日记闰二月初二日（3 月 23 日）记："阅金沧江手略及其诗文"，但"金泽荣未来"，原来可能约好来取手稿的。严对金的诗颇赞赏，说"诗有佳者"[④]，他看到金送他的三首诗，"谁将汉宋作经师，

---

① 金泽荣《赠严几道》，《金泽荣全集》卷一，页 270—271。
② 金泽荣《自志》，《金泽荣全集》卷二。
③ 严复《日记》，王栻《严复集》册五，中华书局，1986 年，页 1490。
④ 严复《日记》，王栻《严复集》册五，页 1491。

学术如今又转移","可笑骊黄时辈眼,欲将文笔掩歌诗",金泽荣作诗对《天演论》的译成作了高度评价。

严复第二天就写了《送朝鲜通政大夫金沧江泽荣回国》五律四首和之,他在日记中记:"作四律赠金沧江。"从诗中看,他们相互引为同志,"笔谈尽三纸,人意尚憎憎",尽管默默无声,却是心声交流,极为欢洽。严对金修史的成就评价很高:"笔削精灵会,文章性命轻"①,把修撰本民族的历史看作是维系民族精魂所在,鼓舞民族斗争的旗帜,这是严复对金泽荣的赞赏。虽萍水相逢,却彼此赞赏对方的才华,"萍水论交地,艰难得此才。异同空李杜,词赋近邹枚",严复认为金泽荣的文学造诣可比汉代的枚乘、邹阳,唐代的李白、杜甫。

因为候船,金泽荣在上海半个月后仍和严复有来往。严复日记写道:"闰二月十八日(4月8日),金泽荣来。"②金泽荣从朝鲜回到南通后,立即又写了《赠严几道》七律三首:"一代真才惟汝在,古来知己与神通。春云万里沧溟路,悒怅那堪独向东。"③称严复为一代真才,有幸相晤,相见恨晚,自己甚至不愿独自回朝鲜了。金在诗中还表示,严复的文章顺应时代潮流,是治疗时代弊病的醒世良药,而自己飘零通州,像屈原怀楚,无补于国,惟有和你严复晤面笔谈,朝暮同舟,才是最令他向往的。严复收到诗后,很快作了《和寄朝鲜金泽荣》:"世事了如春梦过,夜潮还与故乡通。新年归雁烦相语,淇水波寒莫更东","三闾泽畔真憔悴,未害能滋九畹兰","莫更是非论马指,从今不系是虚舟"④,劝解金泽荣消融胸中块垒,江海本相通,清川江水寒,何须再渡呢;屈原放逐江南,还栽兰花自赏,古来圣贤皆寂寞,在通州翰墨林做做学问不也逍遥自在。有宽慰,更有挚友间的默契。

严复日记记事十分简略,却有五处记到金泽荣;严复不以诗名

---

① 严复《送朝鲜通政大夫金沧江泽荣回国》,王栻《严复集》(诗文下)册二,页375。
② 严复《日记》,王栻《严复集》册五,页1492。
③ 金泽荣《赠严几道复三首》,《金泽荣全集》卷一,页270。
④ 严复《和寄朝鲜金泽荣》,王栻《严复集》(诗文下)册二,页377。

世，但写给金泽荣的却有七首之多。

四、梁启超为其著述作序

中国维新思想家梁启超的著作对朝鲜的思想、史学和文学等方面都有重大影响。他从政治、经济、文化、社会风气、国民心理等方面，揭示朝鲜致亡的病根，相关著述有《朝鲜亡国史略》《日本之朝鲜》《日韩合并问题》《日本吞并朝鲜记》《朝鲜灭亡之原因》等。朝鲜灭亡后，梁启超写了《朝鲜哀词五律二十四首》。1905 年《乙巳保护条约》签订后，朝鲜文化界展开了爱国文化启蒙运动，传授新知识，宣传反侵略，鼓吹资产阶级民主和自由，拯救民族危亡，《大韩每日申报》刊文将《饮冰室文集》视为救国第一灵药。梁启超的思想和著作在朝鲜能得到流传并获得民众的喜爱有其历史的背景：朝鲜遭受日本的侵略，民族危机当前，全国人民奋起抗击，梁启超主张变法维新富国图强的著作传入朝鲜，自然得到共鸣和欢迎；梁启超的作品带着感情，观察敏锐，剖析入理，极富感染力；更重要的是朝鲜汉文盛行，人们阅读梁启超的文章无文字障碍。金泽荣作为历史学家深受其影响是必然的。

梁启超创办《新民丛刊》时，以"中国之新民"笔名发表《新民说》系列文章。金泽荣笔名也自署"中华新民"。梁启超说康有为"于中外史学，用力最深，心得最多，故常以史学言进化之理"，他本人也立志"欲草一中国通史，以助爱国主义之发达"。金泽荣请梁启超为自己编辑的书稿作序，梁启超先是推辞的，他在《复金沧江书》中虽然对金著"敬佩无已"，表示"他日当采大著入笔记中，为将来留史料"，"东国一线文献庶不坠地也"，却又说"属为先德铭幽，鄙人本不能文……不克应命"①。后因金泽荣请张謇出面，"而介张季直先生以请序于余"，梁才不得不应承下来。梁启超在金泽荣编《丽韩十家文

---

① 梁启超《复金沧江书》，《金泽荣全集》卷六，页 645—646。

钞》序中说："夫国之存亡，非谓夫社稷宗庙之兴废也，非谓夫正朔服色之存替也，盖有所谓国民性者。……国民性以何道而嗣续……则文学实传其薪火而管其枢机，明乎此义，然后知古人所谓文章为经国大业不朽盛事者，殊非夸也。"[1] 这里说的"文学"是广义的，是社会意识形态之一，是将哲学、历史、文学等书面著作统称为文学。金泽荣在《明美堂集》序中说："自古人国未尝不亡，而于亡之中有不尽亡者，其文献也。"[2] 金泽荣和梁启超的思想何其相似。金认为"委巷轻士，官府小吏之所记录，皆足为亡国之遗宝"，这是他对整理、保存民族文献的态度，著述、修史都是以文章报国。金泽荣和梁启超的会面是在 1922 年的南通，梁启超应张謇之邀来南通参加中国科学社第七次年会。其时金泽荣已 72 岁高龄，仍亲往拜访，有《梁任公至南通余访见之明日有赠》诗为证："自顾形容我是谁，弊冠霜雪老钟仪。一朝欢喜逢名士，千古归来有此时。泰山文望昌黎氏，泽潞兵谈杜牧之。闻做共和犹未做，且须做得郭生碑。"

五、和屠寄、吕思勉、郑孝胥的交游

近代史学家屠寄（光绪进士、翰林院庶吉士，曾任京师大学堂教习、北京大学国史馆总纂）在主持通州师范国文专修科期间，和金泽荣结下了深厚的友谊。屠寄为撰写《蒙兀儿史记》搜集旧籍和外文史料，纠正了《元史》的许多错误。他慕名去金泽荣家借书，读到金的诗稿，非常赞赏，当知道金手头拮据，无力刊印时，屠寄表示"吾且为子谋之，即取行囊发金"。金泽荣后来记叙道："余止之，而先生执之甚固，仍以招醵，于是自本校学生以及中学校、师范学校诸职员群然响应。"不仅如此，张詧（字叔俨，号退庵，张謇三兄，曾随庆军赴朝

① 梁启超《丽韩十家文钞序》，《饮冰室合集》册四（《饮冰室文集》之三十二），中华书局，1989 年，页 35 。

② 李建昌《明美堂集》，南通翰墨林书局，1917 年排印本。

帮办后勤，以军功保举知县，后辞职回乡协助张謇创办各项事业）为屠寄饯行时，屠说："请以所为饯者为醵，则吾不饮而已醉矣。"张素敬重金，"笑而应之，自己至酉所酿金凡七十有奇"①。金泽荣自选诗文集《沧江稿》很快在翰墨林书局出版，金在序中记录了事情经过，并列出屠寄、张謇等38位捐资者的姓名。

金泽荣曾去常州看望屠寄，屠书联一幅："思君不来怀闲素，何日痛饮开兰衿。"并旁书："沧江老友积年不晤，顷来又不能久留，与订后约，当过平原原定之日数，方畅也。"② 在常州他们相携酌酒赋诗，遨游山川，访问苏东坡、唐荆川故居，赴友人家赏菊……屠寄写了《答金沧江见赠韵》："离合凭诗纪，沧桑又酒边。相看两衰鬓，暂享共和年。野史亭同筑，胡元事半湮。无才勤补缀，愧尔杀青先。"③ 对金泽荣修史取得的成就由衷地感叹，十分敬佩。现代著名史学家吕思勉当时还只20多岁，曾和屠寄一起在南通拜访过金泽荣，后在东吴大学和江苏第一师范大学任教，恰巧回到常州，邀请金泽荣吃饭。吕思勉作《赠朝鲜金沧江》诗："有儿两眼如秋水，一老胸中绝点尘。道契虚舟能辟世，家藏野史未全贫……"表达了对金泽荣的尊重之情。金也写了《余之在常州吕博山诚之为余置酒招屠敬山童伯章庄通伯李涤云以助欢追赋其事以谢之》诗："清晨欲唤渡江桡，惊见夫君沪渎回。邂逅却如元伯约，殷勤仍饷步兵醅。星河曳地三更过，寒菊随人一笑开。别后诗篇看益妙，阿蒙刮目有由来。"④ 金泽荣面对吕思勉，如当初在朝鲜初见张謇那样欣喜，他慧眼识才，吕思勉之后果然在史学上成就卓然，对中国通史、断代史和各种专史研究都作出了杰出贡献，和陈垣、陈寅恪、钱穆并列为史学四大家。金泽荣在常州短短几天，写了《十八日赴屠归甫招至常州明日同归甫观苏东坡古宅》《同屠

① 韩国学文献研究所编《金泽荣全集》卷二，页20—21。
② 屠寄书联，南通博物苑存。
③ 屠寄《答金沧江见赠韵》，《金泽荣全集》卷六，页616—617。
④ 金泽荣《余之在常州吕博山诚之为余置酒招屠敬山童伯章庄通伯李涤云以助欢追赋其事以谢之》，《金泽荣全集》卷六，页336。

敬山赴庄茂之菊花大会之招》《杂赠常州同游》《将归南通留赠归甫》等
10 余首诗，表达了他的欢愉之情。金泽荣后来在南通得知屠寄逝世，
悲怆地写道："当年倾盖乐新知，况是牙琴值子期。惹得旁观惊欲倒，
万宜楼上剧谈时。奎星匿彩玉扬灰，凶信闻来失酒杯。拙著伤心披不
得，行间几处见魂回。"① 人生知己难得：子期已逝，伯牙毁琴；屠
寄去世，自己连诗稿都不忍翻了。

　　金泽荣深受中国传统文化的浸染，一向尊崇苏轼。郑孝胥的诗在
当时诗界众口传诵，卓为一家，而且他字苏堪，居所海藏楼又取意苏
诗。金泽荣在诗中以苏轼比苏堪："一炉香瓣拜苏仙，仰睨风流八百
年"，"直欲去赊江上月，云帆侧挂到君边"②，表达了他对郑孝胥的
钦慕。《郑孝胥日记》1909 年 12 月 3 日记，"金泽荣自通州寄诗一
首"，应就是指这首诗。郑孝胥也赠诗《送金泽荣东航返国》："破碎山
河剩断魂，脱身犹得客中原"，"如闻博浪椎能中，奋笔何辞溅血
痕"③，他对金泽荣流亡中国、以文报国给予高度评价，朝鲜义士安
重根刺杀伊藤博文固然壮哉，但客居中原不忘危难中的祖国，冒险回
乡搜集图籍，奋笔修史，报效国家，不也一样可圈可点吗！金泽荣在
上海还写有《赠郑苏龛孝胥》一诗："陈林严郑一时誉，知子珊珊仙骨
清"，把郑和陈三立、林纾、严复并列，可见金对郑的推崇，如论文
学成就，郑是有资格和以上几人并列，至于后来政治上的失节，则是
另一回事了。金泽荣和郑孝胥一直保持着交往，1920 年，金泽荣有
《寄苏堪为文寿峰崔寄园乞字》诗："浑脱行书风韵优，公孙剑器与横
秋。石罣诸老如相值，怊怅应须让一头。"《郑孝胥日记》1920 年 5 月
9 日记："金泽荣之徒郑夏卿来访，持金代求联二合及诗文集一册。
郑亦高丽人，今居霞飞路渔阳里。"④ 金泽荣善书，他的书法作品曾
收入《中国名人金石书画》第一集，1924 年由上海合群石印社出版，

---

① 韩国学文献研究所编《金泽荣全集》卷一，页 392—393。
② 韩国学文献研究所编《金泽荣全集》卷一，页 280。
③ 郑孝胥《海藏楼诗集》，上海古籍出版社，2003 年，页 198。
④ 郑孝胥《郑孝胥日记》，中华书局，1993 年，页 1825。

可见已享有相当声誉，他替友人向郑索字，并作诗赞赏郑的诗，说明他们交谊甚深和他对郑的书法的推崇。

　　金泽荣和中国文化名人的交往有着鲜明的时代烙印。以 1840 年鸦片战争为起点的中国近代社会，逐渐沦为半殖民地半封建社会；1876 年《江华条约》是朝鲜由封建社会逐渐沦为殖民地社会的一个历史转折点。抵御侵略，救亡图存，是中朝(韩)人民面临的共同历史抉择。中朝(韩)近代文化交流就是在这一相同历史使命的背景下进行的。金泽荣在僻处江北一隅的南通度过了他的后半生，却始终心系故国，"愧无身手关时运，只有文章报国恩"，埋首著述，拯救民族文化。同时他又创作汉诗汉文，并以此为纽带结识了当时中国许多一流的学者和文人，以文会友，君子之交。中朝(韩)同属儒学文化圈，故国黍离之悲最能牵惹文人的心怀，他们的交往在中朝(韩)文化交流史上留下了值得纪念的篇章。金泽荣创作的汉诗 1000 余首，散文 500 余篇，在南通留下 32 部 350 余卷作品，这不仅在中朝(韩)文化交流史上，而且在中外文化交流史上也是罕见的。金泽荣因此受到了中朝(韩)人民的共同尊敬。

　　　　　〔原载于《南通大学学报》(社会科学版)2010 年第 2 期〕

　　　　　　　　　　　　　作者单位：南通市图书馆

金泽荣与近代南通文人群体交往考评

庄安正

韩国著名历史学家、诗人与散文家金泽荣在客居南通的 22 年中，一方面潜心钻研，辛勤笔耕，编撰了许多有关韩国史学与文学的宏文巨著；另方面又与南通文人群体友好交往，长相过从，谱写了近代韩、中两国知识分子之间友谊的佳话。韩国学者崔惠珠指出："我们应重视金泽荣在韩中文化交流上的作用"，"（金泽荣）亡命中国后的活动状况的研究，仍需深入进行"，"他与以南通、上海为中心的中国士大夫的思想交流，也有深入分析的必要，这些也有待于中国方面资料的进一步挖掘"。① 以往，中国方面对金泽荣该阶段与上海、苏州、杭州等地的中国学者，如梁启超、俞樾及严复的交往有所涉及，对与南通文人的交往则基本上限于张謇兄弟一、二人，不见群体。这是不全面的。本文拟对此作一考评，以期弥补上述金泽荣研究之不足之处。

一

金泽荣客居南通，与南通文人群体交往期间，正值这一群体处于前所未有的活跃与转型之际。南通古称通州，位于长江下游江海平原，适当长江与黄海交汇处，气候宜人，土地肥沃，但成陆与开发较晚。直至明初及清代中期，南通因推广植棉，加之江南移民迁入并带来先进的手工棉纺织技术，拉动了农业与手工棉纺织业相结合的自然

---

① 崔惠珠《韩国的金泽荣研究状况》，复旦大学韩国研究中心《韩国研究论丛》第 5 辑，中国社会科学出版社，1998 年，页 433。

经济，其区域文化才得以逐渐昌盛。标志之一便是 60 余名南通进士的先后及第，以及以此为代表的南通文人群体渐为世人瞩目。晚清以降，中国屡遭外侮，国势衰微，张謇在摘取甲午恩科状元桂冠后舍弃仕途，投身"实业救国""教育救国"的实践，将南通成功地建成了国内仅见的"模范县地"① 与"理想的文化城市"②。南通的文化事业在国内文化萧杀、灰暗的大背景下凸现出一片难得的亮色"的同时③，南通文人群体亦获得相应发展，并形成了下列三方面的鲜明特色：(1)人才汇集，精英迭起。张謇通过创办通州民立师范学校、通海五属公立中学(后称江苏省立第七中学)等新式学校，培养了大批文化专业人才；而新式学校与南通博物苑、图书馆、《通海新报》、《公园日报》报馆、翰墨林编译印书局、伶工学社、更俗剧场与五公园等新式文化设施的创办，又对文化专业人才提出了更大的需求量。供求两旺求更旺，张謇则凭借其声誉与诚信，除将南通培养的文人(包含外地)留在了本地，又将许多外地任职的文人邀往了南通，南通一时汇集文化人才之多较此前史无先例，其群体文化品位之高亦为国内其他城市所罕见。(2)思想转型，新旧掺杂。由本地与外地来通文人组成的南通文人群体，其文化价值观与他们的先辈比较，发生了较大的变化。他们受过新式教育(或新学)熏陶，此前又大都有过在私塾或书院就学的经历(有的获得过科举功名)，旧学功底深厚，往往诗文俱佳，书法美逸。身处清末民初，面临古今中外异质文化的碰撞与交流，南通文人群体如同张謇主张"祈通中西"④，化合今古。但亦如同张謇反对所谓"扬西抑中"、"弃本逐末"⑤，反映出自身文化价值

---

① [英]费根《外人眼光中之中国模范县》，《通海新报》1921 年 5 月 18 日，页 4。

② 曹从坡《张謇文化思想的时代环境》，南京大学外国学者留学生研修部《论张謇》，江苏人民出版社，1993 年，页 503。

③ 庄安正《张謇的文化观研究》，《南通师范学院学报》2003 年第 3 期，页 32。

④ 张謇研究中心、南通市图书馆编《张謇全集》卷四，江苏古籍出版社，1994 年，页 270。

⑤ 张謇研究中心、南通市图书馆编《张謇全集》卷四，页 5。

观的内在矛盾与过渡性质。（3）爱乡情浓，救国心切。清末民初的南通文人群体能直面深重的民族危机，他们反对做所谓纯文化人，而服膺"实业救国""教育救国"的主张，并知行结合，躬行实践，积极参加张謇倡导的南通地方教育、文化事业。其中相当部分成为了张謇教育、文化事业上的得力助手与某些部门的业务主管，他们身上洋溢着一种由爱家乡、御外侮扩大延伸至爱国、救国的可贵精神。

概言之，近代南通文人群体是在民族危机的历史背景下，受张謇救国主张与实践的影响，参与南通"模范县地"与"理想的文化城市"的创建并在其创建过程中逐渐形成的，以张謇为代表，由南通籍文人为主体组成的一个区域性优秀知识分子群体。强调其共同特色，并非抹杀成员之间在学术专长、思想转型程度，以及参与地方建设积极性等方面的区别或个性。至于他们的生活习俗与兴趣爱好等，更非千人一面。但透过特殊看一般，立于南通文人的群体而言，上述共性是无庸置疑的。

南通文人群体形成之时，巧逢金泽荣流亡中国，客居南通之际。客观地审视金泽荣与南通文人群体双方，在诸多文化因素方面存在相近之处，正是这些相近之处产生了互吸作用，为双方交往提供了可能性。首先在汉学造诣上，金泽荣自幼熟读汉文，博览中国古代典籍，1891 年得以诗中进士，其汉学成就在国内即享有盛名，被誉为韩末"四大文豪"之一[1]，客居南通后又为南通文人群体所推崇。而中国的传统文化久为金泽荣所钦慕，对于南通文人群体，金泽荣屡以"志趣淳笃""淹贯群籍"评价他们的汉学根基之淳正厚重[2]。其结果是双方互生仰慕，惺惺相惜。另外，金泽荣拙于汉语口语表达，但能熟练运用汉语撰写，双方找到了笔谈这种可行的交流方式。其次在文化

---

[1]   宋天镐《金泽荣文学中的中国文人思想考察》，《金沧江研究》2001 年第 3 期，页 22。

[2]   韩国学文献研究所编《金泽荣全集》卷一，亚细亚文化社，1978 年，页 612—613。

价值观上，金泽荣崇尚儒学，但又在一定程度上对西学或新学持开明或宽容的态度，这与南通文人群体新旧掺杂的文化价值观大致相仿。故彼此在文化交往中，往往因有共通之处，易于形成共同的话题与结论，而互引为异国的"文字知己者"①。再次在思想感情上，金泽荣为抗议日本并吞韩国而流亡中国，拟在南通从事挽救韩国历史、文化的研究工作。又自以为箕子子孙，与中华同脉，表现出强烈的对南通文人群体的亲近感和与之交往的愿望。而南通文人群体基于中、韩两国民族的友好关系以及共同面临日本侵略产生的同仇敌忾的感情，同情金泽荣的遭遇，钦佩他的风骨，亦"多同感于声气，愿与之游"②。

另需强调指出，金泽荣的泛海西渡与长期客居南通，在将彼此交往的诸多可能性变成现实性中起到了关键作用，它消除了双方原先隔海相望与空间距离遥远的交往障碍。

二

（一）金泽荣与之交往的南通文人群体的名录与身份

据笔者考证，金泽荣在客居南通期间，与之有过一定交往，并在其诗文中留下交往印记的南通文人名录有（以姓氏笔画为序，张謇兄弟与其子张怡祖不在内）：丁介石、丁凤泰、于振声、习艮枢、马遂良、王爵、王个錱、王少屏、王汝宏、王冰史、尤亚笙、方还、石重光、田宝荣、史维藩、冯达铭、冯涵初、吕传元、吕道象、刘焕、江谦、孙廷阶、孙宝书、杨谷孙、李祯、吴兆曾、吴庆曾、吴毓沈、吴骥臣、邰范吾、宋龙渊、宋延年、沙元炳、沈同芳、张庸、张峡亭、张峰石、张梓庭、陆景骞、陈伯钧、陈邦怀、陈惟彦、陈毓审、周际

---

① 韩国学文献研究所编《金泽荣全集》卷二，页 610。
② 韩国学文献研究所编《金泽荣全集》卷六，页 605。

霖、周曾锦、郑芷芗、郑泽庭、欧阳予倩、费师洪、顾未杭、顾昂千、顾偿基、钱灏、徐轲、徐浩渊、高云汉、高济中、凌泽、诸宗元、黄禾、曹文麟、崔竟成、屠寄、程砒珂、管石臣、揭向寅、蒋瑞藻、韩国钧、喻吟秋、薛蘅、瞿镜人等。共约 71 人。

　　上述 71 人中，除少部分情况不明外，大部分可验证其身份。已知的有：江苏运河工程局会办，县知事，县民军司令，翰林院编修，翰墨林编译印书局的经理、编校，通州民立师范学校、南通女子师范学校以及江苏省立第七中学的校长、教师，伶工学社与更俗剧场的演员、经理，《公园日报》的编辑，大生企业驻沪办事处的代表，张謇的文友、文书、家庭教师、管家，律师事务所的律师，乃至警察局的警察等等。身价自有尊卑区别，职业可谓五花八门。但是，他们都具笔者所归纳的三方面鲜明特色。例如列入南通"四才子"的曹文麟、顾偿基①，以及沙元炳、费师洪、习昃枢等，治学兼采新旧之长，又积极辅助张謇谋划本地教育、文化事业，属南通城乡妇孺皆知之人物。同时，他们又是金泽荣的文友、战友与挚友，与金相知不浅。以上 71 人仅是一个保守的统计，并不包括金泽荣客居期间所交南通文人的全部，更非南通所集文化人才之全部，但据此足以证明金泽荣与南通文人群体联系之密切，以及交友数量之众，各式人等覆盖范围之广（从一个侧面也印证了南通其时的文风大炽，人才济济）。

（二）金泽荣与南通文人群体交往的起步与发展脉络

　　金泽荣客居南通之初，除与张謇兄弟一、二人熟稔外，可谓举目无亲，人地两生。但既然计划在南通从事一系列韩国历史、文化课题的研究，金就不仅需要解决谋生问题，还面临通过交友与南通文人进行文化交流的紧迫任务。退而言之，即使出于在南通长期居住的需要，金泽荣作为流亡者也渴望排解孤独，寻找理解与同情他的南通朋

---

　　①　南通市教育局《南通市教育志》，新华出版社，2001 年，页 369。

友。故立于金泽荣的视角，他与南通文人群体的交往，不仅有其可能性，尤其存在必要性。考查双方的交往，困难在起步，张謇则在推动起步上发挥了至关重要的媒介作用。其一，由于张謇在南通的特殊地位与影响，他很容易通过介绍金泽荣在韩国国内的学术成就以及与自己故交的身份，使其一开始就受到南通文人群体与南通各界人士的尊重与同情，从而缩短了彼此的心理距离，架起了最初交往的桥梁。其二，在张謇的周到安排下，金泽荣客居南通后长期担任翰墨林编译印书局编校一职。如此既解决了金泽荣养家糊口的需要，又满足了他从事编辑出版韩国历史、文化著作的需要，还由此获得了因编校结交南通文人的一个平台与契入点。这对于金泽荣独立开展与南通文人群体的交往，显得特别重要。

得益于张謇的推介与安排，金泽荣展开了与南通文人群体最初的交往。"人生落地皆兄弟，何必区区问界疆。我逐飞云来海道，君如明月在江乡。轩裳共谢风尘苦，笔墨时兼橘柚香。"① 双方初始交往不仅大都因编校业务之需要而起，而且交往的地址亦往往就在印书局内，"西园侧畔初胎杏，含雨含烟证此盟"②。通过此类交往的频繁进行，原先不相识的成为了相识，相识的又发展为相知。由于翰墨林编译印书局编校业务的发展，也由于南通文人之间有关金泽荣个人情形的相互传播，另一些原先不相识的因此慕名（或其他原因）访问金泽荣，金也慕名回拜了他们（也有互拜顺序相反的）。交往缘由逐渐越出了编校业务需要的范围，交往地址也不再限于翰墨林编译印书局，人数随之增加，各式人等被陆续吸纳进了交友圈，终于上述71人都成为了金泽荣交友的对象。上述可知，金泽荣与南通文人交往，大致经历了一个由编校业务需要到慕名（或其他原因）互访，由少到多与由个别到群体的发展过程。其中既要重视张謇在起步阶段的媒介作用，也要看到金泽荣稍后的主观能动性与交往双方的积极性。

① 韩国学文献研究所编《金泽荣全集》卷一，页254。
② 韩国学文献研究所编《金泽荣全集》卷二，页520。

（三）金泽荣与南通文人群体交往的形式

以文会友或因文结缘是金泽荣与南通文人群体交往的主要形式。
但是立于不同视角进行归纳，具体形式起码可区分为下列对应的五
种：第一，从导致交往的直接起因而言，因印书局编校业务需要与因
参加（或参与发起）某一文化、教育社团组织（或活动）的需要并存。如
上所述，金泽荣因编校业务需要与作者进行交往。1905—1926 年，
翰墨林编译印书局先后出版教育类、诗文类、史传地理类、实业类与
艺术类著作约 80—100 种[1]。金泽荣作为该期间受聘时间最长的一名
骨干编校，参加了其中绝大部分著作的编校，而这些著作的作者绝大
多数又系南通文人，故此类交往相当广泛。又，在此期间，南通为创
建"模范县地"与"理想的文化城市"，成立了各种文化、教育社团，
各式活动非常活跃，金泽荣则经常受到这些社团的邀请。1924 年，
金泽荣应邀与南通文人喻吟秋、凌泽等发起成立南通金石书画会，彼
此频频交往，稍后又参与筹办金石书画作品展览会，出版《艺林》旬
刊，并在此刊物上发表书法作品。南通金石书画会因此在中国国内产
生了较大影响[2]。第二，从以文会友过程中有无点缀而言，单一的题
写序跋或诗文唱酬与借宴席雅乐或观赏名胜助兴互见。1922 年，江
苏省立第七中学举行校园落成典礼，金泽荣与韩国钧、沙元炳、史维
藩等出席，又一并应邀为校园内诸景题写楹联多副[3]，在各自为校园
增添文化色彩的同时，也促成了彼此的交往。另外，《金泽荣全集》保
存有许多金泽荣为南通文人诗文书画等题写序跋的纪录（自然也有金
求助对方的）。例如："有善刻金石而游于翰墨林书局者曰宋生延年，

---

① 邹振环《翰墨林书局与清末民初的翻译出版》，《涩泽荣一和张謇的比较研究
国际会议论文集》内部出版，2005 年，页 173—174。

② 魏武《南通书法一千年》，中国文联出版社，2004 年，页 29—30。

③ 南通市政协学习文史委员会编《江海春秋》下，江苏文史资料编辑部，1998
年，页 56。

日持其先大人、贡生金绶君诗请曰择与序"①，"吾友马君伯闲工于书，南通之谈者往往指为张啬翁之亚。前年君访余探怀出其小像而索题"② 等等。上述金泽荣与南通文人交往的形式当属同一类。另一类以文会友的交往，往往借宴席雅乐或观赏名胜进行。1920 年元旦，张謇因更俗剧场建成，邀就场内专辟之梅欧阁"小饮"以资纪念。金泽荣偕吕道象、方还、刘焕、欧阳予倩等多人前往赴宴，并即席为梅欧阁赋诗唱和。觥筹交错之间，佳构联翩而出，促成了日后《梅欧阁诗录》一书的诞生，也成就了金泽荣与张謇以及其他南通文人共图中国近代艺坛改革与合作的一段美谈③。第三，从双方交往的时间间隔而言，即兴交往与参加时令活动相伴。金泽荣与南通文人群体交往大量是随机的即兴的交往，不受时间约束，但其中也有一年中相对固定的若干次交往，例如元宵观烧野火、上巳踏青、中秋赏月与岁末消寒等。此类活动本是中国传统文化的一种体现，清末民初因被赋予南通"模范县地"与"理想的文化城市"题中应有之义，受到南通文人群体的弘扬与推崇，金泽荣客居南通后，则时常可在其中发现他的身影。1914 年中秋夜皓月当空，金泽荣与周曾锦、张峡亭、杨谷孙、徐轲等在南通城中相聚赏月。金因感一气赋诗 6 首，中云："中秋名字骄千古，词客风情满十分。共踏庭心梧竹影，天香如雾袭衣裙"；"拭目清标现凤鸾，非君谁与照心肝。黄茅白苇何人叹，流水高山自古难"。④ 诗中除渲染了中华民族这一千古佳节的风情外，还抒写了与上述南通文人肝胆相照的友情。第四，从每次交往的南通文人人数而言，个别拜访与群体交往结合。"穿蘽缘墙映竹篱，纷纷花发一千枝。主人去饮谁家酒，老客来看斜日时"⑤ 与 "主人见固佳，不见亦

---

① 韩国学文献研究所编《金泽荣全集》卷一，页 488。
② 韩国学文献研究所编《金泽荣全集》卷一，页 511。
③ 张謇《梅欧阁诗录》，中华工商联合出版社，1999 年，页 2—3。
④ 韩国学文献研究所编《金泽荣全集》卷一，页 327—328。
⑤ 韩国学文献研究所编《金泽荣全集》卷一，页 263。

何害。依然相晤言，松桂满庭籁"① 两首诗，反映的是金泽荣两次拜
访周曾锦不遇的情形。金因何故前往姑且不论，因此"留题"的两首
诗却凸现了一对一交往的文化色彩。此类个别交往屡见于双方记载，
数量很大。而"驱巾车者八尺夫，披帷瞋目视病躯。谓言中园文字
饮，群众毕至公可无"一首②，反映的是习艮枢驱车邀金泽荣往适然
亭赴宴的情形，该宴会除"文字饮"的性质一目了然外，给人印象深
刻的是"群众毕至"，即它具有一定的规模，亦即金泽荣与南通文人
的一次群体交往。此类群体交往的数量亦属不少。第五，从金泽荣所
交文友的不同种类而言，一般的以文会友与兼及以物济友的交往形式
有别。金泽荣与少部分南通文人属一般的文友，双方以文会友的交往
形式毋须赘述，但与其中的大部分人除文友关系外，还兼存战友与挚
友等多重关系，双方交往的形式并不单一。金泽荣客居南通，一直以
"首缠纱巾，深衣款步"的韩国民族服饰给人予深刻印象③。其挽救
韩国历史、文化的志向，更为许多南通文人所钦佩。他们常以捐资表
示对金泽荣编辑出版韩国历史、文化著作的支持。屠寄便是突出的一
例："余(指金泽荣)近刊己所著所谓《沧江稿》者若干页而止，有所待
也。武进屠翰林归甫君，被聘于通州之国文专修科校者有年，至是期
满将去，访余借《韩史(繁)》欲以补其所撰之元史。偶见余诗所刊者，
谬加大赏并《韩史(繁)》携去数日。余答谢于中学校寓所，君益增赏余
诗曰：盍速尽刊以惠我。余述以本状，君笑曰：自古来焉有书生有待
而能济者乎？吾且为子济之，即取行囊发三十金。余止之而君执之甚
固，仍又招醵，于是自本校至中学校、师范学校之职员及学生群然响
应。自巳至酉，所醵金凡七十有奇，飞致于余，余不敢以却。"④ 另
外，许多南通文人在交往中又经常馈赠钱粮衣物，在生活上接济金泽

---

① 韩国学文献研究所编《金泽荣全集》卷一，页 330。
② 韩国学文献研究所编《金泽荣全集》卷二，页 519。
③ 南通市政协学习文史委员会编《江海春秋》下，页 295。
④ 韩国学文献研究所编《金泽荣全集》卷二，页 20—21。

荣一家。从金泽荣所赋《用调体谢习（艮枢）位思君除夕之馈》①《谢钱（灏）浩斋赠米》②《谢钱（灏）浩斋馈橘》③《（陈毓审）修定以猪酒来寿赋以谢之》④与《谢丁茂才凤泰赠锦枕》⑤等诗名，可管窥南通文人倾心扶助这位"东国屈原"的情景。双方上述两类交往显然掺入了钱物等因素，成为金泽荣与南通文人群体以文会友这一主要形式的补充。

三

　　金泽荣与中国文人的交往，是近代韩、中两国知识分子交往的一个显例。南通文人群体不仅是金泽荣在南通交往的主要对象，也是他与中国文人交往的主体部分。故欲对金泽荣与中国文人交往这一课题进行全面深入的研究，不能忽视他与南通文人群体交往的内容。否则便有只见树木，不见森林之虞。综观金泽荣与南通文人群体的交往，它不是中、韩两国文人之间的泛泛而交，而是带有浓郁汉学文化色彩的文化交往（上述五种对应交往的形式，都体现了这一点）。至于双方在大部分交往中掺入了钱物等因素，也是建立在南通文人群体与金泽荣同脉同文、同声相应与同气以求的思想文化的基础上。它是对以文会友主要形式的补充，并催生了双方大量的因感而发的诗赋词章，反过来赋予这一形式以新的内容，巩固了以文会友的联系纽带。金泽荣与南通文人群体之间进行的形式多样的文化交往，为双方都带来了非常积极的效果。

　　（一）交往加深了彼此的友谊与了解，尤其为金泽荣客居南通赢得了众多的朋友，不仅生活有所依靠与不再孤独，而且从事的韩国历史、文化编撰工作获得了物质资助、精神力量与学术的灵感。金泽荣

---

① 韩国学文献研究所编《金泽荣全集》卷二，页583。
② 韩国学文献研究所编《金泽荣全集》卷一，页388。
③ 韩国学文献研究所编《金泽荣全集》卷一，页372。
④ 韩国学文献研究所编《金泽荣全集》卷一，页373。
⑤ 韩国学文献研究所编《金泽荣全集》卷一，页389。

曾感叹:"通州从此属吾乡,可似嵩阳似汉阳。"① 这一对金泽荣而言位于异国土地上的家乡,是南通文人群体用精神与物质方面的友爱行为构筑而成的。正是有了客居南通如在家乡的切身之感,流亡所造成的颠沛流离的负面效应减少到了最低程度,金泽荣在此期间反倒迎来了一生学术的丰硕期。《韩国历代小史》《韩史綮》《校正三国史记》《沧江稿》以及《合刊韶濩堂集》等几十种有关韩国历史、文化的重要著作,源源不断地在南通通过翰墨林编译印书局编辑出版,其中相当部分又运回韩国国内销售,在保存韩国民族历史、文化传统,支持韩国民族独立运动方面发挥了独特的作用。如果说,南通在某种意义上是金泽荣以"文章报国"方式参加韩国民族独立运动的一块海外据地,南通文人群体就组成了与金泽荣并肩携手的异国战友团与后援团。

(二)交往也使金泽荣融入了中国近代社会与南通这座城市,南通文人群体的队伍中由此增添了一位异国成员,一位在创建"模范县地"与"理想的文化城市"过程中的积极参与者。金泽荣既然把客居地南通作为家乡,他自然将创建"模范县地"与"理想的文化城市"当作了自己奋斗的重大事业。随着与南通文人群体日益频繁而广泛地交往,金泽荣亦日益以其中一员的身份,频繁而广泛地卷入南通创建"模范县地"与"理想的文化城市"的过程。仅就上述例证可知,金泽荣参与了南通金石书画研究会等文化团体的发起;参与了为更俗剧场梅欧阁建立所作的宣传;参与了江苏省立第七中学校园景点的文化润色;参与了弘扬中国传统文化与江海民风民俗的活动,等等。在此期间由翰墨林编译印书局编辑出版的大量教科书等各类著作,金泽荣更为之付出了辛劳与汗水。至于金泽荣因与南通文人群体交往有感所赋的诗文,则经常发表在南通地方报刊的文艺副刊,仅 1924—1927年三年就有近百首(篇)之多,受到南通文人群体与社会各界人士的喜爱。② 可以这样认为,在南通近代取得的在中国国内堪称罕见的文

---

① 韩国学文献研究所编《金泽荣全集》卷一,页 253。
② 金沧江研究所《中韩文化交流的友好使者》,内部出版,2003 年,页 13。

化成就中，同样包含着韩国著名历史学家、诗人与散文家金泽荣所作出的努力与贡献，他的名字将永远镌刻在南通近代化的纪念碑上！

〔原载于《南通大学学报》(社会科学版)2005 年第 4 期〕

作者单位：南通大学文学院

金泽荣与屠寄、吕思勉之诗文交往

顾敏琪

常州素称"三吴重镇""中吴要辅",是吴文化的重要发祥地之一。有清一代,常州地方文化发展进入鼎盛时期,常州学派、常州画派、常州词派、孟河医派以及常州骈体文等众多文化学术流派,精彩纷呈,影响及于全国。清代以降,一大批常州籍文人学者走出乡邦,或谋一教席传道授业解惑,或继续深造提升学术造诣,对推动常州与异地的文化学术交流产生了积极影响。仅据清李斗《扬州画舫录》记载,常州籍文史学家赵翼曾于乾隆年间任扬州安定书院掌院,主全院之讲席,段玉裁、洪亮吉、孙星衍等一批著名学者皆曾肄业于扬州安定、梅花诸书院。清末民初,中国对外文化学术交流日益繁盛,常州籍历史学家屠寄、吕思勉在执教南通国文专修馆期间,与流亡中国的韩国学者金泽荣因学术交流而结成深厚友谊,成就了中韩文化交流史上的一段佳话。探寻金泽荣与常州学者的诗文交往,对于深化地方历史人物和中韩文化交流史研究,具有重要意义。

一、金与屠等交往之缘起

金泽荣(1850—1927),字于霖,号沧江,别号韶濩生、云山韶濩堂主人,晚年又称长眉翁,朝鲜京畿道开城郡人,与李建昌、黄玹、姜玮并称为李朝晚年四大古文家。七岁蒙学,十四岁受学于全象谦,十九岁师从白岐镇研习古诗文。金泽荣一生多次参加科举考试,直至1891年,历经五次京乡初试方以诗中进士,时年四十二岁;其后任职议政府主事编史局、中枢院参书官兼内阁记录局史籍课长、弘文馆纂辑所正三品通政大夫等。尽管官名频繁变换，但他一直从事着史书编纂工作。

1875 年以后，朝鲜遭到以日本为代表的资本主义国家的入侵。特别是 1905 年日本迫使朝鲜签订《乙巳保护条约》，在汉城建立统监府，将朝鲜划为殖民地。不愿当亡国奴的金泽荣，决心仿效明朝遗民朱舜水反清兵败逃亡日本的先例，流亡中国。因晚清状元、著名实业家南通张謇 1883 年夏出使朝鲜期间与他有过数面之缘，意气相投，金泽荣通过书信联络，于 1905 年秋携妻子二人乘船赴沪投奔于张謇。张謇安排他到所办南通翰墨林印书局承担编校工作，又与胞兄张詧一道为其在南通赁屋定居。

20 世纪初，新学思潮大盛，张謇在南通积极倡办新式教育，于 1902 年创立通州师范学校，旨在培养小学师资。翰墨林印书局就是张謇为通州师范学校编印教材所设置的印刷出版机构。1908年，张謇又开办南通国文专修馆，"专为养成社会办事书记之才"而设，因屠寄曾先后担任清末封疆大吏张之洞、端方等人的幕僚，十分熟悉当时的公文事务，便被聘为国文专修馆馆长。屠寄、金泽荣二人同在南通张謇处就职，最初之交往发生于 1911 年 6 月。当时，屠寄为撰写《蒙兀儿史记》搜集旧集和外文史料，纠正了《元史》的诸多谬误。

他慕名去金泽荣那里借书，读到金的诗稿，推崇有加。当获悉金氏因手头拮据，无力刊印时，屠寄当即表示要出资给予支持。金泽荣后来记叙道："余近刊己所著所谓《沧江稿》者若干页而止，有所待也。武进屠翰林归甫君，被聘于通州之国文专修科校者有年，至是期满将去，访余借《韩史（繁）》欲以补其所撰之元史。偶见余诗所刊者，谬加大赏并《韩史（繁）》携去数日。余答谢于中学校寓所，君益增赏余诗曰：盍速尽刊以惠我。余述以本状，君笑曰：自古来焉有书生有待而能济者乎？吾且为子济之，即取行囊发三十金。余止之而君执之甚固，仍又招醵，于是自本校至中学校、师范学校之职员及学生群然响应。……自巳至酉，所醵金凡七十有奇，飞致于余，余不敢以却。"① 不仅如此，屠寄去职离开南通，张謇为其饯行时，屠氏竟说："请以所为饯者为醿，则吾不饮而已醉矣。"张謇素敬重金泽荣，"笑而应之"。金氏自选诗文集《沧江稿》很快便在翰墨林印书局出版，他在自序中记录了事情前后经过，并列出屠寄、张謇等38 位捐资者的姓名。

二、金和屠在常州之重逢

1911 年 6 月，屠寄离开南通之前与金泽荣的短暂交往略显仓促，而后来金专程来常州看望屠，则是二人交谊之延续和深化。屠寄对金泽荣之来访十分欣喜，当即书联一副："思君不来怀闲素，何日痛饮开兰衿。"且附书："沧江老友积年不晤，顷来又不能久留，与订后约，当过平原原定之日数，方畅也。"在常期间，屠寄携众多文人与金泽荣酌酒赋诗，遍访史迹，极尽欢愉之情。短短数日，他们一道访问了苏东坡、唐荆川故居，并赴盛宣怀妻弟庄茂之家赏菊。金泽荣向来仰慕中国传统文化，年轻时代即从明代散文家归有光的文章中领略了唐宋派散文的雄奇精妙，后来又自称为文喜好韩愈、苏轼、归有光，为诗喜好李白、杜甫、韩愈、苏轼。因长期推崇苏轼之诗文，苏东坡故居也就成为必到之处，并专门作诗《十八日赴屠归甫招至常州明日同归甫观苏东坡古宅》。

金泽荣在常时间虽然不长，但旧友重逢，十分欢悦，竟写下了《杂赠常州同游》《同屠敬山赴庄茂之菊花大会之招》《将归南通留赠归甫》等 10 余首诗。屠金二人在常州的重逢，使他们之间的友谊更为笃厚，以至于后来金泽荣在南通得知屠寄逝世，悲痛地写下挽诗："当年倾盖乐新知，况是牙琴值子期。惹得旁观惊欲倒，万宜楼上剧谈时。奎星匿彩玉扬灰，凶信闻来失酒杯。拙著伤心披不得，行间几处

---

① 韩国学文献研究所编《金泽荣全集》卷二，亚细亚文化社，1978 年，页 20—21。

见魂回。"① 他在挽诗中把二人比作伯牙、子期，屠寄离世，金氏竟不忍翻书了。

三、金和屠对吕思勉之提携

屠、金二人年龄相仿、志同道合，为他们交谊深厚之根基。常州籍著名史学家吕思勉因屠寄之媒介，也在南通、常州两地与金泽荣成了忘年交，值得称道。吕思勉 1884 年 2 月出生于常州十字街，对于屠、金二人来说是晚辈后生。吕思勉早年在求学道路上深受屠寄之影响，"1904 年（光绪三十年，甲辰），年二十一岁，同邑屠敬山先生（寄）在读书阅报社讲元史，我亦曾往听，先生为元史专家，考据极精细，我后来颇好谈民族问题，导源于此"②。

吕思勉早年即与朝鲜学者秋景球等有所交往，但得识金泽荣亦赖张謇创立之南通国文专修馆。1910 年 1 月至次年 6 月，吕思勉应屠寄之邀任教于南通国文专修馆，"其时求能教作公文者甚难，予虽无经验，而读近代奏议较多，下笔尚觉相合，敬山先生故找予帮忙，在南通一年半"③。

1911 年 6 月，屠寄赴金泽荣所就职之翰墨林印书局借书，吕思勉亦随侍左右。当看到金泽荣诗有"四面星辰鸡动野，一江风雪马登舟"之句，吕盛赞其有唐诗之意境，并夸赞他的文章"文辞渊懿醇雅，虽吾邦之耆宿弗逮也"④。金泽荣当时拙于汉语口语表达，但能熟练运用汉语撰写，其子年幼又不能翻译，所以三人只好以笔谈方式进行交流，"然笔谈娓娓不倦也"。当谈到日本侵略者侵占朝鲜后，不惜摧毁民族文化，书籍被毁灭很多时，吕思勉问他有何办法可以补

① 韩国学文献研究所编《金泽荣全集》卷一，页 392—393。
② 李永圻《吕思勉先生编年事辑》，上海书店，1992 年，页 32。
③ 李永圻《吕思勉先生编年事辑》，页 44。
④ 张耕华《人类的祥瑞：吕思勉传》，华东师范大学出版社，1998 年，页 58。

救。金氏悲痛地写道："非至其地，不能搜其书。"① 这次虽为三人初次见面，但感情十分融洽，临别时分别以诗相赠。金泽荣赠诗屠寄云："一梦常天外，相逢正菊边。我头衰愈白，君鬓亦非玄。寂寞千秋想，辛勤两史编。就中难易别，敢说拔蛰先。"屠寄赠诗云："离合凭诗纪，沧桑又酒边。相看两衰鬓，暂享共和年。野史亭同筑，胡元事半湮。无才勤补拙，愧而杀青先。"吕思勉赠金泽荣诗云："有儿两眼如秋水，一老胸中绝点尘。道契虚舟能辟世，家藏野史未全贫。不言已备四时气，佳句况如三候醇。傥许江南狎鸥鹭，浮家便与结比邻。"

又是机缘巧合，金泽荣来常看望屠寄之时，时在上海就职的吕思勉回到常州，盛情宴请金氏等人。见盛情难却，金写下《余之在常州吕博山诚之为余置酒招屠敬山童伯章庄通伯李涤云以助欢追赋其事以谢之》诗："清晨欲唤渡江桡，惊见夫君沪渎回。邂逅却如元伯约，殷勤仍饷步兵醅。星河曳地三更过，寒菊随人一笑开。别后诗篇看益妙，阿蒙刮目有由来。"诗中饱含金泽荣对吕思勉才学的赞赏，并寄予厚望。果然，吕思勉后来在中国历史研究方面多有建树，成为与陈寅恪、钱穆、陈垣并列的史学四大家。吕思勉虽然与金泽荣只有数面之缘，但他对这段交往十分珍惜，后来还有好几次书信往来。1927年金泽荣去世，吕思勉在他的日记里都一一作了记录。他后来撰写《白话本国史》，也引用了金氏《韩国历代小史》里的一些资料。

四、结语

金泽荣因张謇之资助而客居南通，但一直"首缠纱巾，深衣款步"，保持着韩国的传统民族服饰，令人印象深刻，而他以实际著述挽救韩国历史文化的志向和行为，更赢得了中国文人的由衷钦佩。中韩文化同宗同源，关系敦睦，而近代又同样面临亡国灭种的危机，许

① 张耕华《人类的祥瑞：吕思勉传》，页57—58。

多中国文人不仅同情金泽荣的遭遇，而且感佩其风骨，"多同感于声气，愿与之游"。所以，屠寄、吕思勉与金泽荣的个人交往，不仅应看作常州籍学者对外开展学术文化交流，而更应看作是当时中韩文化交流的一个缩影。当然，由于金氏手头拮据，屠寄、张謇等人资助其出版诗集，在交往中掺杂了钱物成分，但更多的是两国学者以文会友、诗词唱和、郊游宴饮的生动场景。金泽荣以李氏朝鲜之事撰《韩史（繁）》《韩国历代小史》等，就是维系、传承民族精魂之所在，教人思索，催人振奋，而屠寄撰修《蒙兀儿史记》更是为挽救中国边疆危机，倡导经世致用学风的有所作为。爱国救国是屠寄等人和金泽荣共同的修史理念，也是他们精神交融的支撑点和契合点。

与此同时，金泽荣年轻时就热爱中国传统文化，并长期受到中国传统文化的影响。他最为折服的韩国著名诗人申紫霞，就曾来过中国并拜翁方纲为师，诗风倾向杜甫和苏轼。金泽荣流亡中国，别无长物，简洁的行囊中却带着申紫霞诗稿本，到南通翰墨林印书局后首先编辑出版的就是《申紫霞诗集》。金泽荣与屠寄等中国文人的交往，既出于对中国传统文化的钦慕，也是从异国他乡得到精神和心灵的慰藉。自 1905 年客居南通二十多年，直至 1927 年自杀身亡，金泽荣在南通留下了 32 部 350 余卷作品，创作的汉诗达 1000 余首，散文 500 余篇，这在中外文化交流史上是不多见的。此外，金泽荣于 1912 年递交了入籍中国的申请，并参与了许多社会文化事业工作，特别是在翰墨林印书局编辑出版了大量教科书等各类著作，为推动中国文化现代化作出了突出贡献。

〔原载于《常州工学院学报》（社科版）2013 年第 3 期〕

作者单位：中共常州市委党校

金泽荣与俞樾交往述论

庄安正

金泽荣(1850—1927),字于霖,号沧江,原籍韩国开城府,韩国近代著名历史学家、诗人与散文家。综观金泽荣的后半生,在许多方面与中国有着不解之缘。其一,1905 年,金泽荣 55 岁时,为抗议日本在首都汉城建立宪兵司令部,并攫取韩国外交、海关主权,有感于国事日非,国亡有兆,愤然辞去所任正三品通政大夫、学部编辑委员等职,于同年 10 月 7 日离开仁川,流亡中国[①]。从此客居江苏南通(清末称通州)直至去世,时间长达 22 年。其二,1912 年,金泽荣在南通"入籍为中华民"[②],申请加入了中国国籍。故中华民国建立以后,立于国籍归属的角度,金泽荣又成为一位中籍韩裔的学者。其三,金泽荣客居南通期间,潜心著述,辛勤笔耕,进行了大量挽救韩国历史、文化的研究工作,一生重要的学术成就,主要是在流亡中国后取得的[③]。其著作由南通翰墨林编译印书局出版发行后,即被誉为

① 有金泽荣《九日发船作二首》为证,乙巳年"九月九日",即 1905 年 10 月 7 日。该诗载汉城大学韩国文献研究所编《金泽荣全集》第 1 卷,韩国汉城亚细亚文化社,1978 年,页 250。

② 蔡观明《金沧江年谱》,《金沧江研究》第 1 辑,南通金沧江研究所 1998 年编印,页 35。原始文书见金泽荣 1912 年《呈南通县官请入籍书》,《韶濩堂集》卷六,页 11。

③ 金泽荣客居南通期间的编著,经南通翰墨林编译印书局出版发行的书目,其确切数量现存多种说法,刘道荣在《江苏近代出版史上的佳话》一文认为有 43 种(该文载《江苏出版史志》1994 年第 1 期),邹振环《近代中韩文化交流史上的金泽荣》一文认为有 30 余种(该文载《韩国研究论丛》第 5 辑,中国社会科学出版社 1998 年出版),但数量众多是各家共识。其中,《韩国历代小史》《校正三国史记》《韩史綮》以及《韶濩堂集》等韩国历史、文学著作,均为传世之作。

韩国"亡国之遗宝"①。虽遭日本殖民统治者封杀，仍有相当数量运回国内流传，以独特的方式参与和支持了韩国的民族独立运动。与此同时，金泽荣著作中强烈的反日侵略的爱国精神、儒学信念与西学倾向的杂陈，以及娴熟的汉文和儒雅的文笔，使众多中国读者产生了亲和感与共鸣，受到中国学坛的高度评价②。

必须指出，金泽荣与中国结缘，并非一方的单边行为成就，而是基于双方共同目的的行为促成的，其中既有主体方金泽荣的主动性，也有作为客体方中国学者群体的积极回应。以江苏海门人、甲午科状元张謇（1853—1926 年）为代表的南通学者在金泽荣流亡期间，给予的精神、物质等方面的抚慰或眷顾，使金泽荣真正把中国当成了第二故乡。国内其他学者如俞樾、严复等在不同场合，不同方面，以博大的胸怀关心帮助金泽荣，也同样对金泽荣实现流亡中国，继续其学者生涯的计划起到了重要作用。本文试以金泽荣与俞樾的交往为个案，对交往原因、交往过程开展研究，以期从总体上展示金泽荣与中国结缘的前前后后。

一

金泽荣主动与俞樾交往始于 1905 年 5 月，即金流亡中国，继续其学者生涯的计划实施前约半年之际。该时间有俞樾为金泽荣诗文集所撰序言与赠诗为证，序称："乙巳之夏，有自韩国执讯而与余书者，则金君于霖也。"③ 诗云："清和四月雨初晴，收到三韩一纸轻。"④

① 转引邹振环《近代中韩文化交流史上的金泽荣》，《韩国研究论丛》第 5 辑，页 412。

② 给予金泽荣高度评价的，有中国的俞樾、张謇、严复以及梁启超等著名学者，有关评述散见于《春在堂全书》《张謇全集》《严复日记》与《金泽荣全集》等书。

③ 俞樾《原序》，《金泽荣全集》卷一，页 7—8。

④ 俞樾《春在堂诗编》卷二十二，光绪二十八年(1902)刻本，页 17—32。现藏南通市图书馆。

"乙巳"年，即 1905 年，"四月"，即公历 5 月。

　　推究金泽荣 1905 年此举的原因，首先是金在韩国国内"闻俞曲园先生负儒林峻望"之故①。俞樾（1821—1907 年），字荫甫，号曲园。浙江德清人。道光庚戌科进士。于保和殿复试时，俞樾曾以"花落春仍在"首句，博得阅卷大臣、礼部侍郎曾国藩的击节赞赏，坚持置"复试第一，俗亦谓之复元"②，后授翰林院编修、河南学政。但不久以所拟试题割裂为由遭参罢黜，绝仕后讲学杭州等地 30 余年。俞樾一生学识渊博，撰述颇丰，除文字训诂外，亦能诗文，并重视小说、戏曲创作，总汇为《春在堂全书》。其中，《群经平议》《诸子平议》《古书疑义举例》等，尤为中国乾嘉学派后期之代表作。俞樾晚年侨居苏州，声名远播日本、韩国，拥有众多的国外追慕者，金泽荣即是其中的一位。对金而言，其学术成就虽诚如同被称为"韩末四大家"的李建昌所推崇："举一世无一人。"③ 认为在韩国学坛已占有重要地位，但金泽荣以商代"箕子遗民"自居，对中国传统文化怀有一种"寻根访祖"般的情结。主动与俞樾交往，即含有对文化圈宗主国的文化精英的求教之意。自然，列入金泽荣崇拜名单的中国学者不限俞樾一人，彼此情形又各异，如将其与张謇的关系比较，金、俞关系有其独特之处。1882 年，尚未中举但已才华横溢的张謇随淮军将领吴长庆入韩平定"壬午兵变"期间，通过时任韩国史部参判金允植的介绍，即与金泽荣相识并结为了挚友。④ 迄至 1905 年，两人结交已有 23 年之久，可谓名副其实的故友。而金泽荣对俞樾虽心仪久之，但身居异国，隔海相望，两人此前既无缘面晤亦无信函来往，金、俞甚至不够新朋一说。故深入推究金泽荣 1905 年 5 月主动与俞樾交往之

　　① 金泽荣《挽曲园先生》，《金泽荣全集》卷一，页 258—260。
　　② 俞樾《曲园自述诗》，页 7，现藏南通市图书馆。
　　③ 转引[韩]吴允熙《沧江金泽荣研究》，华中师范大学出版社，2002 年，页 142。
　　④ 张謇当时以"东来无所得，得公诗为宝"形容相识之喜悦，赠金泽荣予"福建印石三，徽州松烟墨二"，金亦以"黑风吹海声如雷"一诗回赠。分别见李箕绍《遗事》，《金泽荣全集》卷六，页 693，与金泽荣《赠张季直》，《沧江稿》卷一，页 14。

举，颇使人感觉除蕴涵慕名向俞樾求教之一般原因外，似另有特殊原因在。

而事实也正是如此。这一特殊原因即与韩国 1905 年面临亡国危机，金泽荣于是年为抗议日本吞并韩国而制定的流亡中国，继续其学者生涯的个人计划有关。按照这一计划，一方面，金泽荣应在离韩前尽快与中国学者张、俞等人发展或建立私人交往与友谊，以便流亡中国后就近请教。否则，在中国继续进行学术研究，因身处异国，无从切磋，将变得困难重重；另方面，金泽荣还应尽快获得张、俞的帮助，在中国寻求一块客居地，以便谋生研学，否则，在中国继续其学者生涯云云，也将成为一句空话（据此可知，就近请教又是与寻求客居地联系在一起的）。这里另有一个如何解释金泽荣几乎在致函俞樾的同时又致函张謇的问题①，笔者以为，金泽荣此举除含有便于向张、俞两人就近请教之目的外，还含有依靠两人的帮助寻求一块客居地的考虑。依靠两人而非一人，那是金泽荣考虑流亡中国后会遭遇许多未知因素，为确保获取客居地需增加保险系数。问题在于，尽管金泽荣最终在张謇的大力帮助下客居南通，以这样的方式实现了自己的计划，但由于某种偶然因素的影响，金、张恢复交往的努力最初并不顺利，不仅直至同年 10 月，两人在上海晤面前未能恢复书信联系，而且金泽荣一度对故友张謇信度还产生了疑虑②。金、张恢复关系受阻的戏剧性情况，使金泽荣在离韩来华前对流亡计划能否实现产生了危机感，正是这一危机感某种程度上强化了金泽荣与俞樾建立关系，

---

① 金泽荣 1905 年春通过清驻韩使馆致函张謇，不久为张謇收阅，证之于张謇："甲申既归，遂与沧江蹾隔，不通音问。阅二十年，忽得沧江书于海上，将来就我。"（见张謇《朝鲜金沧江刊申紫霞诗集序》，张謇研究中心、南通市图书馆编《张謇全集》第 5 卷上，江苏古籍出版社，1994 年，页 231。）张謇随后回函，表达了欢迎的态度。回函的存在，证之于两人 10 月于上海通海实业账房见面时，"季直欢然相接，问答书达否，且问我国之事"内容。（见金泽荣《年略》，《韶濩堂集》卷十五，页 21。）但极可能回函于途中遗失，金泽荣一直未提及收阅回函一事，笔者以为，正是这一偶然因素导致了金泽荣对张謇的疑虑，造成金抵上海与张会面前两人未能恢复书信联系。

② 同上一条。

并主要依靠俞樾寻求客居地的迫切愿望。

　　一般见之于特殊，特殊中反映出一般，"但是，尤其重要的，成为我们认识事物的基础的东西，则是必须注意它的特殊点，就是说，注意它和其他运动形式的质的区别"①。故上述两方面，既是 1905 年金泽荣主动与俞樾交往的两大特殊原因，也是两大主要原因。而俞樾的积极回应（还应包含张謇等中国学者后来接力赛式的回应），又推进了交往进程，促使金泽荣启动并最终实现了自己的计划。

<h2 style="text-align:center">二</h2>

　　金泽荣与俞樾的交往如上述自 1905 年 5 月开始，结束于 1907 年 12 月俞樾去世之际，前后延续了约两年半时间。但交往比较密切的时段集中在 1905 年 5—10 月，即金泽荣萌发流亡中国计划，到启动并实现这一计划，抵达中国之初。金、俞两年半交往的过程，前后大致可细化为五个回合：

　　（一）金泽荣致函见示，俞樾回赠《录要》，积极回应。俞樾所撰的序言与赠诗，不仅证实了金、俞交往开始的时间，而且表明了交往的方式是致函通志。中、韩两国语言不同，但当时文字通用，金函显然是用汉语书写与表达意愿的，这就使双方交往变得比较方便。据现有文献资料判断，金泽荣 1905 年 5 月是生平第一次致函俞樾。信函封面尊呼俞为"老仙"，其内容大致为"言文章关乎时运"，"又谓天以公寿以左右斯道，亦时运所关"，还"极道仰慕之诚，并以诗文数篇见示"等②，只是诗文具体内容惜无从查考了。就字面上分析，无法判断该函除表达"以诗文数篇见示"等愿望外是否还隐含其他意愿，但从韩国国内形势日益恶化，以及从该函到金泽荣 10 月泛海来到中国，只有半年左右时间，判断金泽荣此时起码萌发了流亡中国、

<hr>

　　①　毛泽东《矛盾论》，《毛泽东选集》卷一，人民出版社，1991 年，页 308。
　　②　俞樾《春在堂诗编》卷二十二，页 17—32。

继续其学者生涯的念头，应不会有错。此情可另证于金泽荣是年春托清驻韩使馆寄张謇一函（时间还稍早于致俞函），函中有云："得人知己，自古所难。以仆不俏，窃尝奉吾子知己之言也，至今未尝暂忘于中。此生此世，夫复何幸？亦复何求？将朝暮投劾，航海而南，从吾子于山椒水曲之间。以与吾子对论文史，忽焉忘世，而彼此无复怨与悲，以而偕至没齿。此其甚愿也，惟吾子谅教之。"① 该函不仅流露了金泽荣就近与张书进行切磋的愿望，也证实了金存有"将朝暮投劾，航海而南"，即流亡中国，投靠张謇，客居南通的计划。问题在于，金泽为什么在致俞、张两人信函中表述不一样？答案很简单：金、张系故友，相知甚深，金泽荣自可直言不讳；金、俞属初交，金又是初次投书，"极道仰慕之诚"或"以诗文数篇见示"均可，坦陈投靠之意则似嫌鲁莽了。但函中无此类言辞，并不表明金泽荣内心无此种想法，在"仰慕"或"见示"云云的背后，无疑蕴涵着投石问路之深意，金泽荣致俞、张两人的信函不一样的仅是表述的方式，其投书的宗旨实际上是一致的。

俞樾对这位东邻崇拜者，丝毫未以大师或导师自居，而是很快"因次其晴字韵二首报之"，并回赠《春在堂全书录要》一册，给予了回应，其一云：

清和四月雨初晴，收到三韩一纸轻。已感深情传缱绻，更惊健笔擅纵横。西京望族推金史，东观词臣重墨乡。莫惜缘悭难觌面，好凭鱼雁话平生。

其二云：

海天辽阔异阴晴，时运迁流共重轻。明月虽然千里隔，青灯同此一编横。只惭示疾维摩诘，不是成仙项曼卿。欲报斗山推许意，且将录要寄先生②。

① 金泽荣《与张季直书》，《金泽荣全集》卷一，页416—417。
② 俞樾《春在堂诗编》卷二十二，页17—32。

　　该诗除表示俞樾因受金泽荣求教的缱绻深情所感动,回赠《春在堂全书录要》以示谢意外,对金泽荣所示诗文大加推崇,并反映出对金的家世渊源以及在韩国学坛的成就与地位有一定解。针对金泽荣以"老仙"尊称,俞樾则戏谑自己受病痛困扰,赖问疾于佛教居士维生,不可能羽化成仙,曼衍穷年。俞樾还告诫金泽荣,中、韩两国遭遇虽有所区别,但学者命运以及学术观点流变都与时局变化相关,则是相同的。即使"天以公寿",时局变迁亦决定了自己不可能"左右斯道",即左右中国学坛思潮。俞樾还以长者身份劝慰"世事悠悠吾道在",莫为两人身居异国,未能有缘晤面叹惜,所幸还"好凭鱼雁话平生"嘛!俞樾的回应内容丰富,情真意切。

　　(二)金泽荣透露计划,俞樾委婉劝阻,欢迎流亡。金泽荣获赠后赋《奉和俞曲园先生槿》一诗还赠俞樾,诗云:

　　　　耆旧中州已尽倾,皇天遗一老先生。春风书带生庭好,残夜长庚配月明。远海几回劳梦寐,尺书难得罄衷情。玄亭载酒他时约,预嘱阳侯送棹轻。[①]

　　显然,奉和还赠一诗表明,俞樾的积极回应,启动了两人交往的良性互动,对金泽荣实施流亡中国的计划产生了很大的鼓舞作用。该诗除表明金泽荣熟悉晚清之际俞樾的文化价值观与学术成就,对俞樾的"耆旧"或"老先生"的学坛定位非常准确外,其"远海几回劳梦寐,尺书难得罄衷情。玄亭载酒他时约,预嘱阳侯送棹轻?"四句,则表达了金泽荣泛海来华,拜谒俞樾的渴求。隔海梦寐,尺书往返,岂能倾诉衷情?还是相约他时在中国的"玄亭"畅饮,共诉衷肠吧!金泽荣就这样巧妙地向俞樾透露了流亡中国的计划。尽管尚未点出投靠俞樾,客居苏州的关节点,但与初次投书内容比较,其关节点显然从无到有地逐渐凸显。用渐进的方式表示内心深处的愿望,金泽荣旨在让俞樾有一个接受他个人要求的心理准备。

[①]　《奉和俞曲园先生权》,《金泽荣全集》卷一,页248。

于是又有了俞樾《次韵寄答韩国金君泽荣》的第二次回应：

> 关山何必盖同倾，千里清风一纸生。浮海未能陪仲路，闻言
> 便足识然明。名山自订诗文集，薄宦浑忘仕已情。世事悠悠吾道
> 在，莫嫌恃老语言轻。①

俞樾该诗所作时间不详，估计在金泽荣启程来华前夕为金收阅，全诗要紧处在前四句。其中"关山何必盖同倾，千里清风一纸生"两句，是对金泽荣进行的委婉的劝阻：何必计较关山重重，坚持流亡中国呢？毕竟同处天地之间，千里阻隔，隔不断清风凉意，鸿雁传书嘛！至于"浮海未能陪仲路，闻言便足识然明"两句，说明虽不能在金泽荣即将开始的泛海来华途中一路陪伴，但通过此前的书信往返、诗文唱和，对韩国国内局势与金泽荣流亡的原因了然于胸，显然表达了欢迎流亡的态度。尽管俞樾无从知晓金泽荣流亡计划的具体内容，表态亦未就金泽荣流亡中国后的生活安排申述己见，但这一表态已足矣！在与张謇恢复关系受阻的情况下，俞樾同情与赞许的表态极其重要，它极大地鼓舞了金泽荣的信心与勇气，成了金泽荣将流亡计划付诸实施的关键。

（三）金、俞苏州会面，俞樾应诺作序，劝居沪上。正是有了俞樾的表态，10月中旬，金泽荣泛海来华，并在抵达上海后急赴苏州。据途中所赋《晚乘小轮船向苏州》中云："水割平芜玄字流，缘堤金碧画中浮，满船明月凭虚梦，卧向江南第一州。"② 金泽荣此刻的心境已大异于离韩时的悲悲切切，个中缘由，可能受很快和俞樾会晤的鼓舞所致吧！金泽荣抵苏州拜晤俞樾，俞则在居所春在堂候见，这是金、俞一生中第一次也是仅有的一次会面。"（俞）先生时年八十有五，以病谢客久矣。闻余至，扶杖出见。"③ 两人会面时，金在俞眼中，

---

① 俞樾《春在堂诗编》卷二十二，页17—32。
② 金泽荣《晚乘小轮船向苏州》，《金泽荣全集》卷一，页251。
③ 金泽荣《挽曲园先生》，《金泽荣全集》卷一，页258—260。

"面貌清癯，须髯修美，望而知为有道之士"①。俞在金眼中，"见其体短面圆，神气精紧，只似五六十岁人，殆天纵也"②，彼此第一印象都极佳。因金泽荣用汉语口谈有困难，两人"笔谈有顷"③，金泽荣先出示其诗文请序，俞樾再度推崇金的诗文："余读其文有清刚之气，而曲折疏爽，无不尽之意，无不达之词，殆合曾南丰(巩)、王半山(安石)两家而一之者。诗则格律严整似唐人，句调清新似宋人。吾于东国诗文亦尝略窥一二，如君者殆东人之超群绝伦者乎。"④进而爽快允诺作序。扶杖出见已属礼遇，应诺作序更属优渥，俞樾对比自己年轻 29 年的韩国晚辈表现出了异乎寻常的友好姿态。

由于有上述交往作为铺垫，笔谈的后一内容是金泽荣向俞樾表达了"将于吴中卜一廛而居焉"的愿望⑤。俞樾则对此劝告曰："余承君雅意，不以疏远而外之，因亦不敢自外，辄以数言效朋友忠告之义。谓君以异邦之人航海远来，衣冠不同，言语不通，寄居吴市踪迹孤危，似乎可虑。与其寄苏，不如居沪。沪上多贵国之人，旅居于此，有群居之乐，无孤立之忧，所谓因不失其亲也。"⑥劝告固然系为金泽荣客居苏、沪两地，在居住环境方面孰优孰劣进行的比较分析，似乎与金泽荣在中国的学术生涯无关，但如果"居不易"，何来从容的学术研究与文化交往？俞樾的劝告事实上充满了人情味与关切之意，也符合金泽荣初来中国之实情。反观金泽荣投奔俞樾，客居苏州的方案，与俞樾进行交往的愿望虽属可嘉，人地生疏客居苏州，许多具体生活问题必然依靠耄耋之年的俞樾为之奔走张罗，则不太现实。金泽荣很快意识到个中碍难之处，故"颇韪其言"⑦。同时，俞樾又以明季越南文士陈芹因"避黎氏之乱，卜居秦淮"⑧，得与江宁文士过从，收获文学硕果为例，从金泽荣客居上海亦利于与中国学者交往的视角，同例剖析"君以东国儒官为中华旅客，颇与之同。吾知君之诗文，必与《陈子野集》(此书为陈芹客居江宁后所撰——笔者)而并传

---

①④⑤⑥⑦⑧　俞樾《原序》，《金泽荣全集》卷一，页 7—8。
②③　金泽荣《挽曲园先生》，《金泽荣全集》卷一，页 258—260。

矣"的道理。① 俞樾殷殷希望金泽荣客居上海后长期保持联系，"异时遵黄浦而问焉，其有先生之寓庐乎"?② 俞樾的劝告显然是从有利于金泽荣生活与进行交往的双重意义上提出的。这次面晤表明，金泽荣踏上中国国土之初，其投靠俞樾、客居苏州的方案虽未能全部实现，但他从中得到的并非失望、冷漠与拒绝，而是对俞樾的感悟、感动与感激，以及对客居中国继续其学者生涯计划的指点与支持。

（四）俞樾评述精深，金泽荣有感再评，拟居南通。金泽荣离开了俞樾并俞樾居住的苏州，返回上海，复与因公务来沪上的张謇取得了联系。但是，金泽荣与俞樾的友谊及交往并未中断。金泽荣刚回上海，10 月 24 日，"而（俞樾）序文至，则距请不过五六日"③，"大作敝稿序平驯有韵，而成又甚速，孰谓先生已耄也哉"!④ 金泽荣对耄耋老人的诚信守诺与思维敏捷惊讶之余，更为感触良深的是："诗文之评俱极精深，使人油然有感。盖泽荣于文好韩（愈）、苏（轼），归太仆（归有光），而学之未能；于诗好李（白）、杜（甫）、韩（愈）、苏（轼），下至王贻上（士祯），而三十以后几于废弃。今先生以泽荣之诗谓兼唐、宋者，固实论也。若于文谓兼王（安石）、曾（巩）者，则似乎非实也。然而其实，实莫甚焉。何以言之？盖学王逸少（羲之）而未至，则自然为欧阳（询）、颜（真卿）、柳（公权）、米（芾）、蔡（京）矣；学韩（愈）氏而未至，则自然为王（安石）、曾（巩）矣。何其旨哉！何其旨哉!"⑤ 上述俞樾评价金泽荣所撰中国传统诗文的"俱极精深"之处，以及金泽荣有关俞樾"非实也"与"实莫甚焉"的评价，恰似观赏两位武林高手间的华山论剑，其剑法之精妙，论道之玄奥，不由令人对中国传统文化的博大精深以及中、韩两国学者精湛的文化点评叹为观止！

金泽荣在感叹"何其旨哉"之余，迅即撰《答俞曲园先生书》回

---

①② 俞樾《原序》，《金泽荣全集》卷一，页 7—8。

③ 金泽荣《挽曲园先生》，《金泽荣全集》卷一，页 258—260。

④⑤ 金泽荣《答俞曲园先生书》，《金泽荣全集》卷一，页 417。

复。函中除对俞樾的评价深为感佩外，还申述了谢绝邀居上海以及
拟客居南通的缘由："承谕住沪，盛念恳至，固甚铭肺然。但本国
人之来沪者，非畏约亡命则皆商贾也。论以气味十无一近，不足赖
以为因。故正欲向通州访张修撰矣。适张在沪见之，感叹动色，为
营居停所于通州，不日将渡江而北。""然先生恳至之念，其何敢终
负。虽身在乎通，而当傍通声气于沪，以为他日随机进退之地矣。
惟先生慈谅焉。"① 金泽荣最终选择了南通而非上海作为客居地，其
主张似与俞樾相左，但实质上与俞樾的主张一致，即都重视客居地的
文化环境和与中国学者交往的便捷程度。尽管后来事实证明金泽荣的
选择是最佳选择，但俞樾客居上海的方案包含了安排金泽荣的良苦用
心，起码可作为金泽荣"他日随机进退之地"的备选方案，不应简单
否定。

（五）俞樾驾鹤仙逝，金泽荣赋诗志哀，坦言俞樾不朽。事隔约
两年以后，即 1907 年 12 月，俞樾去世，终年 86 岁。金泽荣于客居
地南通闻讯，感叹："（俞樾）序中所论所赏，多有令人感动者。实余
文字游世以来，数十年所不几值者也。今闻其丧，能不悲哉？"② 随
赋长诗《挽曲园先生》书诸帛，致俞樾长孙、时任翰林院编修的俞陛
云，请于灵前代读，以表哀思。诗云：

> 涤生已远挚父亡，公又何遽归云乡。中州古道日废落，异言
> 新学来相攘。不有尊宿扶天柱，后人何从知朔羊。公虽释褐甘中
> 废，百年矻矻披青箱。郑王笺注纷避舍，西京小学尤劲强。余波
> 泛滥入声律，直追白傅升其堂。惟爱平步中规矩，何曾作色为矜
> 庄。东韩小子昔何幸，秋风一棹趋门墙。感公耄病扶杖出，著然
> 启户飞神光。精神满腹玉其色，偓佺骨体凝芬香。事奇愿满还自
> 讶，如罢清都梦一场。羁踪鲍系苦难解，一年隔水劳相望。何来
> 匄信忽到耳，再抚往尘涕沾裳。惟公树立自不朽，永与江水流汤

---

① 金泽荣《答俞曲园先生书》，《金泽荣全集》卷一，页 417—418。
② 金泽荣《挽曲园先生》，《金泽荣全集》卷一，页 258—260。

汤。世间纵有求备议，彼哉拒辙哀螳螂。知公浩浩欣凌举，独我落落愁彷徨。赠言虽诵不忍搋，箧中夜夜丹虹长。①

此诗是金泽荣于金、俞交往中所赋最后一首，也是篇幅最长的一首。诗中除回顾金、俞交往，反复流露出哀痛怀念之情，以及对俞樾施援之恩的感激之情外，值得关注的是诗中"中州古道日废落，异言新学来相攘。不有尊宿扶天柱，后人何从知朔羊。公虽释褐甘中废，百年矻矻披青箱。郑王笺注纷避舍，西京小学尤劲强。余波泛滥入声律，直追白傅升其堂。惟爱平步中规矩，何曾作色为矜庄"一段，对俞樾的文化价值观与学术成就作出了自己的评价。

晚清之际，时局大变，"中州"衰微，中国传统文化随之"废落"，学坛上出现了"异言新学来相攘"的动荡局面。面对中学受到西学前所未有的挑战，新旧文化价值观的急速嬗变，金泽荣疾呼，应承认俞樾这位中国学坛上"耆旧"与"老先生"的历史地位，否则，"不有尊宿扶天柱，后人何从知朔羊。公虽释褐甘中废，百年矻矻披青箱"。"郑王笺注"，分别指以东汉经学家郑玄为代表的经学学派和以魏晋时代经学家王肃为代表的经学学派，两派观点立异，均遍注群经，这里泛指中国的传统文化。金泽荣因评价俞樾扩大为主张中国的传统文化应固守地盘，以为如果在各自的领域纷纷退避三舍，那么，"西京小学尤劲强。余波泛滥入声律，直追白傅升其堂"，后果堪忧。金泽荣坦言他本人"惟爱平步中规矩，何曾作色为矜庄"，撰写诗文将依旧遵守中学包含"声律"在内的种种"规矩"，不刻意模仿西学新体，故作趋附态。俞樾这位文化精英在近代学坛一直被视为中国传统文化的代表人物，金泽荣推崇中国的传统文化，实质上就是肯定俞樾。之所以同义反复，含有强调的成分。强调的主旨，在于肯定俞樾"惟公树立自不朽，永与江水流汤汤"的文化价值观与学术成就。

金泽荣的评价是一位来自异国的著名学者，同时又兼追慕者的真

---

① 金泽荣《挽曲园先生》，《金泽荣全集》卷一，页 258—260。

情告白，由于作于俞樾去世之际，其评价未涉及俞樾文化价值观与学术成就的局限性，也许称不上十分准确、全面，也由此反映出金泽荣自身立场的缺陷，但评价包含有若干合理的成分在内，则是确信无疑的。俞樾此刻驾鹤仙逝，已不可能直接感受金泽荣的评价并作出自己的反应了，但倘泉下有知，相信他会如上文所述，同样为金的评价所感悟、感动与感激。

三

　　1925 年，金泽荣在论及平生"中州""文字知己者"时，开列了一份排列次序为"俞曲园（樾）、张啬庵（謇）、严几道（复）、郑苏堪（孝胥）、屠敬山（寄）、沙健庵（元炳）、梁任公（启超）、周晋琦（曾锦）"等人的名单，将俞樾列为来"中州"前后所交之第一"文字知己者"[1]。由此可知，1905—1907 年间的金、俞交往以及俞樾在金泽荣心目中的重要地位。现对这一交往过程，概论如下：

　　（一）金泽荣主动与俞樾交往的原因之一，是便于在流亡中国后就近请教，得以继续其学者生涯，但两人交往一开始便围绕中国传统文化的内容，以诗文唱酬或互赠以及示文求序等方式进行。无论是金泽荣离韩来华前与俞樾的互致信函，还是金泽荣抵达苏州后的金、俞面晤，乃至面晤后的书信联系直至交往终结时的赋诗哀悼。可以说是以诗文交友、会友，与友论诗文、赏诗文，以诗文始，以诗文终，反映出浓郁的文化色彩，交往本身已经成为一种文化的交往。金泽荣执弟子礼，虚心求教，如上述尊称俞樾为"老仙""耆旧"或"老先生"，俞樾则既为中国传统文化远播异国的辉煌成就自豪，亦为金泽荣的执着所感动，以亦师亦友的身份真诚相待，这使得原先以一方求教为目的进行的文化交往，实际上成为双方在平等基础上的文化交流，金泽荣固然受益匪浅，即如俞樾本人，亦拟"异时遵黄浦而问

_____

　　[1]　金泽荣《书周晋琦诗集后》，《金泽荣全集》卷二，页 611。

焉"，与金泽荣长期保持学术上互相切磋的联系。加之文化交流的双方均属韩、中两国的文化精英，故金、俞交往又是在高水准平台上进行的高水平的文化交流，观赏其文化点评精彩处，既可领略中国传统文化的博大精深，又可管窥中、韩两国学者的文化交流，共同对繁荣丰富中国传统文化做出的贡献。

（二）金、俞文化交往是与金泽荣流亡中国的计划联系在一起的，虽不能简单喻之为文化搭台，"流亡"唱戏，但对金而言，这一交往确实带有学术以外的目的性，与纯粹的文化交往有所区别。如果说金、俞交往的文化色彩一开始即非常鲜明，并一以贯之，那么，金泽荣依靠俞樾寻求客居地的动机，则经历了一个由隐晦到显现的过程。由于异国文人初交隔阂以及礼仪约束，金荣在交往之初的第一个回合，借示文求教，寓投石问路之深意，个人这一动机并未显现。但是俞樾的积极回应，既推动了进一步的交往，也对金泽荣在交往第二回合中流亡动机的透露产生鼓舞作用。而俞樾一旦获悉这一计划，立即作出的同情与赞许的表态，又成了金泽荣将流亡计划付诸实施的关键。另方面，金、俞交往是金泽荣与中国学者群体交往的一部分，不仅与金泽荣、张謇交往的缘由极为相似，而且交往的时间以及方式也几乎一致。尽管现有文献资料中没有发现俞樾与张謇在如何帮助金泽荣方面有过联系或协调的记载，但两人事实上对金泽荣都表现出了博大的胸怀，不约而同对金泽荣施予了援手。只是在这场充满友情的援助接力赛中，俞樾手握第一棒，起到了鼓舞金泽荣的决心与信心，帮助启动流亡计划的作用，而张謇则站在第二棒的位置，帮助金泽荣实现了这一计划。自然，还有其他中国学者各自在不同场合、不同方面尽其可能为金泽荣提供了不同方式的帮助，集体演绎了中、韩两国近代文化交流史上的一段佳话。包含俞、张在内的中国学者群体对金泽荣的积极回应，源于中、韩两国民族源远流长的友好关系，也源于近代共同面临日本侵略而产生的同声相应、同气以求的感情。

（三）金泽荣所赋《挽曲园先生》长诗，既是对金、俞交往与友情的回顾，也是对俞樾的文化价值观与学术成就作出的评价。俞樾去世之际，在实施流亡中国计划时受援手之恩，在文化交往中执弟子礼的金泽荣提出评价俞樾的问题，属人之常情，提出问题的本身并未有错。至于他上述的评价是否十分正确、全面，亦当由诸家探讨，自不应一锤定音。但金泽荣的评价在引申层面上的两个基本点，即应肯定中国近代学坛上"耆旧"与"老先生"人物的历史功绩，承认旧学对新学的传承作用以及中国传统文化的历史地位，这两点因俞樾而发，也符合俞樾的实际情形，有其合理的成分。其主要缺陷，是在字里行间流露出的对西学或新学反感乃至排拒的感情。这种态度固然与金泽荣长期受中国传统文化的熏陶有关，但金泽荣此处表达的好恶爱憎并不能反映俞樾甚至他本人态度的全部。俞樾虽被中外文化人士视作"耆旧"与"老先生"，甚至"为正统派死守最后之壁垒"的人物①，但其实他的思想并没有那么迂腐冬烘，有学者论证俞樾"从调和汉宋讲求义理，到探索自强之道，乃至鼓吹仕学合一，改革选举制度"等方面，都在随中国学坛思潮之剧变，发展变化着自己的文化价值观与政治思想，乃是颇有见地的观点②。至于金泽荣，虽有依恋中学或旧学的一面，同样不是一个抱残守缺，盲目排斥西学的守旧派，他赠予中国另一学者严复"谁将汉宋作经师，学术如今又转移，黄浦夜来江鬼哭，一编天演译成时"一诗③，对《天演论》的高度评价，便证明金泽荣在理智上已承认了西学的地位与价值。金泽荣对西学或新学的矛盾态度，是感情与理智两难的矛盾，反映了金泽荣客居南通，进一步融入中国近代社会后，在与时俱进，即随中国学坛思潮嬗变过程中所经历的心路旅程的艰难，以及自身文化价值观的过渡性质。如将金泽荣也归入中国学的行列，金、俞应基本上处于中国近代学坛思潮嬗变过程中的同一环节。他们都因袭了较多的中国传统文化的成分，又都

① 梁启超《清代学术概论》，朱维铮校注《梁启超论清学史二种》，复旦大学出版社，1985年，页6。
② 丁之光《俞樾政治思想简论》，《史林》1994年第1期，页25。
③ 金泽荣《赠严几道复三首》，《金泽荣全集》卷一，页270。

对西学或新学的大量输入持开明或宽容的态度(尽管有程度上的区别),他们在学术成就上有共同之点,在文化价值观上有共通之处,这是金、俞互相肯定、互相理解的根本所在,也是其交往积极意义的体现。

(原载于《韩国研究论丛》2004 年总第 11 辑)

作者单位:南通师范学院张謇研究所

金泽荣的出版著述活动

金泽荣在中国的出版著述活动考

郭美善

金泽荣(1850—1927年)是朝鲜朝末期流亡到中国的一位汉文学家,其在朝鲜文学史上占有重要一席。1905年,《乙巳条约》签订之后,金泽荣痛心朝鲜沦为日本的殖民地,挂冠而去,来到中国,与中国的诸多文人进行交流,开启了中朝文学交流的新篇章,为两国学术交流作出了重要贡献。

从1905年到1927年,金泽荣在中国江苏南通度过了人生的最后22年。那段岁月里,金泽荣在张謇的帮助下,一直在南通翰墨林印书局负责校正工作,投入大量的时间和精力从事出版著述活动,先后出版了自己的诗文集和前人著述的选编集,并编纂了各种史传类书籍。这些文献一直被学界认定为汉文学与历史学的重要研究资料,对中韩两国文学的发展,都产生了较大影响,但对其编纂过程尚无确切的定论,因此有必要对此进行实证性研究。

目前,中国学者对金泽荣的研究主要集中在作家论和作品论两方面,而对他在中国的出版著述活动并未多加关注。因此,本文将就金泽荣在中国从事出版著述活动的主要情况作一梳理,着重探讨其在出版领域内所取得的学术成就,并重新定位金泽荣在近代中朝文学交流史上的重要作用。

一、金泽荣在中国出版著述活动的背景

金泽荣因不愿做亡国奴,于1905年9月决心流亡中国。对金泽荣流亡中国产生最直接影响的人是张謇。张謇是近代中国著名的

实业家，他在 1882 年"壬午军乱"时期，曾作为吴长庆的从事官到过朝鲜，并在当时通过金允植的介绍结识了金泽荣。由此为契机，金泽荣决定了他的中国行。此外，金泽荣决定流亡的另一个重要原因是他希望能从事有关文史方面的工作，从而减轻自己对时局的担忧和不安。金泽荣的这些想法，在他流亡前寄给张謇的书信中表现得非常明显①。

流亡中国的这一时期，是金泽荣一生中最为重要的转折点。在流亡地，他积极进行各种学术活动，完成了作为一位文人的历史使命。在此期间，中国学者对金泽荣给予的热情关怀，对其事业的发展起到了重要作用。张謇为金泽荣提供了尤为重要的帮助，这些可以在金泽荣的《年略》②中得以考证。《年略》中详细记录了金泽荣抵达南通后，从张謇处得到的各种帮助。张謇收到金泽荣的书信之后，很有可能寄出了回信，但金泽荣在收到回信前就到了中国。金泽荣不仅认为他的学识来自对中国圣贤的追随，而且把中国视为神圣之乡，表达了他对中国的强烈向往。张謇被金泽荣的态度所感动，并帮助安排金泽荣在翰墨林印书局负责校书工作。

屠寄也为金泽荣的文集出版提供了很多帮助。屠寄是近代中国的史学家，其任职通州国文专修科校时曾与金泽荣有过往来。屠寄在补充自己编纂的《元史》时，借阅金泽荣的《韩史》作参考，其间他偶然读到了金泽荣的诗文并对其文笔叹为观止，鼓励他出版诗文集。当屠寄得知金泽荣由于资金不足而面临困难时，积极动员学校的学生以及中学、师范学校的职员资助金泽荣的出版活动。在这些知交好友的帮助下，金泽荣的《沧江稿》得以顺利出版。

金泽荣在中国投身于出版著述活动的一个重要原因，也来自他对文学的一种痴迷和热爱。他尤为重视文学的价值，这些在《黄云卿五

---

① 金泽荣《与张季直书》，《合刊韶濩堂集》卷 21，南通翰墨林印书局铅印本，1922 年。

② 金泽荣《年略》，韩国学文献研究所编《金泽荣全集》，亚细亚文化社，1978 年。

十寿序》①中体现得非常明显。《黄云卿五十寿序》是金泽荣在1904年为黄玹（字云卿）生日时所著之文。金泽荣认为一国的兴亡盛衰与国家的文学有关，并主张没有文学就无法研考国家的兴亡盛衰，进而也不能实现国家的太平安定，所以在国家面临危机时，他立志通过自己的文学创作来拯救危机中的祖国。正因为金泽荣有这样的文学观，所以他才能在国家危难时果断选择流亡，并通过文学创作来抒发报国之情。也由于有了这样的信念，使得金泽荣在流亡地能够为弘扬民族文化，仍专注于整理朝鲜文化遗产的重要工作。他在中国出版书籍并非是为了谋财，而是为了整理朝鲜的文化遗产，让民族文化能够得到后人的继承和发扬。

综上可见，金泽荣对文学的痴迷，以及中国文人对他的各种帮助构成了他能够在中国进行出版著述活动的重要因素。金泽荣旨在继承和传播朝鲜的文化，流亡到中国之后专注于各种书籍的出版，试图通过这些著述活动，引起世界对朝鲜的关注。在当时流亡异国的生存状态下，金泽荣选择从事出版工作，可认为是其实现意愿的最佳方案。

二、金泽荣在中国出版著述活动的状况

金泽荣流亡中国时，亦有很多朝鲜人流亡到上海，其中绝大多数人是为了避难或从商。金泽荣认为投靠他们并不能实现自己的梦想，因此决定去找自己的挚友张謇。在上海他们偶然相遇，并在张謇的帮助下来到南通，这些可以在金泽荣向俞樾寄送的信件中得到考证②。旅居南通之后，金泽荣在翰墨林印书局担任编辑，同时积极开展与文学相关的学术活动。

① 金泽荣《黄云卿五十寿序》，《合刊韶濩堂集》卷21。
② 金泽荣《答俞曲园先生书》，《合刊韶濩堂集》卷21。

（一）《沧江稿》的刊行与传播

朝鲜文人在生前刊行自己文集的情况较为罕见，但金泽荣在翰墨林印书局工作时刊行了自己的诗文集。金泽荣刊行的诗文集中有不少是由中朝两国学者共同资助出版的。例如，《沧江稿》(1911)年由屠寄和吕思勉等中朝两国学者共同资助出版，《韶濩堂集续》(1919)和《精刊韶濩堂集》(1920)由南通学者费范九、钱浩哉联合刊行，《精刊韶濩堂集补》(1921)由吴骧臣所刊，《韶濩堂三集》(1922)为武进的高云汉所刊，《合刊韶濩堂集补》(1922)由南通崔竟成所刊。金泽荣诗文集中的大部分刊本，大多出自作者本人的取舍，即使金泽荣委托别人删订或编集，也经过了作者本人的认可，代表着金泽荣的意愿。金泽荣在中国先后14次刊行自己的诗文集，他为何如此频繁地出版自己的诗文集，其动因何在？这在其于1911年出刊文集之际，亲自撰写的《沧江稿》序文中有明确的记载①。

金泽荣决定出版自己的文集，是为了以书籍的形式传播朝鲜的事迹，他的意愿是与其当时所处的环境紧密联系的，这在《沧江稿》序文当中也呈现得非常明显。比如，他认为圣贤也不能启蒙别人，俊杰也无法挽救时代。作为一位文人，应致力于文集的出刊工作。他列举渤海国的事例来强调书籍出版工作的重要性，认为渤海国并没有对列传和文集等给予足够的重视，虽然渤海国历经了200年的时间，但担任重要官职的将军和艺人的事迹几乎没有流传下来，令人惋惜。金泽荣认为当时的朝鲜不异于当年的渤海国，鉴于渤海国的教训，人们需要通过出版书籍来保留朝鲜的历史和事迹，即使没有实际用处的文章，也需要这一代人记录下来，并为后世传承下去。

《沧江稿》虽然是金泽荣自己所编纂的著作，但在其出版的过程中遇到很多资金上的问题，如果没有屠寄等中国文人的帮助，初期《沧江稿》的刊行很有可能延迟。在筹集出版《沧江稿》的过程中，朝鲜王

---

① 金泽荣《自序（辛亥）》，《沧江稿》卷14，南通翰墨林印书局铅印本，1911年。

原初的贡献也功不可没。王原初在金泽荣选录的《丽韩九家文》内添加了《沧江稿》中的一些文章，并重新命名为《丽韩十家文钞》进行出版。这使金泽荣的文章在中国广为传播，并让更多的中国文人认识到了金泽荣的价值①。王原初在读到屠寄赞扬金泽荣的文章后，与开城的学人议论，最后售卖了 100 本《耆旧集》把钱寄赠给金泽荣②。有了王原初等人的帮助，《沧江稿》的刊行才能够顺利进行。

在金泽荣刊行诗文集的过程中，经常与朝鲜的学者互相交换有关出版文集的意见。这些可于《与曹仲谨牍》(丙辰)③中得到考证。在出版文集的过程中，金泽荣与朋友密切交往，积极接受友人的意见，果断放弃一些不优秀的文章。金泽荣自始至终保持着作为文人的谦虚谨慎的态度，认为吝啬于改过、怠慢于悟道，都背离于古人的意向。

金泽荣把自己文集中的《杂言》部分分成 34 回，在《南通报文艺附刊》④的读书录中进行连载，在中国得到了广泛的传播。这使得金泽荣不同于以往的汉文学者，并构成了他在中国出版活动中重要的一部分。《杂言》是金泽荣从 1897 年到 1924 年间，以不拘泥于任何形式所写的一些对诗文的评论。那么，金泽荣又为何不选择其他的文本体裁，而选择《杂言》连载在《南通报文艺附刊》呢？当时《南通报文艺附刊》的读者绝大多数是中国人，但金泽荣选择用古文进行创作，必然有他自己的目的，即通过他的学术活动来宣扬中国文人的古文思想。

金泽荣在《杂言》(九)⑤里，以批判的态度审视当时正在逐渐衰退的中国文运。他反对中国青年文士的文章中出现典故或者晦涩难懂的字，称其为文豪的现象，批判后世文人对这些文章的崇尚。他主张文

---

① 王性淳《丽韩十家文钞序》，《丽韩十家文钞》，南通翰墨林印书局铅印本，1915 年。

② 金泽荣《云樵梅史芝村三君子鉴》，《合刊韶濩堂集》卷 21。

③ 金泽荣《与曹仲谨牍》，《合刊韶濩堂集》卷 21。

④ 《南通报文艺附刊》，南通图书馆藏本。

⑤ 金泽荣《杂言》(九)，《合刊韶濩堂集》卷 21。

章不能拘泥于典故与生字，而是应正确理解古文当中蕴含的"神"①，因此必须投入到入"神"的境界来创作古文。为了让更多的中国人懂得古文的重要性及其用法，金泽荣自然而然地选择了较为大众性的、读者较多的报纸作为他的文章的登载地。

（二）出版知己与前人的文集

金泽荣在流亡地出版了《梅泉集》《明美堂集》《申紫霞诗集》等知己与前人的文集，其用意在于保存与弘扬朝鲜文化的精粹，借以振奋民族精神，鼓舞人们为民族解放而奋斗。那么，金泽荣竭力出版这些前人文集的动因又是什么呢？主要是金泽荣收到那些前人的后辈的请求，帮他们出版了其先人的文集，这些事例充分体现了当时朝鲜文人对金泽荣文学实力的认可。

在金泽荣的《梅泉集同刊录序》②中，详细记载了《梅泉集》的出版经过。黄玹与金泽荣同样是韩末四大家之一，梅泉在日本侵略朝鲜时留下《绝命诗》四首后自尽身亡。金泽荣在中国得知梅泉的殉国事迹，创作哀悼诗③来纪念昔日的知音，并表达了对朋友过世的哀悼。

梅泉殉国之后，梅泉的遗稿通过金泽荣得以出版。金泽荣受梅泉弟弟黄季方的请求，开始着手《梅泉集》的出版工作。在这个过程中，他还把自己选编的梅泉的文章及时反馈给梅泉的朋友和弟子，使他们能够及时了解出版情况。梅泉的晚辈王粹焕等人看到金泽荣反馈的资料，对金泽荣选编恩师的文章深表感谢，并号召岭湖地区的士大夫积极参与到金泽荣的出版工作中来。

梅泉的晚辈王粹焕等人写信给金泽荣④，在信中对金泽荣为他们的恩师出版文集表示感谢。王粹焕一直想通过出版梅泉的诗文，把梅

① 金泽荣《杂言》（四），《合刊韶濩堂集》卷21。
② 金泽荣《梅泉集同刊录序》，《合刊韶濩堂集》卷21。
③ 金泽荣《闻黄梅泉殉国信作》，《合刊韶濩堂集》卷21。
④ 王粹焕等《与金沧江书》，《沧江先生书简集》，南通金沧江研究所藏本。

泉的文学思想发扬光大，流传百世，但由于个人能力所限，一直没有
实现这样的梦想。恰逢此时，流亡到中国的金泽荣主动向他们提出出
版梅泉文集的提议，于是得到了后辈以及文士友人的积极响应。在这
一过程中，梅泉的士友能够有这么积极的响应，并不只是由于他们一
味地崇拜梅泉的气概，更多的是为金泽荣的盛德与大义而深受感动。

为了更好地传播梅泉的文章，金泽荣在刊行《梅泉集》的过程中对
梅泉的文章进行了精选。① 金泽荣认为，出版所有梅泉的文章会降低
其价值，难以凸显其文章的精髓，而且精选后进行出版，会减少出版
量而节省出版费用。迄今为止，虽尚未确切证实金泽荣在《梅泉集》的
出版过程中承担的具体资金，但他为知己的文集刊行所付出的努力应
予以高度评价。如果没有金泽荣的努力，那么《梅泉集》的出刊可能会
延迟很长的时间，甚至不能问世。

金泽荣于 1907 年在中国出版了《申紫霞诗集》，共印 1000 部，此
书籍一经出版就传入朝鲜，深受朝鲜学者的欢迎，几乎全被朝鲜购
去，可见金泽荣有相当敏锐的编辑眼光。申纬（号紫霞）是一位主张
"神韵说"的诗人，认为作诗时必须听实事、传实情，深入考究而用
神韵才能完成一部好的作品。接受王士祯的"神韵说"，并追求韵致
与声律之美的金泽荣自然对紫霞诗歌产生了极大的兴趣。由于对紫霞
诗文的浓厚兴趣，金泽荣在流亡路上依然携带着紫霞的诗集。② 流亡
到中国之后，金泽荣出版的第一部选编就是《申紫霞诗集》。

金泽荣在《申紫霞诗集》序文中说到出于惜才的缘故出版了此书。
在《申紫霞诗集》问世的 30 年前，金泽荣曾读过紫霞名为《警修堂集》
的诗稿。当他得知如此优秀的诗稿并未出版后，一直深感惋惜。他托
付崔準卿抄写此部诗稿，并带到中国，选择其中部分内容在中国出
版。金泽荣出版紫霞的文集，有着自己明确的目的，即在中朝两国更
为广泛地传播主张神韵的紫霞诗文，并由此激发文人学习紫霞注重神

---

① 金泽荣《寄黄处士季方书》，《沧江先生书简集》，南通金沧江研究所藏本。
② 张謇《金沧江刊申紫霞诗集序》，《张季子九录》，中华书局，1931 年。

韵的文学思想。

在刊行前人文集的过程中，金泽荣受到其家属的托付，曾校对已过世的祖先的作品。鉴于金泽荣的文学鉴赏能力，使他能够胜任这些校对工作。李建昇把亲兄李建昌的《明美堂集》10 册寄至金泽荣处，托付金泽荣为他们进行校对的工作。1916 年，李建昇在中国满洲漂泊时给金泽荣寄过一封书信①，书信中充分表达了他在李建昌去世后不能为兄长出版遗稿的无奈和惋惜。不能出版兄长的遗稿，不仅是因为李建昇缺乏资金，更是因为出版书籍需要当局的许可。在日本企图磨灭朝鲜民族精神的大背景下，朝鲜文人的出版自由也受到了很大的限制。当时岭南和湖南地区的诸君子向金泽荣委托出版李建昌的遗稿，并把消息传达给了李建昇。他们选中金泽荣为他们进行出版工作，是因为金泽荣恰好在中国流亡，摆脱了朝鲜总督府的种种限制，从而可以顺利开展出版工作。李建昇接受各友人推举，并把李建昌的文集编辑成 10 册寄送给了金泽荣，同时托付金泽荣进行相应的校对工作。金泽荣能得到这些人的托付，不只是因为他身处较自由的生活环境之中，更多的是因为他的文学才华，使很多人对他产生了充分的信任。

金泽荣收到李建昇的书信后，响应他的要求，进行了对《明美堂集》的校对工作，并为李建昌的文集撰写序文②，积极评价它的文学价值和地位。金泽荣一再强调文献的重要性，主张即使亡国也不能亡文。他认为即使一位不出名的、生活在偏僻乡村的学者也能充分写出成为亡国遗宝的好文章。所以，他一直坚持李建昌的作品和文章必须要出版、问世。他赞扬李建昌的文学水平能够与近世的洪渊泉、休台山并驾齐驱，并充分肯定了他们在古文上的造诣。对古文有特殊感情的金泽荣，积极协助刊行李建昌的文集，当时中国较为自由的出版环境，成为了他能够帮助那些文人进行出版的重要客观

①　李建昇《与金沧江》，《海耕堂收草》，"中央"图书馆所藏本。

②　金泽荣《明美堂集序》，《合刊韶濩堂集》卷 21。

因素。

1917 年，金泽荣精心搜集朴趾源的文章，出版了《重编朴燕岩先生文集》（以下简称《重编燕岩集》）。之前一直以手抄本形式流传下来的朴趾源作品，终于在金泽荣的努力下，于 1900 年第一次以铅活字版的形式印刷刊行。当时金泽荣所出刊的《重编燕岩集》并没有登载朴趾源所有的诗文，而是选集。金泽荣为了宣扬和传播前人的种种道义和美德，积极投入到前人文学作品的出版工作中。《重编燕岩集》序中表明了这部文集的编纂宗旨。金泽荣一直强调文章的质量，不认为作品的数量多能说明什么问题。即使是燕岩所创作的文章，只要认为在质量上稍有欠缺，就会被果断地进行删减。后世文人希望为燕岩出版更多的作品，为了增加他的作品数量，把燕岩曾舍弃的文章也收录到文集里。金泽荣认为，出版燕岩所舍弃的文章就等于违背了他本人的意愿，强烈反对增加燕岩作品数量的观点和做法。为了克服以往弊端，金泽荣认真研究朴趾源生前的意愿，尤为谨慎地对待他的作品，并分三次才完成对燕岩作品的出版工作。金泽荣刊行的选编类文献时至今日已成为研究古代及近代朝鲜文人的重要资料。

（三）朝鲜历史书籍的编纂

金泽荣在南通翰墨林印书局出版的史传类文献有《韩史綮》《韩国历代小史》《校正三国史记》等。金泽荣在《韩史綮》的序文①中写道，为自己在朝鲜做史官时没有做好有关历史的各种工作感到愧疚，从而在流亡到中国之后一直想为朝鲜历史做点贡献。这样，在自身的驱使下，金泽荣编纂了《韩史綮》等历史书籍并出版。

金泽荣流亡中国之前，在朝鲜编写了《东史辑略》和《历史辑略》，认为这些史书是在工作繁忙时抽空编写的，因此没有对书籍的内容进行很好的打磨。为了提高史书的质量，使书籍的内容更贴

---

① 金泽荣《韩史綮序》，《合刊韶濩堂集》卷 21。

近真实的历史，流亡之后其对以上书籍做了修改和补充，并改名为
《韩国历代小史》①。1909年，为了收集朝鲜历史的文献资料，金泽
荣曾回国收集了广开土大王碑等资料，但一直没有时间进行出版。他
通过中国文人吴骧亭的帮助，填补了一些残缺材料而最终出版。张謇
受金泽荣的请求写了序文②，文中张謇对金泽荣勤恳的态度表示敬
意，并认同他的那种悲壮的心情。张謇认为，比一个国家的灭亡更让
人伤心的是一个历史的终结，并对叙述了3200年历史的这部史书给
予高度评价。

金泽荣在南通又出版了《校正三国史记》。金泽荣为了修正已有
的一些史书的错误，与很多学士一起参与到《三国史记》的校正工作
中，并最后把书名定为《校正三国史记》。朝鲜最初的正史史书在中
国出版，有着其独特的历史意义。金泽荣一直没有忘记作为一名朝
鲜史官的使命，为了让世人读到更正确的、更丰富的历史，在异地
进行了对史书的校正与出版工作。有他这样的努力，后人能够清楚
地认识到以往史书中的瑕疵。这些事实在南通文人达李的序文中可
以得到印证。

南通文人达李在金泽荣编纂的《校正三国史记》的序文③中，充分
肯定了金泽荣的学术成就和文学创作能力，并详细阐述了金泽荣在出
版该书过程中为校正三国史，与朝鲜学者进行密切书信交流的各种努
力。这些还可以在金泽荣的《与河叔亨论三国史书》④一文中得到印
证。由于流亡在国外，金泽荣为不能与河叔亨等学人在一起而感到惋
惜。金泽荣一直打算校正金富轼所编纂的《三国史记》的讹误，但由于
身在中国，担心无法独立完成此项工作。因此，他请求李明集等人一
起做校正工作，李明集也欣然同意金泽荣的建议。达李通过金泽荣等

①　金泽荣《韩国历代小史序》，《合刊韶濩堂集》卷21。

②　张謇《韩国历代小史序》，《张季子九录》，中华书局，1931年。

③　达李《校正三国史记序》，金泽荣《校正三国史记》，南通翰墨林印书局铅印
本，1916年。

④　金泽荣《与河叔亨论三国史书》，《合刊韶濩堂集》卷21。

人校正的史书，解除了以往很多疑问点，对金泽荣以及他的挚友们的努力大为赞扬。可见，金泽荣编纂的《校正三国史记》在国内外均产生了很大的影响。

金泽荣在朝鲜担任史籍课长时，曾出版过《崧阳耆旧传》。他流亡到中国之后为了成为称职的史官，又出版了《重厘韩代崧阳耆旧传》①。《崧阳耆旧传》是关于开城耆旧的书籍，如同欧阳修的《五代史》般得到了极高的历史评价②。《崧阳耆旧传》刊行之后，有些人认为金泽荣作为故邦的史官，不应该执迷于编写故乡人民的立传的事情，这种批判在曹兢燮的《崧阳耆旧传跋》中体现得较为明显③。金泽荣积极接受挚友的观点，并认为开城的人物也并不比出身岭南、湖南地方的人物差，以此对自己的耆旧传的出版行为进行了合理化的说明。

金泽荣流亡到中国之后，一直愧疚于自己没有在朝鲜完成作为一名史官的职责。他为了修改以往史书中的错误，积极投身于史书的校正及出版工作。在他出版史传类的过程中，中国的学士积极配合他的工作，并为史书撰写序文，共享历史资料，对金泽荣的出版行为给予很高的评价。有了这些关注与帮助，金泽荣在中国能够全身心地投入到文献的出版工作。

三、金泽荣在中国出版著述活动的意义

身处东亚文化面对西方文化冲击的转型期，金泽荣适宜地找到了自身的位置。由朝鲜旧韩末的进士和史官，转变为近代意义上的文学家和出版工作者。金泽荣撰写《韩史綮》、校对《三国史记》、编纂《申紫霞诗集》、著述《沧江稿》，以自己独特的方式，客居中国南通从事

---

① 李建昌《崧阳耆旧传跋》，金泽荣《崧阳耆旧传》，藏书阁藏本，1896 年。

② 李应翼《崧阳耆旧传跋》，金泽荣《崧阳耆旧传》。

③ 曹兢燮《崧阳耆旧传跋》，金泽荣《崧阳耆旧传》。

朝鲜文化的建设工作，这些业绩在当时传承着朝鲜文化的"亡国的遗宝"，如今可视为中朝文化交流的结晶体。

金泽荣在翰墨林印书局任编校的22年中开展的出版著述活动，在文学史上有着重要意义。通过金泽荣，很多中国文人能够了解到朝鲜的文学；金泽荣在中国出版的书籍传播到了朝鲜，并在朝鲜也产生了深远的影响。金泽荣立誓用文学来报国。在他的努力下，原本在日本统治下不能出版的各种书籍一一得以问世。这些书籍不仅影响了一代朝鲜文人，同时也让很多中国文人了解了朝鲜优秀的文化传统。

在朝鲜担任过史官的金泽荣深知历史文献的重要性，同时避开了日本侵略统治的地缘背景，使他能更顺利地展开文集、史书的出版工作。由于其在中国开展活跃的出版著述活动，更加巩固了作为韩末四大家之一的金泽荣的地位。进入开化期后，朝鲜王朝取消了科举考试，用汉文科举的形式选拔人才的制度从此废止。之后朝鲜的年轻知识分子开始学习日语或英语，不再用汉文进行文学创作。在这一历史时期，金泽荣在中国出版了汉文学的书籍，完成了他作为韩末学者的历史使命，在朝鲜后期汉文学史上占有重要地位。金泽荣出版的文献回流朝鲜之后，更为朝鲜学术界提供了崭新的文献资料。

四、结语

金泽荣在中国度过的22年间，对文学的痴迷以及张謇的帮助，其在南通翰墨林印书局负责校正工作，从事出版著述活动。在此期间经金泽荣编印而出版的朝鲜汉文文献多达30余种，包括《沧江稿》《韶濩堂集》等自己的诗文集和《梅泉集》《明美堂集》《申紫霞诗集》等前人著述的选编集，还编纂了《韩史綮》《韩国历代小史》《校正三国史记》等各种史传类书籍。

《乙巳条约》签订之后，柳麟锡在流亡地领导义兵运动，申奎植在流亡地展开独立运动，而金泽荣痛心朝鲜沦为日本的殖民地，在流亡地通过开展各种学术活动，积极投身于文章报国运动之中，为祖国付出了不懈的努力，在中朝文学史上有着重要意义。通过金泽荣在中国出版的朝鲜汉文文献，很多中国文人能够进而了解到朝鲜的汉文文学及历史书籍，在近代朝鲜文学史上留下了一批宝贵的文献资料，谱写了中朝文学交流的新篇章，在中朝两国文学史上占有重要的地位。

〔原载于《延边大学学报》(社会科学版)2016 年第 4 期〕

作者单位：延边大学朝鲜—韩国学学院

金泽荣与翰墨林编译印书局

庄安正

金泽荣自1905年起至1927年，长期在翰墨林编译印书局任编校一职。金泽荣(1851—1927年)，字于霖，号沧江，原籍韩国开城府，韩国近代著名的历史学家、诗人与散文家。翰墨林编译印书局则是中国近代颇具影响的一家新式出版社，由甲午恩科状元、著名实业家、教育家张謇1903年于江苏南通(时称通州)创办。研究二者结缘与相互关系是中、韩两国知识分子近代文化交往中的一个重要课题。

一

按照生活空间的常规推论，近代一位韩国学者与一家中国出版社之间似乎不可能存在受聘任职的关系。首先为二者结缘提供可能性的是金泽荣1905年秋的流亡中国之行。金泽荣出身于韩国一个书香门第之家，"自未仕时，以史才名尝就开城一郡"①，颇有才气。但经历漫长的科举考试，金泽荣直至1891年才得以诗中进士，开始了学而优则仕的生涯。于其后十余年的仕宦期间，金泽荣历任李氏王朝议政府编史局主事、内阁主事、中枢院参书官、内阁记录局史籍课长、史礼所辅佐员、弘文馆纂辑所文献备考续撰委员、正三品通政大夫以及学部编辑委员等官职②，职务上有所升迁，却大体仍在史官与书记官

---

① 曹兢燮跋，韩国学文献研究所编《金泽荣全集》卷五，亚细亚文化社，1978年，页601。

② 金泽荣《自制墓志铭》，《金泽荣全集》卷六，页698—704。

的冷衙门内打圈。一方面，这可能因金泽荣生性耿介，对权贵不善逢迎之故；另方面，亦与李氏王朝对他的量才录用有关。总之，正直的文人禀赋，出众的文史才华，都昭示着如果韩国国家安康、局势稳定，金泽荣将继续在朝廷此类衙门供职，积以时日，直至成为韩国几百年一遇的优秀史官与学者。"文章能达于天下之广，名节可垂于百世之远者，其惟金沧江先生乎！"①

　　不幸的是，金泽荣生活在悲风骤起的近代韩国。由于李氏王朝的腐朽统治，韩国社会矛盾尖锐，国力衰弱，成为西方国家侵略的对象。尤其是日本，自 1876 年逼迫韩国签订《江华岛条约》以后，经过近 30 年政治、经济、军事等方面的扩张，至 1905 年，日本又逼使其签订了《乙巳保护条约》，进入灭亡韩国的第三阶段，即所谓"以朝鲜为保护国之时代"②。韩国此时徒具国家躯壳，距亡国只有一步之遥。金泽荣强烈反对日本并吞韩国，但无法挽狂澜于既倒。日益严重的民族危机，使他不仅不可能在国内进行正常的文史著述，而且还面临着充当"岛儿之奴"的屈辱命运③。"甲乙年来国计非，功名事业与心违。试看半岛三千里，无处安存六尺微。"④ 时既如此，金泽荣只好选择流亡，并于 1905 年秋愤然离开韩国，泛海西渡，投奔昔日挚友，中国南通的张謇。至此，金泽荣在国内的仕宦经历宣告结束。

　　有关金泽荣与张謇 1883 年于汉城相交、相识发展为相知，以及金泽荣 1905 年秋投奔张謇，受到热情接纳一节，中、韩两国学者均有所涉及⑤，笔者于此强调的是，张謇在弄清金泽荣的来意后，对老友不仅热情接纳，而且还给予了周到的安排，这就成为金泽荣与翰墨

①　孔圣学《书金沧江先生实纪后》，《金泽荣全集》卷六，页 725。
②　梁启超《日本并吞朝鲜记》，《饮冰室合集·专集之二十一》，中华书局，1936年，页 2。
③　黄梅泉《闻沧江去国》，《金泽荣全集》卷六，页 618。
④　李箕绍《挽词》，《金泽荣全集》卷六，页 665。
⑤　[韩]吴允熙《沧江金泽荣研究》，华中师范大学出版社，2002年，页 16。

林编译印书局结缘的另一重要原因。金泽荣投奔张謇前，两人已有
20多年联系中断，金仍大胆实施流亡计划，并如其所料受到热情接
纳，金泽荣显然对与张謇的友情有着充分的自信。但是，金泽荣无法
预期的是，张謇会如何安排自己客居生活这一点。1905年前后，张
謇在南通创办的实业、教育等事业已初展宏图，他在江、浙一带亦具
有了相当的社会地位与经济实力，按说安排一位昔日挚友的客居生活
并非难事，但张謇深谙金泽荣思想上的追求与士人禀赋，了解他流亡
中国决非想当一般意义上的寓公，"不是寻真蓬莱岛，不是避世桃源
洞"①，而是为了继续其学术研究，并运用笔墨作武器，以兴灭国，
继绝世，保存韩国民族历史、文化的精粹。如何做到从物质与精神层
面上都比较符合金泽荣本人的意愿或需求，这才是张謇颇费思量
之处。

张謇开始拟安排金泽荣客居上海，并"欲使主笔于沪报社"②，
其中蕴含了解决金泽荣精神需要的成分。无独有偶，金泽荣的新交俞
樾稍前对金的客居地也有类似的考虑，他曾劝金曰："君以异邦之人
航海远来，衣冠不同，言语不通，寄居吴市（即苏州），踪迹孤危，似
乎可虑。与其居苏，不如居沪。沪上多贵国之人，旅居于此，有群居
之乐，无孤立之忧，所谓因不失其亲也。"③ 张、俞两方案虽有相似
之处，但张方案另有介绍金往沪上某报馆任主笔的内容，明显较俞樾
考虑周详，然结果均遭金泽荣谢绝。金谢绝俞樾方案所持理由是：
"本国人之来沪者，非畏约亡命则皆商贾也。论以气味十一近，不足
赖以为因。"④ 所言颇为直白。金谢绝张謇则曰："东产一逋人，敢与
中州之士大夫上下论议于天下事乎？"⑤言辞显得谦恭。但其内心透露
的是对沪上某报馆同仁因素昧平生或不同道的担忧，以及"道不同，
不相为谋"的决断。谢绝的原因实际上完全相同！

---

① 黄梅泉《闻沧江去国》，《金泽荣全集》卷六，页619。
②⑤ 李箕绍《遗事》，《金泽荣全集》卷六，页695。
③ 俞樾《原序》，《金泽荣全集》卷一，页8。
④ 金泽荣《答俞曲园先生书》，《金泽荣全集》卷一，页417。

金泽荣的谢绝，表现出鲜明的个性以及精神层面上的强烈追求，这也促使张謇将金泽荣的客居地改为南通。张謇称得上是近代中国较早关注韩国民族危机，并一直主张对日本侵略中、韩两国持强硬态度的少数代表人物之一，他同情金泽荣的遭遇，对其以笔墨保存韩国民族历史、文化精粹的志向深表支持。南通虽不如上海之大，但却因张謇锐意经营而瞩目中外，该城其时拥有了若干国内领先的实业与教育等事业，又有一批簇拥在张謇身边观念比较先进的文化精英，文化成就突出，开始成为"一般人所公认之中国模范县地"①。这座以张謇为灵魂与主宰的城市，无疑能为金泽荣提供较为理想的生活与工作的大环境。在客居地确定的前提下，张謇几经权衡，最终拟聘金泽荣于翰墨林编译印书局任编校一职。如此安排，除了便于金泽荣养家糊口外，张謇还有五方面考虑：（1）该印书局编校工作与金泽荣流亡中国继续其学术研究，以保存韩国民族历史、文化精粹的志向较为贴近②；（2）该印书局位于南通城南濠河边西园旧址，景色幽雅，文气沛然，工作环境极佳③；（3）编校一职较为清闲，工作时间且可调节，金泽荣得有余暇从事个人著述④；（4）印书局编校人员系张謇文字知己，对金泽荣均示友好与同情⑤；（5）金泽荣精通汉语文字表达，拙于汉语口语交流，于学校任教不宜，于印书局任职大致无碍。⑥ 这一安排体现了张謇对韩国挚友的深厚情意与良苦用心，可谓在南通当时条件下能为金泽荣提供较好生活与工作小环境的最佳方案，故很快为金泽荣所接受。

---

① ［英］费根《外人眼光中之中国模范县》，《通海新报》1921 年 5 月 18 日。

② 曹兢燮跋，《金泽荣全集》卷五，页 601。

③ 金泽荣《自制墓志铭》，《金泽荣全集》卷六，页 702。

④ 孔圣学《书金沧江先生实纪后》，《金泽荣全集》卷六，页 725—726。

⑤ 梁启超《日本并吞朝鲜记》，《饮冰室合集·专集之二十一》，中华书局，1936 年，页 2。

⑥ 黄梅泉《闻沧江去国》，《金泽荣全集》卷六，页 617—620。

二

翰墨林编译印书局起初是张謇为促进南通新式教育发展，适应通州师范学校编译中外新式教材需要，于1903年创办的一家地方性出版社。但它又是借鉴大生纱厂采取的"泰西公司集资"式股份制①，兼备编译、印刷与发行三方面的机构，并经清政府批准建立，获得版权保护的一家新式出版社②。金泽荣1905—1927年客居南通期间，其学术生命力不仅没有受流亡带来的各种负面影响，恰恰相反，他一生中很多代表性的历史、文化著作以及介绍韩国其他优秀学者文化成果的著作，主要是在这一期间完成的。究其原因，即与金泽荣担任翰墨林编译印书局编校一职有关，该印书局为他的学术研究提供了多方面的保证或支持。

一是养家糊口之源。翰墨林编译印书局自聘金泽荣担任编校起，即每月付给金俸金，直至1926年下半年因张謇去世，南通的实业、教育事业陷入困境，该印书局财政上亦难以为继而被迫中止，前后延续了21年，基本上与金泽荣任职时间相始终。金泽荣泛海来投，刚抵南通时，"并妻孥三人，行李萧然，不满一室"③，情形相当窘迫，"季直（指张謇）遂与叔俨（指张詧）谋令就所自设通州书局校书以糊口"④。由于张謇去世后翰墨林编译印书局所有的财务账册资料已告散佚，金泽荣每月从该印书局所获俸金数目，现已无法知晓。但"沧江所得于书局雠校之俸，固不丰"⑤，只能维持一家三口的基本生活，也属实情。俸金"不丰"的原因，与翰墨林编译印书局本系一"清水

---

① 张謇《通海垦牧公司集股章程启》，张謇研究中心、南通市图书馆编《张謇全集》卷三，江苏古籍出版社，1994年，页212。

② 张謇《为翰墨林书局版权咨呈两江魏督》，《张謇全集》卷三，页754。

③ 张謇《朝鲜金沧江刊申紫霞诗集序》，《张謇全集》卷五（上），页232。

④ 李箕绍《遗事》，《金泽荣全集》卷六，页696。

⑤ 张謇《朝鲜金沧江刊申紫霞诗集序》，《张謇全集》卷五（上），页232。

衙门",“为十数人合资，私益之义少，而为一方学术公益之义多”有关①。该印书局上至经理、编校，下至工人、勤杂人员的俸金全都“不丰”，故不可能单独提高金泽荣的工资标准。但张謇另为筹谋，“属其私建学校任员宋君龙渊跃门为余（即金泽荣）具屋产”②，又令他负责照顾金泽荣的日常生活。每逢时令佳节，还经常偕张謇馈赠食品衣物接济等，目的在于使金泽荣能够解除生活上的后顾之忧，安心从事编校著述。养家糊口并非金泽荣流亡中国的宗旨，金泽荣与该印书局的俸金关系亦非二者的主要关系，然而文人雅士平日亦需解决开门七件事，遑论流亡之后，否则谈何从容地进行学术研究与精神生活？故翰墨林编译印书局每月的俸金与张謇兄弟经常性的补贴极其重要，尤其是该印书局的俸金，为金泽荣流亡期间从事编校著述提供了长期稳定的物质上的支撑。

　　二是编校著述之地。笔者据有关学者的统计，翰墨林编译印书局在 1905 年—1926 年期间，减除出版的金泽荣本人撰写或编辑的著作外，共计出版教育类（包括教材）、诗文类、史传地理类、实业类与艺术类等著作约 80—100 种③。而为该印书局出版的各类著作担任编校，乃金泽荣获得俸金之凭依，本职工作之所在。金泽荣自幼崇尚儒学，熟读汉文，博览中国古代典籍，并“多染华风，而迂疏或过矣”④。凭借强烈的敬业精神、精深的汉文功底以及美逸的汉文书法，金泽荣无疑很好地完成了翰墨林编译印书局分配给他的编校任务。但须着重说明的是，上述并非金泽荣在该印书局工作的全部，甚至不是他的主要工作。金泽荣的主要工作是撰写编辑有关韩国历史、文化方面的著作，翰墨林编译印书局则根据他的意愿，为他创造各种便利条件促成顺利出版。便利条件体现在，首先，该印书局本身编校任务不

　　①　张謇《翰墨林书局章程》，《张謇全集》卷三，页 749。

　　②　张謇《通州李孺人行状》，《金泽荣全集》卷二，页 270。

　　③　邹振环《翰墨林书局与清末民初的翻译出版》，《涩泽荣一和张謇的比较研究国际会议论文集》2005 年，页 173—178。

　　④　张謇《韩国历代小史序》，《张謇全集》卷五（上），页 291。

重，分配给他的又相对轻松，金泽荣便得以集中精力从事个人著述；其次，金泽荣与该印书局朝夕相伴，昔日的私家园林实际上成为他潜心钻研、辛勤笔耕的主要场所；再次，金泽荣完成的书稿往往近水楼台，大部分交由翰墨林编译印书局印刷出版；最后，出版时部分还获得该印书局的减费优惠，有的则受到与该印书局关系密切的屠寄、费范九等南通学者的资助。正因为翰墨林编译印书局为金泽荣提供了如此良好的著述平台与工作氛围，不仅如《韩国历代小史》13 卷（1915年）、《韩史綮》6 卷（1918 年）、《校正三国史记》50 卷（1920 年）、《重编韩代崧阳耆旧传》2 卷（1923 年），以及《沧江稿》14 卷（1911 年）与《合刊韶濩堂集》15 卷（1922 年）等代表其一生学术成就的有关韩国历史、文化的重要著作，而且如《崧阳耆旧诗集》2 卷（1910 年）、《梅泉集》7 卷（1911 年）、《丽韩十家文钞》11 卷（1915 年）、《明美堂集》（1917 年）与《申紫霞诗集》6 卷（1926 年）等介绍韩国其他学者优秀文化成果的重要著作，均在他流亡中国的 22 年间相继完成，公开面世。"以韩之产老中土，非缘何以能致然。嗇翁馆我清净地，水南花北三四椽。于此偃仰二十载，重重纂述书齐肩。右睨长淮左扬子，鞭龙策鳖横风烟。千秋艺苑诸英儁，精灵招招来满天。腾腾兀兀以自喜，今年明岁忘推迁。并忘身世沧沧海，何况富贵与神仙。"[1]

　　三是社交活动媒介。相对于比较清贫的物质生活，金泽荣在南通的精神生活是非常充盈的。这就是金泽荣在编校著述余暇，和以南通学者为主体的中国友人进行了内容丰富、形式多样的社交活动，而这同样得益于翰墨林编译印书局。"人生落地皆兄弟，何必区区问界疆。我逐飞云来海道，君如明月在江乡。轩裳共谢风尘苦，笔墨时兼橘柚香。"[2] 金泽荣开始是在张謇引导下，因翰墨林编译印书局文字编校工作的需要与南通学者交流切磋。因交往渐多，友谊渐深，活动内容扩大为文字编校以外的吟咏唱和，诗文征集等文人雅事，又借助于上

① 　金泽荣《后自挽》，《金泽荣全集》卷二，页 522。
② 　金泽荣《赠王少屏、诸真长二君》，《金泽荣全集》卷一，页 254。

已踏青、中秋泛舟、岁末赏雪、元宵观烧野火之类的传统时令形式。交友圈自然亦因之逐渐扩大，由翰墨林编译印书局的同事扩大到南通本地的儒学精英，再扩大到中国国内诸如梁启超、严复等堪称一流的学者，与之致函通志，切磋学问。金泽荣在流亡期间从事编校与著述，既需要物质上的支撑，也需要精神上的慰藉。他从与张謇一样"通达时务""志趣淳笃"的中国友人方面收获的①，不仅有对编辑出版韩国历史、文化著作计划道义上（包括资金上）的支持，而且也有学术研究上的灵感与激情。凡此种种，都使金泽荣暂"忘万里羁旅之忧者"②，把中国的南通当成了第二家乡。"州从此属吾乡，可似崧阳似汉阳"③。无法想象缺少了因翰墨林编译印书局引发的社会交往，金泽荣的客居生活将变得多么孤单，更有甚者，他的继续学术研究，以保存韩国民族历史、文化精粹的计划也极可能在冷漠包围下半途夭折。

三

研究金泽荣与翰墨林编译印书局之间的相互关系，还需看到，后者因前者的加盟，加快了事业发展的步伐，并彰显出注重编辑出版韩国历史、文化精粹的主要特色，奠定了自身在近代出版界的独特地位。

复旦大学邹振环教授有关翰墨林编译印书局阶段划分的见解颇有见地，他指出，该印书局存世近半个世纪，前后大致分为三个阶段：1903—1905 年（或为 1904 年），初创期；1905—1926 年，高峰期；1927—1951 年，衰败期④。三阶段说表明：金泽荣 1905 年受聘担任

①② 金泽荣《丙午五月十三日游南通翰墨林书局莲池记》，《金泽荣全集》卷一，页 254。

③ 金泽荣《四日至通州大生纱厂赠张退翁观察》，《金泽荣全集》卷一，页 612—613。

④ 邹振环《翰墨林书局与清末民初的翻译出版》，《涩泽荣一和张謇的比较研究国际会议论文集》，页 173—175。

翰墨林编译印书局编校之际，正值该印书局面临较大发展之时。事实也正是如此。凭借两年初创期运作经验的积累，有关规章制度的完备，新式印刷设备的购置，编校队伍的扩大，尤其是 1904 年，张詧辞官回通助张謇兴办实业、教育，印书局经理一职得以落实，自此事有专责，翰墨林编译印书局 1905 年正盘马弯弓，蓄势待发。事有凑巧的是，清政府是年正式宣布废除科举，促使士人（包括一些已获初级功名的人）纷纷转投新式学堂，南通新式学校发展速度加快，对教科书品种与数量的需求急剧增加，从而为翰墨林编译印书局中外新式教材编译出版的业务创造了良好前景。但是张謇兄弟显然不满足该印书局创办时编译出版新式教材的初衷，他们期待印书局在事业上找到突破口，创出自己的特色。

正是在此背景下，翰墨林编译印书局编辑出版上的两大特色应运而生。其一是 1905 年以后，张謇为立宪倾注了大量心血，并很快成为国内立宪派的领袖。服从张謇推动立宪的需要，该印书局率先编译出版了《日本宪法义解》《日本议会史》与《英国国会史》等 3—4 种西方国家代表性的宪政著作，其中《日本宪法义解》等分呈慈禧太后与兵部侍郎铁良览阅，成为清末宣传作用最大的西方议会史译著之一。受其影响，此书日后又有多家出版社相继编译出版①。虽然翰墨林编译印书局编译出版西方国家宪政著作的数量不大，但其在国内产生的导向功能不容小视；其二是金泽荣此时加盟该印书局，印书局又为其编校著述提供便利，遂为中、韩两国学者与广大读者开辟了推介韩国历史、文化优秀成果的一个窗口。上文所引金泽荣撰写或编辑的历史、文化著作，仅是他在 1905—1927 年期间取得成果的一部分，远非全部。金泽荣由翰墨林编译印书局出版的著作数量究竟有多少种？中国学者现对此有 40 余种、30 余种与 20 余种等不同看法，意见并不一致，但数量较大却是共识。如取其下限与上限进行计算，结论是翰墨

---

① 邹振环《翰墨林书局与清末民初的翻译出版》，《涩泽荣一和张謇的比较研究国际会议论文集》，页 175—178。

林编译印书局在长达 22 年的时间内，平均每年约有 1—2 部有关韩国历史、文化的著作出版，分别占该印书局年出版量的 20％—30％左右。这些著作不仅出版持续时间长，数量较大，而且学术品位高，洋溢着爱国思想。其中《韩国历代小史》等著作，公正地审视与记录了4000 余年的韩国历史与韩、中两国悠久而频繁的友好交往。梁启超热情称赞这些著作面世的作用："东国一线文献，庶不坠地也。"① 金泽荣的文学才华与著作中浓郁的忧国报国之情，则受到严复的高度评价："笔削精灵聚，文章性命轻。江南春水长，魂断庾兰成。"② 与金泽荣并列为李氏王朝末期四大古文家的李建昌、黄梅泉等韩国学者亦以为金泽荣的成就"举一世无一人"③；"今以于霖之作较诸常璩、皇甫谧所记，则其驯雅精奇姿态横生，殆过之无不及"④。而由他编辑出版的《明美堂集》《梅泉集》《申紫霞诗集》等著作，除介绍代表韩国李氏王朝最高水平的李建昌、黄梅泉以及申紫霞等学者的主要文学成就外，还上溯崔致远，对韩国文学史上各个时期 70 多位享有盛誉的学者的作品与传略逐一作了介绍，时间纵横 1000 余年。令人读后感觉其学术价值自不待言外，还油然而生民族的自豪感。可见，翰墨林编译印书局出版这些著作，从某种意义上说是在从事一项对韩国历史、文化方面的成就进行扫描并体系架构的重大学术工程，是对韩国民族精神与文化的一种弘扬。

　　上述众多著作均用汉文编辑出版，不仅通过翰墨林编译印书局发行，而且还借助设在商务、新昌、开明、广雅与有正等书局的分售处在中国国内流传。又因近代中、韩两国汉文通行，加之出版后部分著作被译成韩文，中、韩两种文本又有许多被运回韩国国内流传，故该印书局出版的韩国历史、文化著作又面向韩国的学者与读者，这是毋庸置疑的事实。近代中、韩两国国情相似，同遭西方的侵略，又面临

---

① 梁启超《复金沧江书》，《金泽荣全集》卷六，页 645。
② 严复《和金沧江》，《金泽荣全集》卷一，页 615。
③ 李建昌《金于霖诗论赠林有端》，《金泽荣全集》卷六，页 628。
④ 黄梅泉《书金于霖〈崧阳耆旧传〉》，《金泽荣全集》卷六，页 642。

救国的共同任务。在西方强势文化压境之际，中、韩两国汲取西方文化中符合社会发展之精华，是为了救国的需要；同时，努力保存、弘扬本民族历史、文化的精粹，以抵制西方国家殖民统治下的奴化政策，也是为了救国的需要，应成为向西方学习的补充。这就是翰墨林编译印书局将韩国优秀的历史、文化成果介绍给中、韩两国学者与读者的积极意义之所在。尤其是韩国因遭日本并吞而亡国，在国内已根本不具备出版本国优秀历史、文化成果的条件，其时由中国翰墨林编译印书局从事这一重大的学术工程，无疑是中、韩两国人民传统友谊与团结御侮精神的一次集中体现，是中、韩两国知识分子近代文化交往中的一件大事，必将（事实上亦如此）对韩国的独立运动发挥重大的鼓舞作用。

清末民初之际，中国的出版业发展较快，就出版社的规模、出版物的总量等许多方面而言，翰墨林编译印书局无法与商务印书馆、中华书局等全国性出版社相抗衡。但环顾国内林林总总数以百计家出版社，如此持续、大量与集中地将韩国优秀的历史、文化成果介绍给中、韩两国学者与广大读者的，除了翰墨林编译印书局外，恐怕找不到第二家能与之比肩。故与上述注重编译出版西方国家代表性宪政著作的一大特色比较，这第二大特色应成为翰墨林编译印书局最大的特色。作为一家地方性出版社，这第二大特色也是该印书局跻身于近代中国出版界之最光彩夺目处。

（原载于《广西社会科学》2006 年第 2 期）

作者单位：南通大学文学院

南通翰墨林印书局里的韩国学者

倪怡中

"余坐书局北窗下校印书数纸罢，视日向晡矣。"晡即申时，午后三时至五时。这位勤奋工作的书局职员不是南通人而是韩国著名诗人金泽荣。金泽荣（1850—1927），字于霖，号沧江，另号韶生、云山韶堂主人，晚年又称长眉翁。韩国京畿道开城郡（旧名嵩都，今朝鲜民主主义共和国开城市）人。与李建昌（1852—1898）、黄玹（1855—1910）、姜玮（1820—1884）并称为韩末四大古文家。他年轻时读我国明代散文家归有光的书，领悟到唐宋派散文的雄奇精妙，说："读归有光文，读之忽有所感，胸膈之间犹若焘然开解"①，从此坚定了走古文派文学之路的信念。后来他又说，我为文喜好韩愈、苏轼、归有光，为诗喜好李白、杜甫、韩愈、苏轼、王士禛，可见中国文化对金泽荣的影响之深刻。金泽荣在 1891 年（韩光武帝二十八年）会试中进士，先后任职议政府主事编史局、中枢院参书官兼内阁记录局史籍课长、弘文馆纂辑所正三品通政大夫等。这些部门看似文化闲职，却对国家命运非常敏感，因为在编撰教科书等等工作中，日本已经强迫他们为其侵略行径辩护。1905 年，日本又悍然在汉城建立宪兵司令部。金泽荣不愿当亡国奴，毅然携妻子踏上流亡中国的道路。

翰墨林印书局是清末状元，近代著名实业家、教育家张謇（1853—1926）1903 年在南通创办的中国近代早期印刷出版机构。因书局选址在半芜的园苑——西园，取唐诗人张说"东壁图书府，西园翰墨林"句，名为翰墨林印书局。张謇在制定书局章程时说，办印书

---

① 金泽荣《杨谷孙文卷序》，转引自文基连文，《金沧江研究》第三辑，页 48。

局是"私益之义少，而为一方学术公益之义多。"① 不仅编印教材、账册，而且刊印学术著作。为适应清末立宪运动的兴起，书局出版了《日本宪法义解》《英国国会史》之类书籍。张謇建议延聘外国学者和遴选中国"文笔优长"且能通外国语者到书局工作，金泽荣是书局聘请的最佳人选。

一、在朝鲜结识张謇，到南通投奔张謇

金泽荣和张謇的交往始于1882年（光绪壬午，韩光武帝十九年），当时清朝政府应朝鲜国王李熙之邀，派遣庆军统帅吴长庆率部赴朝协助平定军乱，张謇作为庆军幕僚随军出征。来华请援的领选使朝鲜吏部参判金允植（洵卿）和张謇在谈论诗词时介绍了金泽荣。张謇后来在文章中记录了这件事："往岁壬午，朝鲜乱，謇参吴武壮军事，次于汉城……金参判允植颇称道金沧江之工诗，他日见沧江于参判所，与之谈，委蛇而文，似迂而弥真，其诗直窥晚唐人之室，参判称固不虚。间辄往返，欢然颇洽。"② 张謇曾赠金泽荣三方福建印石和二块徽州松烟墨。金泽荣也到清军驻地拜访过张謇，他在自撰《年略》中写道："（壬午）八月会清人张季直于清军中……笔谈数十牍……极欢而罢。"③ 金泽荣非常倾慕张謇，赋诗赠别："大地摇荡无昼夜，高帆映日张生来，吴公幕下三千士，借箸运筹须汝才。"④ "壬午之役"是鸦片战争以来清军在对外战争中难得的一次胜利，张謇协助吴长庆运筹帷幄，出奇制胜，显示出杰出的才能，并撰写了《朝鲜善后六策》《壬午东征事略》《乘时复规流虬策》等文章，主张清政府持强硬态度以阻遏日

---

① 张謇《翰墨林书局章程》，张謇研究中心、南通市图书馆编《张謇全集》卷三，江苏古籍出版社，1994年，页749。
② 张謇《金沧江刊申紫霞诗集序》，《张季子九录》文录，中华书局，1931年，页2205。
③ 金泽荣《续韶濩堂集》卷三，南通翰墨林印书局，1920年排印本。
④ 韩国学文献研究所编《金泽荣全集》卷一，亚细亚文化社，1978年，页180。

本的侵略扩张野心。因此赢得了朝鲜许多有识之士包括金泽荣的尊敬。

金泽荣在来中国之前，给张謇写了一封信。"与吾子别，今已二十三年矣……得人知己，自古所难，以仆不肖，窃尝奉吾子知己之言也，至今未尝暂忘于中，此生此世夫复何幸，亦复何求，将朝暮投劾，航海而南，从吾子于山椒水曲之间！以与吾子对论文史，忽焉忘世。"①

金泽荣在设在上海的通州大生实业公司账房拜访了张謇。张謇后来记述道："甲申既归，遂与沧江睽隔，不通音问。阅二十年，忽得沧江书于海上，将来就我，已而果来，并妻挐三人，行李萧然，不满一室，犹有长物，则所抄申紫霞诗稿本也。"② 匆匆逃亡，别无他物，作为学者最珍贵的莫过于典籍和文稿了。金泽荣在《自志》中说："遇季直言曰，此身区区学殖，资于中国之圣人，所谓通于夫子，受罔极之恩者也。嗟乎，吾纵不能生于中国，独不可葬于中国乎！"③ 张謇果然不负老友，他同情金泽荣的不幸遭遇，并且敬重其人品、文品，不但热情地接待了金泽荣，并且为他作了长远的计划。张謇希望金泽荣任沪报社主笔，但他推辞说："一个逃亡之人怎么敢和中国的士大夫们议论天下事呢！"正值翰墨林书局初创，需要人才，张謇便安排他到通州翰墨林书局做编校。

二、与俞樾、梁启超、屠寄、
严复、郑孝胥的交往

金泽荣从汉城出发，到上海登陆后先去苏州拜访俞樾。在来中国之前，金泽荣给俞写了一封信，"极道仰慕之诚并以诗文数篇见示"④，俞当时已是 85 岁高龄，仍赋诗二章答之，"已感深情传缱绻，

① 韩国学文献研究所编《金泽荣全集》卷一，页 415—416。
② 张謇《金沧江刊申紫霞诗集序》，《张季子九录》文录，页 2206。
③ 金泽荣《自制墓志铭》，《金泽荣全集》卷六，页 698—704。
④ 俞樾《春在堂诗编·二十二(乙巳编)》，清光绪二十八年刻本。

更惊健笔擅纵横","莫惜缘悭难觌面，好凭鱼雁话平生"①，并以《春在堂全书录要》一册寄之。金寄诗文稿给俞，俞也将自己的文集录要回赠。两人年龄相差 29 岁，以文会友，金对俞是崇敬仰慕，俞对金是赏识提携。应该说金泽荣得到俞樾的赏识是促成他流亡中国的重要原因。俞是清末著名学者，得到他的认可，也就得到了中国学界的认可，金泽荣以文章报国，以著述为业，这一点对他是至关重要的。他在《奉和俞曲园先生》诗中说，"远海几回劳梦寐，尺书难得馨衷情。玄亭载酒他时约，预嘱阳侯送棹轻"②，诗书往来，岂能倾诉情怀，还是相约会面时共诉衷肠吧。

金泽荣请俞樾为自己的诗文集作序，俞樾后来写道："余读其文，有清刚之气而曲折疏爽，无不尽之意，无不达之词，殆合曾南丰、王半山两家而一之者。诗则格律严整似唐人，句调清新似宋人。吾于东国诗文亦尝略窥一二，如君者，殆东人之超群绝伦者乎。"③ 金泽荣回到上海不久就收到俞樾寄来的序文，"及余辞归沪而序文至，则距请不过五六日，盖其年已极隆而精力之不衰者如此，而序中所论所赏多有令人感动者，实余文字游世以来数十年所不几值也。"④ 扶杖见客已是礼遇，应允作序更属难得，何况仅五六天后序文即寄至沪，俞樾是声名卓著的学者，金泽荣得知遇之恩矣。"大作敝稿序，平驯有韵而成又甚速，孰谓先生已耋也哉。诗文之评俱极精深，使人油然有感。"⑤

梁启超也是金泽荣敬重的中国学者。梁启超创办《新民丛刊》时，以"中国之新民"笔名发表《新民说》系列文章。金泽荣自署"中华新民"，应该说是受了梁的影响。梁启超说康有为"于中外史学，用力最深，心得最多，故常以史学言进化之理。"他本人也立志"欲草一

---

① 俞樾《春在堂诗编·二十二(乙巳编)》。
② 韩国学文献研究所编《金泽荣全集》卷一，页 248。
③ 俞樾《沧江全集序》，韩国学文献研究所编《金泽荣全集》卷一，页 7。
④⑤ 金泽荣《挽曲园先生》，《金泽荣全集》卷一，页 258—260。

中国通史，以助爱国主义之发达。"金泽荣在中国找到了以文报国、以史报国的知音，他委托张謇请梁写序。梁启超在《丽韩十家文钞》序中说："夫国之存亡，非谓夫社稷宗庙之兴废也，非谓夫正朔服色之存替也，盖有所谓国民性者……国民性以何道而嗣续……则文学实传其薪火而管其枢机，明乎此义，然后知古人所谓文章为经国大业不朽盛事者，殊非夸也。"① 这里说的"文学"当然是广义的，是社会意识形态之一，是将哲学、历史、文学等书面著作统称为文学。金泽荣在《明美堂集》序中也说："自古人国未尝不亡，而于亡之中有不尽亡者，其文献也。"② 和梁启超的思想何其相似。金认为"委巷轮士，官府小吏之所记录，皆足为亡国之遗宝"③，这是他对整理、保存民族文献的态度，著述、修史都是以文章报国。因此他定居南通不久，曾返回国内搜集资料，"一部阳秋狂妄计，归装辛苦聚遗书"，他剃发换妆装成中国人，以避开当局的搜捕。金泽荣和梁启超的会见是在1922年的南通，梁启超应张謇之邀来南通参加中国科学社七次年会。金已年逾古稀，仍亲往拜访，有《梁任公至南通余访见之明日有赠》诗："一朝欢喜逢名士，千古归来有此时"，"泰山文望昌黎氏，泽潞兵谈杜牧之"。表达了自己的心情。

近代史学家屠寄（光绪进士、翰林院庶吉士，曾任京师大学堂教习、北京大学国史馆总纂）在主持通州师范国文专修科期间，也和金泽荣结下了深厚的友谊。屠寄为撰写《蒙兀儿史记》搜集旧籍和外文史料，纠正了《元史》的许多错误。他慕名去金泽荣家借书，读到金的诗稿，非常赞赏，要金赶快刊印出来。当知道金手头拮据时，屠寄表示"吾且为子谋之，即取行囊发金"。金泽荣后来记叙道："余止之，而先生执之甚固，仍以招醵，于是自本校学生以及中学校、师范学校诸职员群然响应"。不仅如此，张詧（字叔俨，号退庵，张謇三兄，曾随

① 梁启超《丽韩十家文钞序》，《饮冰室合集》册四（《饮冰室文集》之三十二），中华书局，1989年，页35。

②③ 韩国学文献研究所编《金泽荣全集》，卷一，页524。

庆军赴朝帮办后勤，以军功保举知县，后辞职回乡协助张謇创办各项事业）为屠寄饯行时，屠说"请以所为饯者为酿，则吾不饮而已醉矣"，张素敬重金，"笑而应之，自巳至酉所酿金凡七十有奇"①。金泽荣自选诗文集《沧江稿》很快在翰墨林书局出版，金在序中记录了事情经过，并列出屠寄、张謇等 38 位捐资者的姓名。

金泽荣曾去常州看望屠寄，屠书联一副："思君不来怀闲素，何日痛饮开兰衿"，并旁书："沧江老友积年不晤，顷来又不能久留，与订后约，当过平原原定之日数，方畅也。"② 在常州他们相携酌酒赋诗，遨游吟咏，访问苏东坡、唐荆川故居，赴友人家赏菊，金在常州短短几天写下近 10 首诗。金泽荣后来在南通得知屠寄逝世，写下了悲痛的挽诗："当年倾盖乐新知，况是牙琴值子期……拙著伤人披不得，行问几处见魂回。"③

金泽荣在上海结识了严复、郑孝胥。他在《自志》中说："六十岁……去取书籍，以完吾史乎，遂行至上海，留候仁川直船，间至杭州观西湖，且交严复几道郑孝胥苏龛，甚欢，二人皆名士也。"④ 他多次去严复寓所晤谈，以随身所带诗文手稿送呈严复阅读，严复则以所译《原富》《名学浅说》二书相赠。金在给友人信中曾说，"中国有严几道进士推吾文佳处可肩比魏冰叔、侯朝宗"⑤，金对严复赞许他古文可与清初散文家魏禧、明末清初文人侯方域相媲美颇自负。金泽荣《寄严几道》诗说："一代真才惟汝在，古来知己与神通。春云万里沧溟路，怊怅那堪独向东。"⑥ 他称严复为"一代真才"，视为知己，甚至表示不愿独自回朝鲜了。严复的日记记事十分简略，有的仅记人名，不叙事由，有的缩略文字，甚至用记号代

①　韩国学文献研究所编《金泽荣全集》卷二，页 20—21。
②　屠寄书联，南通博物苑存。
③　韩国学文献研究所编《金泽荣全集》卷一，页 392—393。
④　金泽荣《自志》，《金泽荣全集》卷二，页 459—464。
⑤　韩国学文献研究所编《金泽荣全集》卷六，页 642。
⑥　韩国学文献研究所编《金泽荣全集》卷一，页 278。

替，但他日记中却有 5 处记到金泽荣。严复也不以诗名家，保存下来的诗作不过 200 首左右，写给金泽荣的就有 7 首。严复对金修史的评价很高，"笔削精灵会，文章性命轻"[1]，对他的文学造诣更是赞赏，"异同空李杜，词赋近邹枚"[2]，可比汉代的枚乘、邹阳，唐代的李白、杜甫。

金泽荣深受中国传统文化的浸染，一向尊崇苏轼。郑孝胥的诗在当时诗界众口传诵，卓为一家，而且他字苏堪，居所海藏楼又取意苏诗。金泽荣在诗中以苏轼比苏堪："一炉香瓣拜苏仙，仰睨风流八百年"，"直欲去赊江上月，云帆侧挂到君边"[3]。表达了对郑孝胥的钦慕。郑孝胥也赠诗送金泽荣东航返国："破碎山河剩断魂，脱身犹得客中原"，"如闻博浪椎能中，奋笔何辞溅血痕"[4]。对金泽荣流亡中国、以文报国给予高度评价，朝鲜义士安重根刺杀伊藤博文固然壮哉，但客居中原不忘危难中的祖国，冒险回乡搜集图籍，奋笔修史，报效国家，不也一样可圈可点吗！金泽荣在上海还写有"赠郑苏龛孝胥"一诗，"陈林严郑一时誉，知子珊珊仙骨清"，把郑和陈三立、林纾、严复并列，可见金对郑的推崇，如论文学成就，郑是有资格和以上几人并列，至于后来政治上的失节，则是另一回事了。金泽荣和郑孝胥一直保持着交往，1920 年，金有"寄苏堪为文寿峰崔寄园乞字"诗，金善书，他的书法作品曾收入《中国名人金石书画》第一集，1924 年由上海合群石印社出版，可见已享有相当声誉，他替友人向郑索字，说明他们交谊甚深和他对郑的书法的赏识。

①　严复《送朝鲜通政大夫金沧江泽荣回国》，王栻《严复集》(诗文下)册二，中华书局，1986 年，页 375。

②　严复《奉和金沧江诗》，《金泽荣全集》卷六，页 615。

③　韩国学文献研究所编《金泽荣全集》卷一，页 280。

④　郑孝胥《海藏楼诗集》，上海古籍出版社，2003 年，页 198。

三、与南通文人的交往

　　金泽荣在翰墨林首先编辑出版的是《申紫霞诗集》。申紫霞名申
纬，字汉叟，紫霞是他的号，是朝鲜著名诗人。申纬在 1812 年（清嘉
庆十七年）曾到过中国，拜翁方纲为师。金泽荣二十多岁时在京师看
到他的诗稿就深为折服，惜其未刊。三十年后金泽荣流亡中国，简洁
的行囊中却带着申紫霞诗稿本。张謇为之作序云，"沧江复为言其老
辈申紫霞诗才之高，推服之甚至"，"沧江于紫霞之诗，可谓有颛嗜者
矣"，"紫霞之诗，诗之美者也。沧江学之而工，而辛苦以传之不迁"。
序中还说："比与余书：子方劫劫然忧天下之不活，而仆忧一诗人之
不传，度量相越甚远。余语沧江：活天下难，若子传一诗人亦不易，
相与大笑。"①《申紫霞诗集》出版后几乎全被朝鲜购去。金泽荣写道：
"余刊紫霞申公诗二本一千部于通州翰墨林书局，而韩人主刊者尽数
输去，以为售计故，余不得布之于中州，心常恨之。兹者，乃于二本
略施删落而刊一百五十部，将以百部布赠中州词苑诸家，庶几涤其
所谓恨者。然所以能有此者，岂余之力者哉，实中州诸君子之力也。
故辄列诸君子姓名于左，以存不忘时。"② 金泽荣列出了 16 位文友的
名字，其中有陈星南、习位思、费范九、徐贯恂、瞿竟成等南通学
者。重印的书大部分是送中国文友的，南通图书馆藏的《申紫霞诗集》
封面上就有金泽荣"此请邵大樗代赠南京词家"的亲笔题识。中国文
友倾力襄助出版，起重要的精神纽带作用的，是中韩两国同属儒学文
化圈，在近代有着极其相似的历史遭遇，都饱受日本帝国主义欺凌的
原因，故国黍离之痛最能牵惹文人的心怀。

　　1911 年，金泽荣自己的诗文集《韶濩堂集》出版。张謇在序中说：
"晋山金沧江能为诗，隐山泽间，与之言，隤然君子也。观其业，渊

------

　　① 张謇研究中心、南通市图书馆编《张謇全集》卷五，江苏古籍出版社，1994
年，页 231—232。

　　② 金泽荣《申紫霞诗集序》，《金泽荣全集》卷一，页 483—485。

思而挈趣，踵古而冥追。世纷纭趋于彼矣，沧江独抗志于空虚无人之
区，穷精而不懈，自非所谓风雨如晦鸡鸣不已者乎！道寄于文词，而
隆污者时命，沧江其必终无悔也。故为之摅所感以序其诗。"① 一个
柔弱文人，却以天下兴亡为忧乐，虽流亡他乡，仍恪守忠孝节义，以
诗文言志载道，以诗文报国，这才是最可钦佩的读书人！他们的心是
完全相通的。后来，金泽荣又出版了自选集《沧江稿》，他在封面上题
写了："此是正误最精之本也，覆赠吾嗇庵老人。泽荣癸丑(1913 年，笔
者注)五月十八日"送给张謇，措辞之亲密，见出两人非同寻常的友谊和
深情。

　　金泽荣以文章报国，在南通期间，诗文创作之外，他把更大的精
力放在修纂祖国的历史上，为整理、保存民族文化精粹而殚精竭虑。
对于金泽荣修纂祖国历史的用心，张謇深以为然。在金泽荣《韩国历
代小史》序中张謇慨然写道：

　　　金君沧江当其国是抢攘之际，尝一试为史官。度与其志与所
学拂戾不能容，而国将不国，乃独懔坚冰且至之惧，本其生平崇
敬孔子之志，挈妻子而来中国，以为庶几近孔子而中国居也。既
至，不十年，国遂为人摧践以亡。而其祖宗邱墓所在，故国禾黍
之悲，耿耿不忘于君之心。于是始终李氏朝鲜之事，成《韩史綮》。
居数年，以其书合之于前所作《韩国历代小史》为一书，以仿虞书
冠尧典之义。甚矣！金君之用力勤，而其志可悲也。庄生有言，
哀莫大于心死，而身死次之。嗟乎！此以人而言也。言乎国，则
謇独以为哀莫大于史亡，而国亡次之。国亡则死此一系耳，史亡
不唯死不幸而绝之国，将死此一国后来庶乎有耻之人。金君叙一
国三千二百余年事，可观可怨可法可戒者备矣。谓以供人观怨而
法戒，如是焉差可也。韩之人抱持纶一旅楚三户之志者伙矣。艰
哉！读金君书，其亦有睎然而思，瞿然而忧，然困而弥厉者乎！②

①　张謇研究中心、南通市图书馆编《张謇全集》卷五，页 236。
②　张謇研究中心、南通市图书馆编《张謇全集》卷五，页 291。

把撰史看得比生命还重，把撰史看作是记录、维系民族精魂之所在，使人思索，使人振奋，是鼓舞民族斗争的旗帜，这是张謇和金泽荣共通的思想，也是他们殊途同归的爱国、救国思想精神的交融契合点。金泽荣在南通翰墨林出版的许多史学著作和作品集都因为其撼人的民族气节而被日本侵略者定为禁书。

费范九（费为张謇学生，名师洪，字范九，曾任商务印书馆美术编辑主任）编《重编韶濩堂集精》（1925 年翰墨林出版），其中包括诗集定本 6 卷、文集选本 6 卷、补遗 2 卷，全书收录金泽荣此前历年所作诗赋、序跋、杂记、墓志、传状等，除了早期在朝鲜所作外，大多是与中国文人唱和的作品，从中可以看出他在南通的生活以及交游的情况。如：《钱浩哉送舟要（邀）同游郑泽庭半屿园，余以感疾未应述怀寄二君》《石又新、邵大楞二少年攻诗之暇共学琴于徐立孙，一日相与携琴过余，各操一二弄，作此谢之》《谢澹庐赠腊梅折枝一束》《十五夜晋奇招同张峡亭、杨谷孙、徐澹庐诸君子玩月》《蕉石山房同晋奇夜饭，杨君谷孙亦在座，归后有寄》《退翁送扇与金泥，要写近体诗，余既拙于书又苦扇之难书，作此乞李晓芙代写以归之》《题澹庐所作荷花图》……宴游赏花，弹琴观月，题诗唱和，金泽荣完全融入了中国文人的生活圈。金泽荣生活的窘迫和痛苦也在诗中有所反映。金泽荣定居南通后出生的幼子不幸病死，无钱置办墓地，钱浩哉将自家坟地相赠，金泽荣为此写了《金生生圹歌》。钱并不富裕，却"浩哉居贫念我贫，种种布施非一时"（金泽荣《谢钱浩哉馈米》），"老夫之贫今得救，浩哉之愚将孰医。参术针灸所不到，天生肝胆有如斯。"金泽荣和南通文人结下的真挚情谊，令人动容。

金泽荣在南通翰墨林书局出版了卷帙浩繁的诗文和史学著作。这些著作的出版是中韩文化交流的生动见证。

（原载于《博览群书》2006 年第 3 期）

作者单位：南通市图书馆

金泽荣的思想与
学术成就

从《韩史綮》识金泽荣的历史批评观

羽离子

金泽荣，号沧江。他是一位自 1905 年从朝鲜流亡中国后一直在华定居至去世的成就斐然的历史学家和文学家。国内最早开始研究金泽荣的是已故的文史学家蔡观明先生。他于 20 世纪 50 年代编撰了金泽荣年谱，但未出版。1976 年，南通市图书馆与博物馆联合编纂、油印了一册《金泽荣资料》。1988 年笔者发表了《张謇与朝鲜流亡爱国诗人金沧江》一文，则是国内第一篇公开发表的研究金泽荣的论文。同年 10 月，杨昭全先生的《中朝关系史论文集》一书出版，在其"中朝文学交流"部分中简介了金泽荣。其后，金泽荣日渐被国内学术界所注意。至今国内外已有不少学者如金明德、邹鑫华、邹振环、章开沅、朴忠禄、宋天镐、文基连、赵鹏、金东勋、刘泽生、权哲、薛平等和韩国的徐廷柱、金都炼、李相弼、金约瑟、玄季顺、林荧泽、金哲竣、闵丙秀、李丙畴、崔惠珠、权五惇、吴允熙、朴光用、金钟圆、郑载诘、李阳子、金承龙等分别撰写了关于金泽荣的很有见地的文论，各从不同的方面和从不同的角度来探索了金泽荣的人生、家族、史传、文学、社会交往、所代表的中韩文化交流和友谊等等。本文则着重探讨尚未被充分研究的他的通过其重要的历史著作《韩史綮》所体现的历史批评观。

于 1392 年立国的朝鲜李氏王朝加强了封建专制，对文字著述更行禁控政策。史学研究和史学著作受到限制。1497 年，史官金驲孙将所抄录的其师金宗直年轻时所作的《吊义帝文》交付史监保存。奉命修《成宗实录》的春秋馆事李克墩于当年七月在史监见到此文，将其见闻转告给了柳子光。柳子光多年前在访游韩国咸阳城时，曾在当地留诗于板壁。后来金宗宜来任咸阳守官，让人撤收了柳子光先前的题诗板。所以柳子光一直耿耿于怀，对金宗直深为不满。这次听到李克墩转述的见闻后，心中大喜，立刻串通了大臣严弼商、韩致亨等向国王李懌（燕山主）揭发此事，诬称金宗直、金馹孙结党，著史以贬先朝。燕山主令将金馹孙鞠杀，剖已死的金宗直的棺，斩其尸，又令收捕金宗直的弟子，对他们或杀或处予流刑。史称"燕山朝史狱"。经此，朝鲜儒士受沉重打击，以至于很多年里再也听不到孩子的读书之声。而著史之事，则更是绝迹了。而从英祖朝（1724—1775 年）始，朝鲜封建政权的闭锁性和对思想文化的钳制已愈演愈烈。国内能算作史著的，除了历朝实录外，只有朝报了。

19 世纪后半期，美俄英势力开始染指朝鲜半岛，日本更是对朝鲜存有侵吞之心。1897 年，朝鲜改称大韩帝国。十三年后日本吞并朝鲜半岛，大韩王朝倾覆。在此前后，韩国士大夫或趋炎附势，改投日本殖民当局，或不肯俯首而自绝，或致仕回家，从此不问国事，或隐遁山野、流亡国外为国朝逸民而拒绝做日本统治者的顺奴。金沧江即为后者。后一类人并不多，其中有人能体察朝韩史脉，用心记录 19 世纪末急剧变化的形势与内情，著成史书以求延承国祚。可惜史著仍是少之又少。曾身为韩国史官的金沧江，也只知有秘书丞安钟和著有《国朝人物考》，进士黄玹著有《梅泉野录》，赖襄撰有《大东外史》，内部主事张志渊著有《东国名臣史》和《疆域考补说》，李建昌述、其友所记的《党议通略》，李肯翊撰有《燃藜记述》，文朴辑有《山南征信录》这几部历史类著作。因此，他在著《韩史綮》时还不得不参考佚名氏撰、西洋人纪法刊的《大东纪年》。

金泽荣自己则早在韩光武五年（1901 年）时就著有《东史辑略》。后于光武八年对此书再作增补。因记史之精要确当，思想之忠君正统，翌年，此书被大韩帝国学部易名为《历史辑略》而正式印行全国。金泽荣以其忠君保韩、守儒固统和强烈反日的坚定立场而广受韩国人士的尊敬。

然而，在《东史辑略》撰成十三年之后，金泽荣完成和出版了另一部史书《韩史綮》。此书的出世石破天惊，极大地震撼了韩国的史学界和思想界。而且，很快受到了韩国遗民和传统儒士们的猛烈抨击。邹振环先生对这一情况有一段综合性的陈述，现引录于下：

> 《韩史綮》1918 年由翰墨林印书局刊行后流入朝鲜，开始引起那些抱有忠君思想的传统儒家学者的强烈抗议。他们认为这是一部"耳不忍闻，口不可言"的史书，其根本上违背了《春秋》"为尊者讳"的史法，而以侮辱君王为能事。1923 年刊出了赵愚植、柳寅永、崔万植等 125 人的连名抗议书《略辨韩史书》，辱骂金泽荣是寓佣于翰墨林印书局中的"一种妖怪孽芽"，"彼素以巧黠文字名"，《韩史綮》一书"诬蔑君父、凌辱先贤"，是"国家之乱贼，儒门之叛卒"，要求南通翰墨林书局摈屏于无父无君之地，勿使污染华夏，并火其书，勿令惑人耳目。1924 年同时出版了两本《韩史綮辨》，儒林总部推出的孟辅淳本，有 101 位韩国学者参与发起对《韩史綮》的攻击，该书罗列出《韩史綮》有违背"春秋大义"；诬毁后妃；诋斥先贤；党私之论；好谈阅阅；将檀君开国置于半信半疑之间；讥评韩人忠君爱国习性共七大罪状。结论是该书"不可以为史也，亟付之火，勿污人眼可也"。太极教本部出版的李炳善本，参与围剿的京城绅士 253 人，地方绅士 1253 人，在该书末《讨史贼金泽荣文》中，把金泽荣斥为"枭獍不若"的"罪大恶极"者，指责《韩史綮》"肆然加诬蔑于我列朝""辱说我先后""恶骂我先帝""大恶我英祖""夷狄我太宗""篡逆我太祖""侮毁我先贤"，号召国人"同声声讨"，"遍告遐迩使人人亟加严诛，以伸春秋大义"[1]。

甚至于金沧江的一些旧友们也不敢为金沧江的史论辩护。朝鲜人玄昌德曾记述："先生之遁于淮南也，海内名士刊其文集，已属艺林佳话

---

① 金泽荣《韩史綮》卷一《太祖纪》，南通翰墨林书局，1914 年第一版（以下所引此书的版本皆同此），页 1 右。

矣。及其慷慨悲愤以殁也，哭以祭之，歌以挽之者多至数十百人。其文章、名节之为人钦仰，顾何如也哉。独以史事，谤议不熄，虽平生知旧不欲发一语。"① 金沧江死后，其友松溪先生金元培的挽词中就有如下的对句："千秋恨结《呜呼赋》，一世谤多《史綮》文。"②《呜呼赋》是金沧江因 1911 年日本吞并朝鲜而作的悲怆至极的名赋。《史綮》即《韩史綮》。

《韩史綮》究竟是一部什么样的书，竟至于有如此声名，何以作者要被那么多儒生遗士"亟加严诛"？

《韩史綮》全书六卷。记李氏王朝"二十三王、二帝、二废主，历年凡五百十九年"事。朝鲜史书向以中国史书之体例为准，惟此书特立独行，自创新体。例近传统的帝王本纪，以事系年，却又参采通鉴体，时而以事系语。更大张汉司马迁论史之意，而在书间论事品人，无论是君王或布衣，邦国大政或民事，堪论处，皆论锋锐利，直抒心胸。全书不仅通过纪事来述论，还专门立"论曰"五十一条，构筑了一个全面论史的体系。其评论则体现了金泽荣与自己早年思想大异的晚年可为代表的、成熟的史学思想和政治思想。《韩史綮》对历史的批评，可分成十余大类，特选择其中主要的几类而证论如下：

一、撕开封建统治者的虚伪矫饰，揭露了统治集团内的血腥倾轧

金泽荣在各王本纪之首，以数语先简述其王一生。他常在此直指史实，不事文饰。如在《太祖纪》首谓："太祖高皇帝康献王，李姓，名旦，字君晋，初名成桂。其先全州人，屡徙为咸兴人。高丽东北面

---

①　玄在德《沧江先生实记跋》，韩国学文献研究所编《金泽荣全集·第六卷·沧江先生实记》，亚细亚文化社，1978 年，页 717。

②　金泽荣《韩史綮》卷一《太祖纪》，页 1 右。

兵马使子春第二子也。母萧思，王后崔氏。屡立战功，致位将相，弑
二王，篡恭让王位。在位七年……"① 言人之不敢言。而在《世祖纪》
中，同样揭批道："世祖之杀侄、杀诸弟以盗君位，万世之大恶也。
叔舟请婢端宗妃，又万世大奸大恶之尤也。"② "世祖……方其血气之
刚，欲火之盛也。残其骨肉，如屠羊豕，犯万世之大恶而不知
其非。"③

　　世祖对企图助上王复辟的大臣也要残酷折磨后才让之死。如令武
士刑拷集贤殿学士成三问，"灼铁穿脚，断肱"；对节制使愈应孚，则
"令灼铁置其腹下，膏火并煎"。然后再一一诛杀他们的亲友。王行还
不如禽兽。

　　靠残杀骨肉以夺、以保帝王位的何止太祖、世祖二人。金泽荣
在《英祖纪》中实记其后的英祖怀疑自己的儿子——世子要夺自己的
王位，于壬午三十八年（1762）叫人做了一只大木柜，"命囚世子。
世子闻命，泣曰：'赵载浩若在，吾不至此。'就囚者，数日，竟饿
死于柜中"④。

　　统治阶级内部倾轧的另一表征是朋党之争。因朝而异，朝鲜统治
集团内有老党、少党之争，南党、北党之争，东党、西党之争等等。
金泽荣评论道："韩自中世以来，四党分立，各持其论。圣于东者狂
于西，忠于南者逆于北；纷纭错乱，莫执其一。虽其间时或不无自命
公正者，而积习之濡染，终未易脱之尽矣。"同党内部，还争残不休。
在论肃宗朝事时他曾叹："朋党之陷人天良如此夫！"⑤

　　李氏王朝中，老党前后得势共达二百余年。但在金泽荣看来，入
党、反党皆祸。得势，并不靠"义理"。他评道："老党之以时辟相戮
者，岂为其义理哉。不过假国家之一大案以为一身禄位之媒介而已。

①　金泽荣《韩史綮》卷一《太祖纪》，页 1 右。
②　《韩史綮》卷一《世祖纪》，页 17 左。
③　《韩史綮》卷一《世祖纪》，页 18 右至左。
④　金泽荣《韩史綮》卷四《英祖纪》，页 20 左。
⑤　金泽荣《韩史綮》卷四《肃宗纪》，页 6 右。

可胜慨哉!"① 对王朝的正统与非正统,对臣民的顺逆等,在当时,金泽荣见解独异:"然自古国家之事有成败而无顺逆。所谓窃钩者诛,窃国者侯。"② 因此,"自古宫掖之间,冤气常多。人彘巫蛊之祸,史不绝书",故金泽荣庆幸:"独余也,幸赖皇天之灵而不堕在于四党之中,得以保全是非之本心。"③

二、抨击了封建王朝闭言路、禁锢思想、兴史狱的专制独裁

中国的明、清两王朝中,文字狱陡起,专制王权达到了顶峰。而朝鲜的李氏王朝,其历史的轨迹与中国十分相近。封建专制制度与方式,有着惊人的共性。显宗时,朝鲜大儒宋时烈和尹镌不仅政见有异,在对四书五经的注解上以至于儒家理论上也见识不同而互有讥驳。金泽荣记庚申六年(1680),尹镌被肃宗赐死。己巳十五年(1689),宋时烈也被赐死。两宗师门下生徒多受牵连。即所谓"师门乱贼之禁"。以致十多年之后,判书朴世堂所作的《四书注说》和《李景爽神道碑》等还受牵累而被"投之水火"。金泽荣论:"朝鲜人才之生甚眇然矣。自肃宗设师门乱贼之禁以来,学者自得之功尤远矣!"④

封建王朝禁锢思想,一切须以君王的所思所想为准。金泽荣尤其在书中揭露了燕山君执国时的骇人听闻的史狱的真相,对钳制思想和文字的后果,他看得很清楚:"自是儒林丧气累息,学舍无诵声矣!"⑤ 又谓:"盖尝以为:高丽之世比之中国,则两汉也。风气尚能宽大,尔雅君子如李益斋者得修其一代之史。故其后郑麟趾所撰《高丽史》但补益斋以后二十年之事,而无所事于甚勤也。韩则不然,风

① 金泽荣《韩史綮》卷五《纯祖纪》,页 3 右。
② 金泽荣《韩史綮》卷四《肃宗纪》,页 14 左。
③ 金泽荣《韩史綮·序》。
④ 金泽荣《韩史綮》卷四《肃宗纪》,页 8 左。
⑤ 金泽荣《韩史綮》卷一《燕山主纪》,页 25 右。

气之狭隘为历代所未有。动触忌讳，手足莫措。自燕山朝史狱之惨，史笔摧挫。而至于英祖，则并于闭蠹。自后但有所谓奎章阁，日省录者止载其朝报，而遂为无史之国矣。至其草茅之间，或有一二记录而率皆述而不作，俚而不雅。则是将使五百年间君臣上下一切之污隆得失之迹归于烟雾之晦冥、灰烬之荡残而已。"①

三、对纯粹以农立国的批判和主张倚重工商

世宗（1418—1450 年在位）被朝韩史学界称之为李朝五百年历史上三位杰出君王之一。金泽荣也曾经不吝篇幅地盛赞了这位被人誉为"东方尧舜"的圣君，惟写《韩史綮》时的金泽荣已今非昔比，他从本质上看出，这位"东方尧舜"的一生作为充其量不过是"崇儒术、安贫窳"而不能农商两兴。他评价道："观世宗开六镇之事，盖亦有大勇大略而不止于慈仁也。推此道，以往庶孽之禁可解，军布之法可复，文武并用，农商两兴，以遗万世饶强之业于子孙。而今其所遗者，不过乎崇儒术，安贫窳而已。"② 金泽荣对朝鲜历来轻工商的情况特别给予了审视和批评。他说："原东邦自开辟以来，利用厚生、兴商劝工之制，一无所讲。财无所出，惟吮农民之膏血以延其命，而至朝鲜③则尤然。何珥之阙然不及此哉。抑朝鲜政制之拙狭已为莫治之痼疾。"④

金泽荣比较了中国和朝鲜的农商与赋税政策："三代之时，贵农而贱商，故所取于商者亦几希。惟管子独明商理以强其国。汉初，商贾复贱，至武帝时，桑弘羊修明管子之法，故武帝征伐三十年而国不亡者，弘羊之功也。自是以降，天下之事日益多，国用日益广，则益劝商业以取其税。以今日之中国观之，其属国家税者，曰：田赋、盐

---

① 金泽荣《韩史綮·序》，页 1 右至左。
② 金泽荣《韩史綮》卷一《世宗纪》，页 13 左。
③ "朝鲜"指李氏朝鲜。前句中"东邦"指李氏朝鲜之前的王朝。
④ 金泽荣《韩史綮》卷二《宣祖纪》，页 8 左。

课、关税、印花税、常关、统捐、厘金、矿税……其属地方税者，曰：田赋附加税、商捐、牲畜税、粮米捐、油捐……而其中取于商者居十九矣。……商既旺矣，广取而不为病。天下之庶事于是焉得集，所谓众擎易举也。若朝鲜自其开辟四千年以来，一守三代贱商之规而不之变，不肯兴奖其业。其所取税，自鱼盐红参以外，概皆无之，而况于捐。是谓坐弃其财于地，国之贫而亡，不亦宜乎？……盖吾既惜大院君之不学无术，不能培壅商业，且不能援中国之税制以晓民……"①

金泽荣的重工商的思想和英、法资本主义兴起时的重商主义思想有相近之处。查金泽荣在韩末所撰的早期著作，并无如《韩史綮》这些明确而强烈的励工兴商的思想。他如何获得这些新的认识？金泽荣在流亡中国，寓居当时中国的工业城市南通，参观过当时当地的各类现代化的工厂、农场，自己也从供职于封建朝廷改而服务于以资本主义方式运作的工商企业翰墨林书局，这些切身经验，都是他新认识的源泉。同时，他的挚友张謇兄弟等都是中国杰出的工商资本家。毋庸置疑，正是金泽荣的在华生涯使他产生了已与写作《东史辑略》时远为迥异和进步的新的观念。金泽荣对完整的资本主义的工商理论还不可能有清晰而准确的认识，但他已在自觉或不自觉地向其靠拢。

四、质疑御用儒学的治世功用

大韩王朝止步不前，在金泽荣看来，其经济上的原因是只知吮农民的膏血来延命而不知发展工商。其政治上的首要原因则是朋党相争。而朋党相争的原因有两个：一是风气狭，二是学术迂。所谓学术迂就是只知重理学之士而不懂劝农兴商，况且理学之士还"排斥不容""虚伪成风"。金泽荣在《韩史綮》中对此有专论：

"余尝痛朝鲜朋党之祸而深究其源。一曰风气之狭，二曰学

---

① 金泽荣《韩史綮》卷五《太上皇纪》，页14左至右。

术之迁。世宗崇尚儒术，成宗承而培之。甚至于设改嫁之禁以励
一国之名节。于是理学名儒相继以出，而至于宣祖之时，源流益
盛。宏纲大目，莫不以三代为标准。其地位诚为高矣，然以其地
位高也，故其余弊为迂阔自大，犹之登城而骂人……呜呼！夫先
之以风气之狭，后之以学术之迁，如此则其酿祸于人国，可胜言
哉。此李浚庆遗《疏》所谓一言不合，排斥不容，高谈大言，虚伪
成风者。呜呼，痛哉！为宣祖计者：解庶子之禁①，仍姑谢遣理
学之士劝农兴商，裕其财源。然后亟养兵士救其积弱，而尊待武
人过于文臣。如是者一二十年，则庶乎其可救。惜乎宣祖之不讲
及于此也！"②

　　金泽荣自身本是理学之士，又是文臣，但却认为要把理学之士赶
去劝农兴商，还要善待武人胜过待文臣。难怪《韩史綮》一出，有多少
前朝的儒士文臣要千刀万剐金泽荣了。金泽荣过去一向尊儒，他西渡
来华的一个次要原因就是来孔子的故乡以探索中国的儒学。其实，这
本身就已包含了金泽荣对那一时代朝鲜统治阶级的御用儒学和儒理之
士的不信任。

　　金泽荣在《韩史綮》中还斥责了封建君王治国家以私恩，自坏纲
纪；国家禄科之道尤貂道；酷刑妄杀；苛禁改嫁等王政。如此昏庸腐
败的王朝岂能不亡！他认为所有关于是因为所依托的俄国在日俄战争
中战败而使韩国亡的说法是荒诞的。金泽荣一针见血地指出在中日战
争之后，"使太上皇乘此十年之暇，卧薪尝胆，兢兢自治，则日本将
如之何哉！无如卖官鬻爵，禳神观剧之外无一所知，万几万事日就乱
亡之途，而惟欲仰俄罗斯之鼻息以为一缕之命。噫！……故曰韩之

————————
　　①　朝鲜太宗于乙未十五年(1415年)采纳右代言徐选的提议，令庶出的子孙不得
为正职。此后数代，此禁令一直不解除，以至于凡正妻不生育，虽然妾有子的人家，
也仍然要领养儿子以为正。庶子之禁遭金泽荣的猛烈抨击。
　　②　金泽荣《韩史綮》卷二《宣祖纪》，页9左。

亡，非俄罗斯之败之故，惟吾自伐自亡而已！"① 金泽荣还颂扬了抗日英烈安重根等，品点了一些历史人物，评说了他们的功过忠奸，长拙贤劣。金泽荣还辩正了一些历史事实，例如实记了仁祖丁丑十五年（1637）三月，清将马保大和朝鲜安州兵使柳琳、义州府尹林庆业率军合攻明使沈世魁所固守的杀岛。沈世魁被杀，岛上数万中国人被屠。"而朝鲜兵之杀戮尤惨。岛人比死，大呼曰：朝鲜有何仇于我而至此乎？"②

金泽荣在研究评判朝鲜历史时，还注意与中国的历史相比较。在对具体的法令作了比较后，他觉得"朝鲜事事学中国，而事事必甚于中国"③；在对民情作了比较后，他的结论是："余至中国，然后知中国之民有教，而朝鲜之民无教。中国之民合，而朝鲜之民散也。"④ 诚然，金泽荣并没有更深入地提到民心之所以散，实是因为人民对国家、对君王、对社会失去了信任以及封建统治者的虚伪、寡廉鲜耻和暴虐而使得社会道德体系从上至下地崩溃了的缘故。

金泽荣通过《韩史綮》，表达了他晚年的历史观、社会观，对于他早年的史著而言，是有扬有弃。尽管有大批人称他为"罪大恶极"，但也有人爱求其言。金泽荣回忆：汉城抗日爱国的民族主义者崔益翰求读金泽荣的文章，请黄季方为之介绍。黄季方试探他，谓："金翁以作韩史之故，方为人所欲杀，子之求文，无乃迂乎？"崔益翰却说："吾所取者，正在于人之欲杀耳。"⑤ 与金沧江同时代的朝鲜学者孙厚翼后来赞誉金沧江的史著和其人："私窃以为公为工博矣，用心勤矣。史或有出入于诸家者，而考例援证足以传后。亦于国朝事不拘泥于时论党议，而洞直己见；文不循循于科臼绳尺，自肆力量，不类偏邦觚墨家套色。……试观古昔之达而伸其志于一时者，穷而诏其言于万世

① 金泽荣《韩史綮》卷六《太上皇纪》，页 19 右。
② 金泽荣《韩史綮》卷三《仁祖纪》，页 14 左。
③ 金泽荣《韩史綮》卷四《肃宗纪》，页 8 左。
④ 金泽荣《韩史綮》卷五《太上皇》，页 11 左。
⑤ 金泽荣《书崔烈士益翰事》，《借树亭杂收》卷二，1926 年。

者，其责果孰重？其功又孰大哉？先生，豪杰之士也。即之今世而当其任矣，契之后世而必有赖其功者矣。"①

中国的张謇称赞金泽荣的历史观，认为他的史著是"供人观怨而法戒"；读其书，能"栗然而思，瞿然而忧"。张謇谓："金君沧江当其国是抢攘之际，尝一试为史官。度与其志与所学拂戾不能容，而国将不国，乃独懔坚冰且至之惧，本其生平崇敬孔子之志，挈妻子而来中国，以为庶几近孔子而中国居也。既至，不十年，国遂为人摧践以亡。而其祖宗丘墓所在，故国禾黍之悲，耿耿不忘于君之心，于是始终李氏朝鲜之事，成《韩史綮》，居数年，以其书合之于前所作《韩国历代小史》为一书，以仿虞书冠尧典之义。甚矣，金君之用力勤，而其志可悲也。……金君叙一国三千二百余年事，可观可怨可法可戒者略备矣。谓以供人观怨而法戒，如是，焉差可也！韩之人抱持纶一旅楚三户之志者伙矣。艰哉！读金君书，其亦有栗然而思，瞿然而忧，局局然困而弥厉者乎！"② 张謇一针见血地道出了金沧江著史的目的。

至于反对派，金泽荣对他们的诟骂之词中的合理成分，还是虚心听取的。他在为金钟骥作传时提到："当是时，泽荣撰韩国小史，上自檀氏，下至李氏，近五千年，而于李氏祖威化岛回军之事，举实直书。既刊，汉阳、谷城诸儒见而骂之曰：'金泽荣，非李氏臣乎？奈何不讳？'因并举其年月姓名错误之类，以声讨。泽荣以为：'诸儒独不读《公羊》《谷梁》二氏之春秋乎？（二氏以齐鲁之人，皆直书齐鲁先君之弑恶）又不闻韩朝名儒（指李退溪）、名臣（指申象村）是元氏秘史者乎？'不之变屈。但于声讨之中，取其长者，以救其史之误而刊之。"③ 1918 年，在一片谤声中，金泽荣勇敢地印行了《韩史綮》的第二版，他择善而从，在新版书中订正了一些错误。但在根本问题上，

①　孙厚翼《序沧江先生实纪》，韩国学文献研究所编《金泽荣全集·第六卷·沧江先生实纪》，亚细亚文化社，1978 年，页 607。

②　张謇研究中心、南通市图书馆编《张謇全集》卷五，江苏古籍出版社，1994 年，页 291。

③　金泽荣《金钟骥小传》，《借树亭杂收》卷四。

即在是否直笔历史，是否虚饰帝王之恶等的问题上，金泽荣"不之变屈"，绝不屈服于声讨。除将第一版的五十一条专论调整为五十条以及略作订改外，各专论的阐陈析议依然如故，他对历史依然作严肃的思考，批判的锋芒依然锐利。何况金泽荣惟恐别人在他死后以为他好谀而贱视他。他曾坦陈："余以虚名，志人丘垄，殆将数十百篇。然徐察之，则徒子孙读耳，他人无有读一篇者。盖碑志之以谀见贱于世久矣。故虽不谀者，亦受其累。"① 金泽荣的著史态度十分严谨，在第二版完成后，特在书末郑重地列出了他不能确知的一些历史事件和人物在世所系的十五个年月，希望后人能为之考补。

《韩史綮》的完成，标志着金泽荣已从一名旧儒学的忠诚卫道士变成了一名已接受了其他各种社会思想，不再死抱着经世理学不放的思想解放者，标志着金泽荣从一名李氏王朝的遗民转变成了一名终于抛开了这一封建僵尸的自由人，还标志着他从一名为封建王朝服务的宫廷史官真正转变成了一名能认识到封建君王与封建制度之腐朽丑恶并勇敢地给予猛烈的责评的独立的历史学家，体现了金泽荣新的历史观和世界观。而这一系列转变发生在一位曾身为李朝正三品通政大夫的老人身上，则更是难能可贵的。促成这一转变的原因，从金泽荣本身来说，是由于他对祖国和人民的挚爱，并为它们的解放而永不停息地上下求索的结果，从外部因素而言，中国的辛亥革命使远比朝鲜李氏王朝强大的满清王朝一朝崩溃，也给金泽荣带来剧烈的震撼而激奋了他。武昌起义爆发后，金泽荣为之欢呼，一气呵成《感中国义兵事五首》。其第一首即为："武昌城里一声雷，倏忽层阴荡八垓。三百年间天地醉，可怜今日始醒来。"其第四首曰："龙腾虎掷万豪英，叱落天河滣北京，箕域地灵应愧死，寥寥仅只产安生。"诗中的"箕域"指朝鲜，"安生"指安重根。金泽荣无比羡慕中国的革命。影响金泽荣的还有中国资本主义在 20 世纪初的急剧发展所导致的中国城市社会的变迁，以及他的挚友张謇从一名封建卫道士向一名新兴资产阶级代

① 金泽荣《书崔烈士益翰事》，《借树亭杂收》卷二。

表人物成功转变的清晰可知的示范作用，这些都是对金泽荣有着巨大的影响力的①。

1919 年，朝鲜爆发了声势浩大的三一百日独立运动。日本帝国主义血腥镇压了这一运动。一部分领导这一运动的人士流亡到中国上海，与已在上海和欧美的一部分韩国流亡人士组成了资产阶级共和政权的雏形——大韩民国临时政府。金泽荣因之而欢欣鼓舞。他接受委托，为大韩民国拟写了给中华民国总理的《陈情书》，叙述了中韩两国历史上唇齿相依的关系，吁请中国政府对大韩民国给予支持。金泽荣对资产阶级共和制的认同，表明他最终脱离了旧营垒，顺应历史发展的潮流，站到了新的进步的革命者的阵营中。

（原载于《韩国研究论丛》2004 年总第 11 辑）

作者单位：南通师范学院法政系

---

① 羽离子《张謇与流亡韩士金泽荣》，中国台北《传记文学》第 79 卷第 5 期（2001年），页 80—89。

韩国金沧江的汉学成就

羽离子

金沧江的本名为金泽荣，沧江是其号，又是韶濩堂主人，人们多以金沧江或沧江翁来敬称他。他于 1850 年（时朝鲜半岛为李氏朝鲜王朝，行大清年号，为道光三十年）11 月 8 日出生于朝鲜半岛上京畿开城府东部的一个官吏之家，金沧江幼习汉文，汉学功底深厚。

1905 年 9 月，金沧江为逃避日本人的奴役，渡海东来，流亡至中国，在长江北岸的南通寓居。已流亡至华而始终不忘复国和延续韩国文明的金沧江，每与人"谈及韩国事，辄辍笔流涕，甚至痛哭"。在他所任督校的南通翰墨林印书局及一批友人的大力支持下，他在中国编选、校注出版了一系列朝鲜半岛的汉文的历史著作和文学作品。金沧江自己也不断用汉文撰写了许多历史专著和诗文并汇编成书，这些充满爱国主义情操的著作出版后，很多被运回韩国，对鼓舞韩国人民的民族自信心起了很大的作用。

金沧江不独是一位爱国志士，且是一位重要的汉学家。本文依据原始史料，探讨他的多方面的汉学成就。

一

他是韩国最后一代用汉文写作的作家代表，他的汉文作品是他那一时代的韩国汉文学的最高成就的标志之一。

金沧江不会说汉语，却用汉文写作，一生作诗一千几百首，为文则近其数的一半。除有自己诗文的汇集近十种外，他撰写或撰补的史书有十种，笺注的古籍一种，编纂的其国名家诗文选集八种。金沧江所撰述编考的作品不仅数量大，而且质量很高。其史书不独反映了他洞悉社会与人生，能把握宏大的历史演递之史识，以及忠实不妄、不掩不讳、不虚不佞之史德，且能规制严整，记事则能提纲挈领，述陈精当。

他的文章的文体丰富，有律、绝、赋、联、歌、词、颂、记、简、传、论、辩、笺、评、批、铭、表、序、跋、策、题、说、诔、祭、讣、训等等。

其文章，效法中国的归有光，直追韩愈、苏轼。其诗歌则崇效杜甫、李白、韩愈、苏轼、王士禛。无论是他的文章还是他的诗歌，艺术造诣都很高。俞曲园高度评价了金沧江的汉诗成就："是岁（1905年）九月，君来见我于春在堂。面貌清癯，须髯修美，望而知为有道之士。出其所著诗文见示，余读其文有清刚之气而曲折疏爽，无不尽之意，无不达之词。殆合曾南丰、王半山两家而一之者。诗则格律严整似唐人句调，清新似宋人。吾于东国诗文亦尝略窥一二，如君者，殆东人之超群绝伦者乎！"①

张謇对金沧江的充满了爱国主义思想的汉诗尤为赞赏，他评论说："晋山金沧江能为诗，隐山泽间。与之言，然君子也！观其业渊思而洁趣，踔古而冥追，世纷纭趋乎彼矣。沧江独抗志于空虚无人之区，穷精而不懈。自非所谓'风雨如晦，鸡鸣不已'者乎！道寄于文词，而隆污者时命，沧江其必终无悔也。"②

正是由于上述特征，金沧江被尊为韩末文坛四大家之一。他的浩瀚作品极大地丰富了韩国汉文学的宝库。他的作品已被译成韩文，成了其整个民族文化的继续保有生命力的一部分，也成了世界汉学遗产的一部分。

---

① 俞樾《沧江全集序》，金泽荣《韶濩堂集》卷首，南通翰墨林印书局，1911年，页1。
② 张謇《朝鲜金沧江云山韶濩堂集序》，《张季子九录》文录卷六，中华书局，1993年，页8—9。

二

他冲破狭隘民族主义和极端民族主义的思想樊笼，实事求是地、公正地审视与记录历史和韩中两国间历史悠久而频繁的友好交往而不歪曲史实。

在他的史著中，他忠实地记述了朝鲜半岛上的一些古代政权曾长期作为中国藩属的事实，他也公正地记录了历史上中国出兵朝鲜半岛的一些原因，并以博大的胸怀如实记述了中国文明对朝鲜半岛文明的深远影响。他的这种在司马迁等人的影响下形成的不可独为时学所用、不可偏激的史学观和从大量中国史书中发掘史料以补充韩史阙漏的做法，是其汉学研究在实际应用方面的一个突出成就。这与一些无端指责他"慕华"并认为"慕华"就不是"精忠报国"的心胸狭隘、孤陋寡闻而又自以为是的人形成了鲜明的对照。其实，金沧江又何曾有一刻忘记故国故民？金沧江还用其汉学所长，孜孜不倦地向中国人民介绍其民族的文史、诗词、歌乐、舞蹈等等。至今在张謇先生的《九录》里还保存着《与金沧江论舞笔谈》一文。在这一次笔谈中，金沧江不仅介绍了朝鲜半岛上独特的尖袖舞、剑器舞、六角乐、琴乐，还关心南通创办的伶工学社并为之推荐高丽艺术家①。至于编印优秀的韩国古今文史著作以飨中国读者，宣扬其文化，更是功不可没。金沧江确认中韩间从上古以来就唇齿相依的事实，并以历史上中韩人民互相支持、共保家园的故事来激励后人。在他七十三岁高龄时，他以古喻今，写下了《曹公亭歌》。歌词有："请君赊酒向新风，一酹我李兵仙，一酹君曹鬼雄。巫阳与招魂气返，旌光剑色磨虚空，雷鼓鼓动两国气，人间何代无忠勇。"② 诗中所言之曹公，即清代南通的抗倭英

---

① 张謇《与金沧江论舞笔谈》，张謇研究中心、南通市图书馆编《张謇全集》卷四，江苏古籍出版社，1994年，页299—300。

② 金泽荣《曹公亭歌》，费范九《南通平潮市曹公亭诗》，南通翰墨林书局，1929年，页20。

雄曹顶；李兵仙，指古代朝鲜半岛上的抗日名将李舜臣。在金沧江的
著作里，汉学是博大的学问，它从来不与本民族的利益相冲突，只是
更有利于本民族的利益。

三

他对韩国的汉文学做了广泛的回顾和评价。

金沧江对从早期的汉学知识分子崔致远起，经金富轼、李穑、郑
梦周、李齐贤、权近、李玉峰等等，到朴齐家、金尧泉、李甘山等的
七十多人做过研讨，或对他们的作品，或对他们的人生各有评说。金
沧江的汉学视野较宽，还评论过屈原、司马迁、李白、杜甫、白居
易、苏轼、朱熹、陶渊明、王昌龄、王维、陆游、王士禛、徐陵、黄
庭坚、张謇、严复、梁启超、周晋琦、俞樾等中国学者的作品。金沧
江的评论散见于他的诗文中，多言简意赅。如评李益斋"始倡韩欧古
文，尤长于记事"；评李牧隐"始唱程朱之学，而其文多杂注疏语录
之气。自是至吾韩二百余年之间，有权阳林，金毕、崔简易、申象
村、李月沙诸家，皆受病于牧隐"。① 评及一百多位在汉文学方面浩
诣很深的大家，涉及其作品的艺术、文体、意义，作家的简况，其文
学观和金沧江自身的文学观等等，需考究今古、读书万卷、察世知
人，故远非寻常人所能骤为。金沧江并不限于评说，他还编订了其他
有价值的韩人的汉文著作，并为之刊行于世。

四

韩亡以后，他在中国保留、延续了韩国的历史学与文学，在韩人
复国以后，使得韩国的文化能得以较快地恢复。

---

①   金泽荣《杂言》，韩国学文献研究所编《金泽荣全集》，亚细亚文化社，1978
年，页4。

日本于 1910 年吞并韩国后，在各级学校强制推行日语教育，强迫韩人学习和使用日文，唱日本歌，行日本礼，穿日本制服……禁止民众阅读韩人自己撰写的史书，而要读经日本人篡改、歪曲的"史书"。严禁销售韩人自己的爱国主义的，甚至是提及了中韩友好关系的文学作品……实行对韩国文化的灭绝政策，全面地用日本文化来取代被百般摧残的朝鲜半岛的民族文化。因此，在朝鲜半岛上，日本化十分快速。

韩亡之后，其国人大批避难于中国。在中国的延边、上海，形成了韩国民众居住的两大集中地。1919 年以后的相当长的时期里，上海成了韩国民族主义者和革命党从事领导武装活动的大本营，而延边则是提供抗日志士进出朝鲜半岛的重要通道。但较系统地延续了韩国的历史、文学研究的却是在中国江苏省的南通。如前所述，在中国友人的大力援助下，金沧江在南通不断出版印行他所编纂或写作的书籍，数量达三十余种，其中一些还卷帙十分浩大。金沧江所编所撰之书中的大多数都是继承和弘扬其民族文化的。金沧江编印这些书籍，呕心沥血而无利可言。为什么他要如此做？韩国名士郑德永在为金沧江刊印于中国的《校正三国史记》作跋时有解答："金先生客居中州，念故邦书籍之或就泯没。"① 因此才这样做的。而为该书作序的中国南通学者达李继聃也指出金沧江是为了"呵护遗文"。上述这些书虽然都是用汉文写成，但由于汉文是韩国灭国前的正式官方文字，而且这些书籍都是韩国最重要的历史学与文学著作，所以在当时的特定历史时期里，这些书是对韩国文化的保存和延续。

在华的金沧江要将韩国古代文化中心开城府地区的遗诗收编成《崧阳耆旧诗集》，曾任韩国京畿观察使的金思默知此事后十分赞佩金沧江："惟开为高丽故都，丽世人物之盛，故无论矣。如本朝来，虽以升沉往复之数而颇有寂寥之叹，然人才之生未尝衰焉。四百年之间诗词

① 郑德永《校正三国史记跋》，金泽荣《校正三国史记·跋》，南通翰墨林书局，1916 年，页 3。

之作金铿玉锵，不绝其响，皆足为有国之光辉。则沧江子之所欲传者，乌得已也。然沧江子既已决然远逝，而犹复勤勤于此，则其于君国可知矣！"[1] 原为弘文馆侍讲的韩国开城人王性淳也深受感动："先生既为时所驱，流离困顿至不可言，而乃眷眷不忘于此焉！"[2] 中国江苏东台的学者陆汶为《崧阳耆旧诗集》题诗，对金沧江的作为也诚表敬意："沧江先生目似镜，爱惜文字如性命；前史古文与词藻，先生一网收罗并。在昔东韩多名贤，吟诗能到唐人前。……呜呼！先生一枝笔，沧海遗珠尽搜出。集成贱子赠一言：千秋万世活枯骨。"[3] 金沧江倾后半生的精力，在中国从事了伟大的民族文化的延续工程，为其民族文化的复兴，立有意义深远的功勋。当然，没有中国人民对失国的韩国人民的同情和帮助，这一繁重的文化延续工程是根本不可能实现的。

五

　　他能最终突破在长期的封建社会的土壤里发育起来的旧汉学思想的束缚，能在更大范围内密切注视远东政治、社会、文化的演变，开拓视野，跟上社会进步的潮流。

　　在经历了国家与民族的灭顶之灾和人生炼狱之后，金沧江终于能勇敢地抛弃自己曾经捍卫的旧传统，而为其汉学注入了新的理念、新的内容，尤其是介绍中国的新的资产阶级革命、民族独立与民主的新概念。他自1905年起流亡中国以来，亲眼目睹了曾在他心目中地位崇高的天朝大国竟是如此的衰败，体制僵化、专制昏庸、万马齐喑、民不聊生。这一切不得不使金沧江思求改革社会的良方和社会的新模式。1911年，中国的辛亥革命爆发，金沧江认为这正是自己所梦寐以求的新的社会改造，因此，他为之欢呼，一气做成《感中国义兵事

---

① 金思默《崧阳耆旧诗集序》，金泽荣《崧阳耆旧诗集·序》，南通翰墨林书局，1910年，页5。
② 王性淳《崧阳耆旧诗集跋》，金泽荣《崧阳耆旧诗集·跋》，页6。
③ 陆汶《题崧阳耆旧诗集》，金泽荣《崧阳耆旧诗集》，页3。

五首》。有句："武昌城里一声雷，倏忽层阴荡八垓，三百年间天帝醉，可怜今日始醒来。"① 辛亥革命给金沧江带来了新的希望，他相信辛亥革命不独是只影响轩辕子孙的中国革命："山羞海辱我东邦，三士空留碧血香。四万万军今日举，洗冤非独为轩皇。"② 辛亥革命后民国肇建，他谓："夫以泽荣之俘虏之漏网者，而视今日之中国，犹嫠者之见人新婚，方且羡之不暇。"③ 他渴望自己的祖国也能走上这一条新的道路。他在继续使用"箕子遗民""韩国遗民""韩侨""韩客"等名号自称的同时，又给自己起了新的名号："中国新民""南通新民韩产金泽荣"。他毅然称自己为"新民"，是公开与旧制度和自己的旧理念相决裂。从一名封建卫道士转变成一位资产阶级共和制的支持者，这不仅是他个人的转变，而且也是他所代表的韩国旧汉学的转变，是韩国旧汉学衰落和新汉学兴起的标志。他把对汉学的研究与对祖国命运的关切结合在一起，又把学者的书斋和韩国独立的战场结合在一起，在推动汉学研究的同时，也推动着其民族文化的发展，推动着一个独立自主的新共和国的建立。虽然他去世较早，没有看到他的奋斗的成功和愿望的实现，但他所做的工作却是继往开来的。

金沧江老人留下的汉学遗产是珍贵的文化和精神的遗产，这些遗产必将日益受到人们的重视。

〔原载于《北华大学学报》(社会科学版)2005 年第 1 期〕
作者单位：南通大学文学院

---

①② 金泽荣《感中国义兵事五首》，《韶濩堂集精》卷五，南通翰墨林书局，1924年，页 8。

③ 金泽荣《张啬翁六十寿序》，《重编韶濩堂集精》卷二，南通翰墨林书局，1924年，页 3。

《沧江稿》诗集的文献学研究

于秀林

一、绪论

金泽荣(1850—1927年)是自19世纪后半叶至20世纪初叶,在朝鲜和中国开展反帝反封建活动的资产阶级启蒙思想家,在汉文诗歌、散文、文学评论、历史、哲学等诸多领域里开拓自己独特世界的卓越的朝鲜族文豪。出身于朝鲜后期没落的封建文人家庭的金泽荣,从小拜师学习了汉文和儒家经典,专心钻研古文,涉猎中外史书,为以后撰修大量的历史著作和创作丰富的文学作品,打下了雄厚的史学基础和文学基础。他面对以日帝为首的帝国主义列强对朝鲜的侵略,以忧国忧民的爱国热情,倡导了抵制外强的文化侵略,保持民族文化传统的古文运动,并创作了大量的汉文诗歌,被誉为"朝鲜的三大汉诗人"[1] 之一。1882年,朝鲜发生了"壬午军乱",清朝应朝鲜王朝的邀请派了援军。此时,34岁的金泽荣结识了清朝援军提督吴长庆的幕僚张謇,与他建立了深厚的友谊,为日后来到中国南方活动创造了契机。1891年,他"以诗拔进士第十一人"[2],开始步入仕途,先后历任议政府主事、内阁主事、记录局史籍课长、司礼所辅佐员、六品承训郎、《文献备考》编撰委员、正三品通政大夫,主要从事了编撰朝鲜国史和礼典的工作。1905年,日帝强迫朝鲜签订了《乙巳保护条

---

[1] 19世纪末,在朝鲜文学界曾将金泽荣与李建昌(1852—1898年)、黄玹(1855—1910年)并称为朝鲜三大汉诗人。

[2] 见《韶濩堂集》卷十五,页20。

约》，不甘心当亡国奴的金泽荣毅然辞去官职，机智地躲避日帝的监视，乘船来到上海，投奔张謇①。在张謇的照料下，他定居于南通，任职于张謇创办的江苏通州翰墨林书局，专心致力于著书立说和文学创作事业直至 1927 年逝世。他在一生的文笔活动中，先后创作了1400 多首汉文诗歌和书、启、序、记等不同体裁的散文 560 多篇、《韩国历代小史》等 7 部历史著作、编辑出版了《丽韩十家文钞》等 9 部他人文集及《沧江稿》等 7 部个人文集。《沧江稿》是属金泽荣在中国出版的第一部个人文集，于 1911 年，由江苏通州翰墨林印书局以铅印线装本出版。共 6 册，14 卷，其中诗歌为 4 卷（第一、二册），散文为 10 卷（第三册—六册）。

金泽荣在《沧江稿》中，收录了从 1872 年到 1911 年的 40 年间所创作的汉文诗歌 949 首、句 25 篇、赋 1 篇、散文 345 篇②。时年 85岁的中国近代著名文人俞樾在评价《沧江稿》时云："其文有清刚之气而曲折疏爽，无不尽之意，无不达之词，殆合曾南丰、王半山两家而一之者；诗则格律严整似唐人，句调清新似宋人。"③

本论文是朝鲜族诗人金泽荣在中国出版的第一部个人文集——《沧江稿》的第一册、第二册（1—4 卷）中收录的 949 首汉文诗歌为研究对象的。

（一）研究目的与意义

1. 研究目的

《沧江稿》的汉诗歌部分，是金泽荣一生遭遇的体现，其中包涵了

---

　　① 张謇（1853 年 5 月 25 日—1926 年 7 月 17 日），江苏海门人，字季直，号啬庵，中国近代著名的实业家、教育家。他主张"实业救国"，一生创办了 20 多个企业，370 多所学校，为我国近代民族工业、教育事业作出了巨大贡献，被称为"状元实业家"。

　　② 《沧江稿》诗集目录的诗歌数目与本文的数目不一致，其中原因有待研究。

　　③ 见《沧江稿》序言，翰墨林书局，1911 年。按：后引《沧江稿》均出此，不再一一出注。

历史、文学、哲学等各方面的内容，笔者在此专门对《沧江稿》诗歌作一个系统研究，目的在于通过对《沧江稿》反映的时代背景、来历、主要内容等方面的分析，进一步挖掘当时的朝鲜历史及流民历史，更重要的是了解当时朝鲜文人的爱国主义情操，及汉学在当时朝鲜社会的地位和作用。并归纳《沧江稿》其史料特点，阐述其文献价值，并把它介绍给中国史学界，以推动中朝流民历史及中朝文化等研究方面的交流与发展。笔者认为，本文对《沧江稿》中汉文诗歌部分的研究是从文献学角度出发，以朝鲜族文学古籍为研究对象的，所以，虽然难度较大，但意义重大。从这一角度研究朝鲜族著名爱国文人金泽荣及其汉诗的研究成果较为少见，笔者希望通过这一领域的探讨，力争作一个抛砖引玉的尝试。

2. 研究意义

金泽荣是朝鲜王朝末期杰出的古文学家，也是中国朝鲜族著名的汉文学家，他精通古文，学识渊博，在一生的著书和创作生涯中，自始至终坚持使用了古汉文。通读《沧江稿》诗集，完全可以感受到作者是用诗体语言记录自己从 1872 年到 1911 年的所见、所闻、所感，可谓是反映他 40 年汉诗创作历史的一部诗集。对《沧江稿》诗集研究将有助于对十九世纪末期到二十世纪初期朝鲜国内的民族思想、流亡朝鲜族的反日斗争思想及中朝两国文史等方面的研究。同时，《沧江稿》是一部记录中朝两国在 19 世纪末到 20 世纪初的不朽著作，可以帮助我们进一步打开朝鲜诗歌研究的大门，也有利于研究中国古典诗歌、散文对朝鲜文学的影响，并进一步推究出汉学在当时朝鲜社会的影响。

（二）学术动态及存在的问题

1. 学术动态

自古以来，中国与朝鲜之间的交往十分密切、频繁。这些交往之史实，在中朝两国的历史典籍中记录甚多。所以，在研究中朝两国交往的历史时，双方的文献有着十分重要的互补作用。其中，在研究流亡中国的朝鲜族历史方面，不仅离不开中国历史文献，而且也离不开朝鲜历史文献。因此，近年来中国的学者逐渐对朝鲜文献引起了重视并应用于研究实践，我国的研究学者通过利用朝鲜历史文献，充实相关资料，扩大研究领域，加强研究力度，研究成果日益增多。同时，从事中国朝鲜史研究和朝鲜文学史研究的学者，利用朝鲜历史文献和中国历史文献及中国古典文学综合研究，各成学派，成果颇多。

综合专家学者对金泽荣的研究，笔者总结归类为：

一是主要研究金泽荣诗歌方面。如另一位则是延边大学金明得对金泽荣的诗风进行了论述，这主要是从艺术手法上去剖析金泽荣的诗歌的，对金泽荣的诗歌与中国唐诗作了详细比较研究。

二是主要研究金泽荣生平思想方面。重点是对金泽荣的爱国主义思想及哲学思想进行研究分析，如延边大学崔文植教授的《金泽荣其人其著》，文章对金泽荣的一生进行了详细论述，将金泽荣的一个完整生平展现给读者。南通工学院张謇研究所蒋国宏的《金泽荣爱国主义思想散论》、中央民族学院金京振的《论金泽荣思想》等等，这些作品对金泽荣的思想进行了比较全面地分析，诗人的爱国主义思想被详细地论证。

三是主要研究金泽荣的汉学成就。如南通大学文学院羽离子《韩国金沧江的汉学成就》，因为金泽荣在南通从事出版工作，很多学者从出版学的角度，去分析他的汉学造诣。南通图书馆副馆长倪怡中《南通翰墨林印书局里的韩国学者》，这些作品对金泽荣的汉学水平都给予了充分肯定，也对金泽荣的事迹及成就作了详细介绍。

2. 存在的问题

由于条件所限，有关金泽荣的历史文献大多流通在南通的部分图书馆中，或者也仅在中国南方的一些大学及韩国的大学，流通到东北地区的很少，限制了东北地区研究的学者对这些文献的研究利用①。

据南通市图书馆和博物馆合编《金泽荣撰辑书目》记载，金泽荣花

① 通过收集关于论述金泽荣的资料，绝大部分都是发行在南通部分大学的校刊中，还有韩国的吴允熙等学者研究的一部分成果。

费精力最多、成果最丰富的是对朝鲜历史及历史人物传记的编写与出版，先后印行的有《韩国历代小史》（13卷，1915年铅印出版）、《韩国历代小史》（28卷，民国年间出版）、《韩国历代小史》（28卷，正误本，1924年出版）、《韩国历代小史》（最后正误本，1922年出版）、《校正三国史记》（高丽金富轼撰，50卷，1916年出版）、《新高丽史》（53卷，目录1卷，系郑麟趾《高丽史》的增修本，另有《正误》1卷，1924年出版）、《韩史綮》（6卷，1914年出版）、《高丽季世忠臣逸事传》（1卷，民国年间出版）、《重编韩代崧阳耆旧传》（2卷，1920年出版）、《（金泽荣）年略》（1卷，民国年间出版）等。以上这些有关朝鲜历史和历史人物的著作或撰著，都倾注了金泽荣的大量心血，也全部是在中国（当时他所供职的翰墨林印书局）印行。

作为文学家和诗人，金泽荣自己的诗文集创作居多。1911年，《沧江稿》（14卷，其中诗稿4卷，文稿10卷）、《韶濩堂集》（15卷，附刊1卷，收诗1401首，文463篇）正式出版；1919年，《韶濩堂续集》（3卷）出版；1920年，《精刊韶濩堂集》（其中内有诗集定本6卷，文集卷数不详）、《韶濩堂集》（9卷，附编2卷）刊行；此后，直到1925年还陆续出版了《韶濩堂集精》《合刊韶濩堂集》《韶濩堂全集补遗》《韩国金沧江集选》。不少专家学者如羽离子、庄正安、崔文植等知名学者对金泽荣其人及部分作品进行了深刻的分析研究，被国内外金泽荣研究领域所公认和推崇。韩国学者吴允熙曾发表过一篇文章，题为《沧江金泽荣的文学论以文章报国为中心》（见《沧江金泽荣研究》参考文献）。

《朝鲜汉文学史》（韩国金台俊著，张琏瑰译，社会科学文献出版社，1996）在论及金泽荣时说："沧江金泽荣无师自通，依靠自己的独立苦读而得悟文心妙语。后来他从游于宁斋，使其文获长足进步。他的诗以清婉取胜……他在晚年时移居中国，并编选燕岩的文章和紫霞的诗，整理出版，分赠同好，功不可没。"作为中朝文化交流的友好使者，他的著作无疑是研究中朝文化交流史的宝贵资料，因其著作与出版均发生在中国，且都是用汉文编印刊行的出版物，其工作又是当时南通翰墨林印书局出版工作的一部分，所以也应是中国近现代史文献及中国近代出版史研究的必要内容。翻阅已出版的若干中国历史文献方面的著作，包括以资料丰富见长的叶再生的四卷本《中国近代现代出版通史》，张宪文等《江苏民国时期出版史》等，关于南通翰墨林印书局绝少提及，更遑论金泽荣其人了。

可以说，研究金泽荣的专家学者很多，但取材《沧江稿》为研究对象的专家及作品比较少，以其中的诗集部分为研究对象更是少见。

（三）史料的应用与研究方法

1. 史料的应用

在研究方法上，本论文综合使用了文献分析、文史结合、史料考证等研究方法。

对《沧江稿》进行细致的研读，参考以往的研究成果，客观地考证其写作背景，详实地梳理其主要内容，探讨其文献史料价值，并对其进行具体的分析和阐释，使本论文的研究立足于原始文献资料，进而得出合理的结论。同时，通过对相关文献的检索，如《韩史綮》《朝鲜金沧江云山韶濩堂集序》《韶濩堂集》《韶濩堂集精》《韩国历代小史》等，综合对比出《沧江稿》不可或缺的文献学价值。同时，笔者比较全面地阅读了中外学者的相关研究成果，在前人研究的基础上对《沧江稿》的相关问题进行思考，并找出有待解决的研究空间，铺设客观研究的平台，确定合理的研究视角，进而展开对其的具体研究。

2. 研究方法

在本论文中，笔者试图以上述问题作为其切入点，进行具体的分析和深入的研究，在前人的基础上，创新思路，另辟蹊径，从诗歌集中挖掘文献价值，进一步认识金泽荣其人其事，补充有关金泽荣的文献研究的不足，以便为中国史学界对这一时期的历史研究提供借鉴。在此，笔者以马克思主义的辩证唯物主义与历史唯物主义观点指导整个研究过程，将其体现于采用文献通篇分析的方式，在叙述文献内容，分析文献史料价值的同时阐述于日韩合并后流亡中国的朝鲜文人体现的爱国思想。主要是要做到将《沧江稿》内容研究范围进一步扩大，使整个作品真正地融入到当时的历史背景中，把作者的思想全部挖掘出来，进一步分析出这部作品的史料价值。研究方法力求突破：

一是要结合金泽荣的生平及历史背景，把同一时期发生在朝鲜及中国的大事梳理出来，并结合时代大事件来进一步了解作者及其作品。

二是针对诗歌简练明了的特点，在对沧江诗集研究的同时，把作者的其他作品作为辅助工具，在内容上进行合理补充。

三是要对《沧江稿》从文献学角度分析过程中，把握研究方向，挖掘前人没有挖掘的内容。

二、《沧江稿》诗歌的创作背景

（一）作者生涯

中国朝鲜族著名的历史学家、爱国文人金泽荣，字于霖，号沧江，1850 年 10 月 15 日生于朝鲜京畿开城府东部子男山南之舍，1891 年"以诗拔进士第十一人"，其学识及诗才名闻开城，1903 年任弘文馆纂辑所委员、升正三品通政大夫。作为出身书香世家，饱受儒家思想浸润的知识分子，金泽荣每每喜欢用诗文抒发自己的忧国忧民之情。金沧江，另号韶濩生、云山、韶濩堂主人，晚年又称长眉翁。他的直系先祖在高丽高宗皇帝时任兵部尚书，这位先祖的后人在高丽公民皇帝时当过太子詹事①，高丽王朝灭亡后，他自称高丽遗民，隐居不仕。金泽荣虽出身显贵，但到了他父亲时已十分贫寒，崇尚节义的家风却代代传承，他也自称高丽遗民。金泽荣在南通 22 年并未虚

---

① 职比台尚书令、领军将军。汉西京则太子门大夫、庶子、洗马、舍人属二傅，率更令、家令、仆、卫率属詹事。皆秦官也。后汉省詹事，太子官属悉属少傅，而太傅不复领官属。詹事秩二千石。

度余生，他留下了卷帙浩繁的诗文佳作与史学著述，为保存和发扬朝鲜民族文化精魂作出巨大贡献，同时也为中朝文化交流增添了美好的篇章。1927 年 5 月 7 日，南通各界人士为泽荣隆重出殡，遗体安葬在狼山之麓骆宾王墓之上坡，隔江与福山中峰相望。墓碑由张謇胞兄张詧手书"韩诗人金沧江先生之墓"，与唐代大诗人的文采前后辉映①。

金泽荣的生涯可分为三个时期：举业时期②、出仕时期、亡命时期（1905 年开始，流亡中国 22 年）。

1. 举业时期

朝鲜近代处于悲风骤起、国运衰落的时期。金泽荣从小在父亲的督促下专心学习，准备应试。17 岁（1866 年）通过汉城府成均初试，但此后在试场上屡次失利。23 岁以后对科举应试日渐厌倦，读中国明朝人归有光的文章忽有所悟，兴趣遂转入研习古文。

24 岁在汉城与同为李朝后期四大文豪之一的李建昌结识，志趣相投，论文赋诗，声誉鹊起。因此，"壬午兵变"平息后，金允植③才把他介绍给也同样爱好桐城派古文的张謇。金泽荣说，自己为文喜好韩愈、苏轼、归有光，为诗喜好李白、杜甫、韩愈、苏轼、王士祯。这些人物都是中国唐宋至清的文学大家，可见中国文化对金泽荣的影响之深远。

2. 出仕时期

金泽荣大器晚成，在 1891 年（韩光武帝二十八年）会试中进士，任编辑局文献备注编辑等职，这些部门看似文化闲职，却是对于国家

---

① "文革"后，南通市图书馆寄赠该馆与南通博物馆合编的《金泽荣资料》（油印，1976 年 8 月）附录：《金沧江先生出殡狼山》。

② "举业"一词，取之于"始知举业之不足为"，意为科举。见《韶濩堂集》卷十五，页 18。

③ 金允植（1835—1922 年），字洵卿，号云养，出身朝鲜王朝的官宦世家。1864 年，金允植进士小科及第，1874 年文科大科及第，1897 年大韩帝国建立后任外交大臣。

命运非常敏感的部门。因为在编撰教科书等等工作中，日本已经强迫他们为其侵略行径辩护。甲午中日战争后，随着日本的侵略野心与行径日益暴露，朝鲜大好河山惨遭践踏，金泽荣的诗文更是充满"哀怨幽杳如羁人寡妇含涕太息，而傍观侧听者亦将为之浡然"①。金泽荣感受到的是恰似脖子被绞索逼勒，几近窒息般的痛苦。1905 年秋，日本进一步在汉城建立宪兵司令部，并攫取了韩国外交、海关的统监权，韩国国事日非，呈现出亡国兆象。金泽荣眼看李氏王朝无力挽狂澜，留在国内不仅无法进行正常的历史、文化的撰述工作，而且难逃"岛儿奴"的屈辱命运，遂选择携妻儿流亡中国一途。临行所赋"东来杀气肆阴奸，谋国何人济此艰。落日浮云千里色，几回回首望三山"诗句，真实抒发了他悲愤交加，与祖国难以割舍的思想感情。

3. 亡命时期

1905 年，日本侵略朝鲜，日本陆军大将长谷川好道来驻朝鲜首都汉城，建立宪兵司令部，日本驻朝鲜大使伊藤博文，出五条约②，胁迫朝鲜政府签字，以攫取朝鲜外交、海关等国家主权。亡国已成事实，金泽荣不愿做亡国奴，这年 9 月，辞去两个官职，带妻女二人，由仁川出国，乘船来到中国。泽荣在流亡中国 22 年，张謇曾记其事云："甲申既归，遂与沧江睽隔，不通音问。阅二十年，忽得沧江书于海上，将来就我。已而果来，并妻孥三人，行李萧然，不满一室；犹有长物，则所抄紫霞诗刊稿本也。"仓皇出走，行李萧然，却不忘随身携带手抄的申紫霞（纬）千余首诗稿，真可以称得上对文学的痴迷。张謇同情其悲惨遭遇，更钦佩其品格高尚，便安排他到南通翰墨林印书局任编校，并购买房宅于东濠河之侧供其居住。由于书局对他的照顾，编校工作并非繁重，大部分时间还是用于自己的学术撰述。金泽荣（沧江）更多的精力是用于编写朝鲜历史，勤奋撰史之用心良

---

① 引庄安正《亡国情势·箕子情结·挚友情谊——金泽荣申请加入中国国籍缘由考析》，《扬州大学学报》（人文社会科学版）2006 年第 5 期。

② 见年谱表 1905 年。

苦，张謇对此也理解甚为真切。其《韩国历代小史序》云："今李氏朝
鲜忽焉墟于邻，并其三千二百余之国社斩矣。金君沧江当其国是抢攘
之际，尝一试为史官。度与其志与所学拂戾不能容，而国将不国；乃
独懔坚冰且至之瞿，本其生平崇敬孔子之志，挈妻子而来中国，以为
庶几近孔子而中国居也。既至，不十年，国遂为人摧践以亡。而其祖
宗邱墓所在，故国禾黍之悲，耿耿不忘于君之心。于是始终李氏朝鲜
之事，成《韩史綮》。"除史书撰辑外，金泽荣还整理、纂辑、出版了
若干有关朝鲜文化的书籍，其用意也在于保存与弘扬朝鲜文化精粹，
借以维系与振奋民族精神，鼓舞人们为民族解放而奋斗。金泽荣毕竟
是诗人，诗歌创作乃是他的生活主体与最大欢悦。但是，金泽荣并未
完全生活于陈旧的故国之思，或者沉湎于历史故纸堆中。他不仅关心
朝鲜民族解放斗争的现实，而且思想也在随着时代不断有所前进。在
他来到南通的第 6 年，武昌起义突然爆发，各地革命军民纷纷响应，
南通也继上海之后宣告光复。金泽荣并未伤感于素所崇奉的君主政体
的消亡，反而为中国共和制度的建立欢欣鼓舞，曾作《感中国义兵事
五首》。他在政治思想上都大体经历了君主、君主立宪、共和三个阶
段，因而都以积极的态度迎接了民主共和制度的到来。

　　据笔者参考国内外研究金泽荣的相关资料，经与《沧江稿》卷
13①《行状》对照，将金泽荣的年谱汇总如下：

金泽荣年谱②

公元	清年号	朝鲜年号	年代事记
1850	道光三十年	哲宗李昇元年	沧江翁生于京畿开城府东部子男山南之舍。
1856	咸丰六年	熙伦王七年	翁始受书。

---

　　① 引自张謇《金沧江刊申紫霞诗集序》(1907)。

　　② 根据《韶濩堂集》卷十五《行状》篇和参考蔡观明编辑《金沧江年谱》整理。蔡观
明(1895—1970 年)，男，江苏如东人，江苏国文专修馆毕业，解放前曾任江苏地震局
视察，著有《孙桐馆文甲编》《文学通义》等。

公元	清年号	朝鲜年号	年代事记
1859	咸丰九年	熙伦王十年	翁元配王氏来归。
1863	同治二年	熙伦王十四年	大院君专执朝政。翁受功令业于青皋全公象谦。
1865	同治四年	光武帝二年	大院君建景福宫，经用不敷，令近道民赴役。
1866	同治五年	光武帝三年	九月法军入江华。九月，汉城府成均试，以诗入格。
1867	同治六年	光武帝四年	二月，会试见罢。
1868	同治七年	光武帝五年	翁不乐举业，从兼斋白公岐钲问业，始知有古文学。
1870	同治九年	光武帝七年	公试见罢。
1871	同治十年	光武帝八年	美利坚水师提督鲁籍以兵舰五艘入德津。是年翁长兄润荣殁。
1872	同治十一年	光武帝九年	散疾往平壤，转至海州而还。八月，游金刚山，至于东海，观从右。冬，读归有光文忽有悟。
1873	同治十二年	光武帝十年	读书开州之鸿山。苦火疾有年，每踞石观水移时，胸次为之爽然，逐自号曰沧江。
1874	同治十三年	光武帝十一年	春，会李校理建昌（李字凤朝，号宁斋）于京城。
1875	光绪元年	光武帝十二年	王自祈本醮宴乐以来，日用数千金。凡大院君十年所储积者，不期年而荡然。
1876	光绪二年	光武帝十三年	正月，黑川清隆入江华，致国书。生长女。
1877	光绪三年	光武帝十四年	始卖科。作《院谷新业记》。筑见山堂，作《见山堂记》。

公元	清年号	朝鲜年号	年代事记
1878	光绪四年	光武帝十五年	与同郡李相东游三南，往返六十日，周行约三千里。
1879	光绪五年	光武帝十六年	六月，翁尤配王氏殁。继配全氏来归。
1880	光绪六年	光武帝十七年	入都应试。
1881	光绪七年	光武帝十八年	春，选定韩公在濂诗集。初庵集印役成。有计借东上诗。
1882	光绪八年	光武帝十九年	大院君利用兵变发动政变，清派兵执大院君，吴长庆留镇。
1883	光绪九年	光武帝二十年	春，会试保举试见罢。八月，会吴长庆幕僚张謇于汉城清军中。
1884	光绪十年	光武帝二十一年	夏五月，吴长庆还国。金玉均等结日使竹添作乱，劫王，杀大臣。袁世凯以兵入宫，击日本兵，王入世凯营，事定还宫。 五月，作《崧阳耆旧传》。八月，汉城府成均试，初试以经义拔第一。名书室曰揽瀑亭，作《揽瀑亭记》。作《二十二峰半堂》。
1885	光绪十一年	光武帝二十二年	清放大院君还。二月，会试见罢。
1886	光绪十一年	光武帝二十三年	以袁世凯代为统领，兼商务大臣。
1887	光绪十三年	光武帝二十四年	四月，翁随书状官郑闲朝赴清。行至平壤，闻母病驰还，母殁已二日。辑《崧阳耆旧诗集》。
1888	光绪十四年	光武帝二十五年	作《丽季忠臣逸事传》，作《崧阳耆旧传序》。
1889	光绪十五年	光武帝二十六年	服八味汤火疾始瘳。去夏峡庐失火，八月，归居嗒台。
1890	光绪十六年	光武帝二十七年	德麟殇。

（续表）

公元	清年号	朝鲜年号	年代事记
1891	光绪十七年	光武帝二十八年	京城讹传以袁世凯将劝王传位世子，而令大院君辅政，王闻而大惧！春二月，命世子南面受百官朝贺。既而知其讹言，收南面之命。五月增广成均会试以诗拔进士第十一人，作鹳归轩记。
1892	光绪十八年	光武帝二十九年	二月，遭出继子光濂丧。
1893	光绪十九年	光武帝三十年	东学党以祭天诵咒结党徒，党人崔时亨揭竿，以斥洋、倭诛闵泳骏、赵秉式等为名。七月葬母尹端人。冬，入都。
1894	光绪二十年	光武帝三十一年	古阜郡民起义。请授于袁世凯，转告李鸿章。鸿章以往年有约，中日出兵朝鲜，互相通知，乃通知日本。使叶志超、聂士成领兵赴之。日本以大鸟圭介为驻朝鲜公使，遣水师提督伊东佑亨，陆军少将大鸟义昌领兵五千随之，大鸟引兵入宫，迎大院君入主政。以是岁为开国五百三年，废清年号，日本袭败清兵于平壤。
1895	光绪二十一年	光武帝三十二年	日本与清又战于旅顺、威海卫之间，皆胜。清畏而么乞和，遗遣李鸿章至马关定条约，王后谋复君权，内务大臣朴泳孝密请兵于日本公使，事泄逃日本。 春，《瀛寰概录》成。（原名《士民必知》。）四月，改内阁主事隶记录局编史。七月，买屋于京城北巷，妻女来居。九月，升中枢院参书官，叙奏任官六等，兼内阁参书官司，仍兼内阁记录局史籍课长。十一月，遭令断发。

公元	清年号	朝鲜年号	年代事记
1896	光绪二十二年	建阳元年	徐载弼创独立协会。王潜出至俄罗斯公使馆，下诏罢内阁诸臣职，随遣警务官捕斩金弘集、郑秉夏，余逃日本。 收回断发之令。罢内阁，复议政府。正月，复长发。二月，刊《耆旧传》，翁三从弟丰基郡守信荣出赀以成者也。七月，内阁史籍课罢，翁只供本职于中枢院。以申箕善"儒学经纬"讥西教，自劾。翁曾作序，亦自劾。十一月遭父丧。
1897	光绪二十三年	光武元年	王从俄馆移庆运宫，九月，即帝位，改国号曰韩。解中枢院顾问官徐载弼职。
1898	光绪二十四年	光武二年	大院君卒。六月，置元帅府，帝亲统海陆军为大元帅，皇太子为元帅。正月，应招充史礼所辅佐员。为文悼学士李建昌。九月停史礼所事。礼典已编至八九，委员南廷哲令翁与直员张志善私成之。
1899	光绪二十五年	光武三年	倚日人力解散独立协会。清公使徐寿朋来订商约。 正月，应学部大臣申箕善选，以辅佐员赴本部编辑局。 四月八日。全氏殁于汉京。秋，选定朴燕岩趾源文集。
1900	光绪二十六年	光武四年	二月，改宪法为无限君权。是时帝饕财尤甚，苟能营进钱财者皆亲之。清有义和团事件，联军入北京，帝电贺。以渔权归日本，大饥。作《燕岩集序》。（翁取其诗文稿，旁取《课农小抄》《热河日记》编为六卷。）
1901	光绪二十七年	光武五年	大饥。

（续表）

公元	清年号	朝鲜年号	年代事记
1902	光绪二十八年	光武六年	去年所编撰的《东史辑略》，闵衡植出力刊之。冬，升为六品承训郎。
1903	光绪二十九年	光武七年	正月，任命为《文献备考》编撰委员，属于第一南廷哲房。三月，升正三品通政大夫。十二月，竣《会典》。
1905	光绪三十一年	光武九年	二月，补《东史辑略》，学部改名为《历史辑略》而刊之。九月，挈三室林氏及柔芠出仁川至上海。十月，至通州，就职于翰墨林印书局。十二月，用稿费购屋于濠河之侧而移住。
1906	光绪三十二年	光武十年	春，选定高丽九家文，名曰《丽韩文选》。冬，选定《申紫霞诗集》。
1908	光绪三十四年	隆熙二年	朝鲜刊行《文献备考》，赐儿马一匹，颁给金泽荣一部（五十本）。二月，去上海，因游金陵，历金、焦二山而归。
1909	宣统元年	隆熙三年	二月，为收集资料，挈妻林氏和儿光祖回国。在杭州见严复、郑孝胥二人。六月回中国。校对箕子国《历代诗集》。
1910	宣统二年	隆熙四年	夏，修改《东史辑略》，改名为《韩国历代小史》。秋，编撰《重修崧阳耆旧传》《崧阳耆旧诗集》。
1911	宣统三年	大韩帝国一年	选定《梅泉集》。
1912	中华民国元年	大韩帝国二年	五月，在屠寄的帮助下，出版《沧江稿》诗集。秋，在金谨镛的帮助下，出版《沧江稿》文集。

　　上述年谱虽然较为简略，但笔者认为对研究金泽荣的生平事迹有一定的参考作用。在文献研究中，通过年谱考证作者是非常重要的，它不仅对考证作者的生平提供依据，更有助于考证作者的学脉及思想主张。

（二）在朝鲜创作诗歌的背景

1. 19 世纪末到 20 世纪初日帝对朝鲜民族意识的扼杀

　　19 世纪末到 20 世纪初的朝鲜社会局势十分复杂，帝国主义列强为了在朝鲜半岛扩张其势力和争夺其利权，展开了激烈的角逐战。日本帝国主义为了率先掌握侵略朝鲜的主动权，蓄意挑起"云扬号事件"，强迫朝鲜政府签订了不平等的"韩日修好条约"，强行打开了朝鲜的门户。继而，日帝加速对朝鲜的侵略步骤，逐步把朝鲜变成了它们的殖民地。特别是在朝鲜的"甲午改革"失败后，日本强制性地选派日人插入朝鲜政府，牵制和监督了朝鲜政府的运行。中日甲午战争后，日帝一直伺机除掉排日的闵妃，终于 1895 年 10 月 8 日，纵容日本浪人攻进朝鲜王宫，砍杀闵妃，烧毁尸首，制造了震惊中外的"乙未事变"。然而，迫于内外舆论，日本召回四十多名参与者，上演了一幕假判的丑剧。事后，日本仍然指使其中的一些浪人重新回到朝鲜政府任职。"乙未事变"对朝鲜民众来说，是"弑害国母"的大事件，引起了广大民众的愤怒。12 月，日帝蓄意强迫朝鲜政府发布"断发令"，制定了有关朝鲜民众衣冠的若干规定。警务使指示警官率领巡检手持剃具逐街逐巷，威胁所有民众剪发，无论老少，均不得免，曾有目击者写道：

　　"是日，终日风沙，哭声满城，有的不忍羞念，乃至自决。"① 可以断定，当日本帝国主义决意要侵略朝鲜的时候，他们就已经设计了种种让朝鲜民众被迫屈服的卑劣的手段，他们也知道，如果想要朝鲜人真正向日本屈服，就是要做到让朝鲜人民丧失其悠久的民族传统和

---

① 　引用朴真奭等《朝鲜简史》，延边教育出版社，1986 年。

民族意识。

但日本帝国主义对朝鲜的武力侵略和朝鲜民族意识的摧残致使朝鲜人民群众反帝反封建斗争起伏不断。1882 年的"壬午兵变"和其后的"东学农民暴动"及反日义兵武装斗争就说明了这一点。当时具有爱国爱民之心的知识分子纷纷动员起来，以新文化启蒙运动为名，先后自发地组织了"宪政研究会""大韩自强会"等爱国启蒙思想团体。他们主张普及资本主义的近代科学文化，反对日帝的殖民奴化教育，同时反对腐朽的封建文化。还有一部分独立运动者组织了"新民会"等规模大小不一的独立运动秘密团体，继续进行"谋议独立"的活动。另一部分独立运动者采用天道教、基督教等宗教活动形式，开展了抵制外侵、争取独立的活动。

2. 19 世纪末到 20 世纪初朝鲜的文化启蒙运动

19 世纪末 20 世纪初，日本帝国主义加速侵略朝鲜，于 1876 年签订《江华条约》，朝鲜由此开始走向日本的殖民地。特别是 1885 年，自从清军从朝鲜半岛撤回后，俄国加强势力渗透，想通过对闵妃集团的控制，从而使朝鲜沦为俄国的"保护国"。

与此同时，日本帝国主义也加紧对朝鲜的入侵，两国开始展开争夺朝鲜的斗争，日俄战争后，日本战败俄国把朝鲜沦为自己的"保护国"。

1905 年，朝鲜沦为日本的"保护国"后，以"自强""独立"为中心口号的朝鲜新文化运动（发端于 1896 年建立的独立协会），便发展为全国性规模的反日运动，其主要代表有张志渊、朴殷植、申采浩、周时经等人①。

中日甲午战争和朝鲜甲午农民起义后，朝鲜面临更加严重的民族危机，人民爱国热情空前高涨，爱国知识界也在各地组织社团，开展了广泛的爱国文化启蒙运动。1906 年 4 月，由张志渊等发起组织的大韩自强会，是最有影响的全国性社团。此外各地还先后成立西友学

---

① 引用朴真奭等《朝鲜简史》。

会、汉北学会、畿湖兴学会、湖南学会、关东学会和峤南学会等社
团，均属带有政治性的爱国社会团体，它们的总宗旨是"奋励自强"
"自主独立"，在不同层次和不同程度上要求改革旧的社会政治制度。
爱国启蒙运动家通过学会及其宣传教育工具，对急迫的社会政治问题
发表评论，指出自强之计在于发展教育，振兴工农商业，主张对内培
养民族爱国精神、对外学习先进文明技术。其著名的政治文章有：
《教育不兴，无法生存》《论自强主义》《无能兽论》《爱国论》等①。爱国
启蒙运动家还大量介绍西方先进的思想文化、政治制度和科学技术，
开始打开长期自锢于封建传统文化的人们，特别是青年的眼界，以激
发人们救国自强的热情。

此外，爱国知识分子梁起铎、朴殷植、申采浩等人"正论直笔"，
正面批判了日本的侵略政策，揭露了一批卖国小丑们的丑恶面目，歌
颂了人民群众不屈不挠的反日、反封建的斗争精神。同时，他们撰述
了各种科技书籍和通俗读物，如《大韩每日申报》(简称《申报》)、《皇
城新闻》等刊物。不少文化界巨匠排除日帝的无理阻挠，直接任职于
这几家报馆。几家报纸中，因《申报》所有权属于英国记者，日本不便
无理干涉，颇有光彩。

日本帝国主义对此极为恼火，一方面加强镇压措施，另方面指示
日本人创刊《大韩日报》《大同日报》等朝文报纸，扶持朝鲜卖国团体一
进会的《国民报》，企图扼杀爱国报纸的政治影响。日本侵略者的御用
报纸，按照主子的授意，疯狂地向爱国报纸挑衅，无耻毁谤，说什么
"真排日者""眩乱国民精神"等等。

《申报》不畏强暴，逆风迎战，挥笔诛讨"魔报"和"附日报"。
《申报》锋芒特指向《大韩日报》和《国民报》。申采浩在《〈国民〉〈大韩〉
两魔头上各一棒》一文中，尖锐地揭露了两报的奇谈怪论，揭穿它们
的卖国实质。他还写了《日本三大忠奴》《与友人绝交书》《学生界的特
色》《仇视爱国二字的教育家》《灭亡国家的学部》等许多文章，发表于

---

① 引用朴真奭等《朝鲜简史》。

该报，有力地回击了敌人的挑战。

总之，文化启蒙运动的重要意义：

第一，大力宣传反对侵略和恢复国权的思想。"祖国""爱国""民族""同胞""独立"成了当时朝鲜人民最响亮的口号。在当时的爱国文人看来，组织学会，创办报纸，建立学校，出版新书，归根结底是为了激发爱国主义思想和夺回国权，他们大谈特谈焕发新思想和新知识，刷新政治，更新事业，发展教育和产业等问题都是为了恢复独立。第二，它广泛地传授了新知识。启蒙活动家们通过各种渠道宣传这些新知识，宣传学习的必要性，并要求认真学习。他们按自己的实际情况，选学几门课程。有的讲家庭学、国家学、兵学是"通共之学"。这是在当时的历史环境下提出来的。第三，他们深刻地揭露了封建统治阶级的罪行，宣传资产阶级的民主和自由。他们把恢复国权同平等自由联系起来，批判朝鲜官吏只知"奴隶其人民，牛马其人民"，"以贵压贱，以强凌弱"。歌颂："自由乃天赋之官职，人生之粮食。有自由之国则国活，失自由之民则民亡。故文明国民以血争自由，以泪争自由。神圣哉自由！英勇哉自由。"认为要恢复国权须国民团结一致，没有各阶层群众的平等和自由，就谈不上什么团结。①

随着启蒙运动的开展和爱国思想的传播，全国出现教育热潮，新编教科书，提倡女子教育，大开时代风气。启蒙宣传家号召人民热爱和使用本国语言文字。他们成立国文研究会，救亡成为其首要主题。

文化启蒙既有反帝反封建的性质，又有自由、平等、民权、文明等资产阶级文化启蒙性质，具有进步意义。但启蒙宣传家仅仅向西方资产阶级学来一些新思想，没有同封建主义决裂；政治上要求的只是改良：各社团组织松散，未能组成一支强大的解放斗争力量，1910年日本吞并朝鲜后，即遭解散。

---

① 引用朴真奭等《朝鲜简史》。

（三）在中国创作诗歌的背景

1. 20 世纪初中国的社会背景

19 世纪末的中国社会正处于半殖民地半封建社会。帝国主义列强掀起了一股瓜分中国的狂潮，特别是 1894 年日本偷袭清政府派往朝鲜的运兵船，清政府被迫对日宣战，由此爆发了中日甲午战争，战争以清政府的失败告终。清政府被迫与日本签订了不平等的《中日马关条约》，条约规定：(1)承认朝鲜"独立自主"，即清朝承认日本对朝鲜的控制权；(2)台湾岛及所有附属各岛屿、澎湖列岛和辽东半岛割给日本；(3)赔偿日本军费白银 2 亿两；(4)开放沙市、重庆、苏州、杭州为商埠，日本船只可沿内河驶入；(5)允许日本人在中国的通商口岸任便设立领事馆和工厂及输入各种机器，产品与进口货物同样免征一切杂税，并可在内地设栈存放；(6)中国不得逮捕为日本军队服务的中国人(汉奸)。

1900 年，欧美列强为扩大侵略中国的利益，组建八国联军，发动侵华战争。同年，清政府被迫同英、法、美、德、日、意、奥等国，签订了丧权辱国的《辛丑条约》，给中国人民增加了新的沉重负担，严重损害了中国的主权，清政府完全成为帝国主义统治中国的工具，中国完全陷入半殖民地半封建社会的深渊。先进的知识分子开始寻找救国的道路，新旧势力从此开始对抗。1905 年，在孙中山等人的倡议下，兴中会与华兴会、光复会等爱国革命团体的负责人聚集在日本东京，组成了中国同盟会，并于 1911 年 10 月 10 日，发动了武昌起义，取得了辛亥革命的胜利。但不久辛亥革命的胜利果实被袁世凯窃取。当时中国的社会背景可以概括为：

一是，帝国主义把中国当成鱼肉进行瓜分。自 1840 年的鸦片战争后，帝国主义列强对中国的侵略基本没有停止过，大量的战争赔款和不公平条约都在中国产生，甚至列强之间因为分赃不均而发生的战争也要在中国领土上进行。可以说，当时中国沦为殖民地，不是日本一方面的"杰作"，应该是整个帝国主义的"功劳"。

二是，腐朽的封建社会已走向尽头。战争不断，失败不断，条约不断，灾难接连降临在中国，对中国来说，即使再强大也不可能支撑多久。从八国联军入侵北京开始，封建社会的根基已经被彻底动摇，清朝政府剩下的只是一个空壳，失去了实存的意义。

正是在这样的曲折的历史中，作者金泽荣深刻感受到了中朝两国命运的共性，辛亥革命后他便以一个中国的朝鲜族文人的身份表达了对两国命运的痛苦无奈①。

2. 20 世纪初中国的进步思潮

1905 年是新旧中国的分水岭，这一年废除了延续一千多年的科举制度，关闭了封建知识分子的仕途大门。因此，一些人开始思考个人与民族的前途而去寻找新的出路，大批优秀人才纷纷走出国门，或到日本，或到欧美，他们怀着"科学救国""教育救国""实业救国""革命救国"的理想去学习，去奋斗。全国各地新学堂纷纷设立，新学堂的知识分子接受启蒙思想，崇尚科学民主，学习现代各种科学与技术。中国的知识分子或出国学习考察，或著书立说，或大量翻译西方科学与文化的著作，大量引进西学，因而开拓民众的视野，提高了人民的思想，同时这些知识分子还批判中国的旧文化、旧思想、旧道德，归纳起来：

一是，资产阶级改革在中国兴起。以康有为为代表的改革派，逐步认识到封建社会的种种弊端，于 1895 年发起了公车上书提出改革，并轰轰烈烈地发起一场维新运动，然则仅仅百天就夭折了。这一失败也警醒了当时社会上的其他进步人士，证明了资本主义式改革道路在中国行不通。

二是，西学在中国进行了初步尝试。鸦片战争后，地主阶级中的先进人物开始打破"华尊夷卑"的传统观念，提出学习西方的机器生产和科学技术，以林则徐、魏源等为代表的开明地主阶级知识分子大

---

① 1912 年金泽荣加入中国国籍，此时他的身份已经是中国公民，然而他一直还是以韩民自居。

量翻译、编写介绍世界知识的书籍。到 19 世纪中后期开始，以曾国藩、李鸿章等为代表的地主阶级洋务派固守"中学为体，西学为用"，提出"师夷长技以自强"。主张"中学为体，西学为用"，采用西方资本主义国家的近代科技，仿效西方国家在教育、赋税、武备等方面的一些具体措施，举办洋务新政，并培养了一批翻译、军事和科技人才。比较有代表性的有张謇等。

三是，民主革命思潮的兴起并广泛传播。一次次的失败和清王朝的腐败与无能，增强了革命派推翻清王朝的决心。20 世纪初，随着新式学堂的增加和留学生的派遣，资产阶级知识分子群形成，并成立兴中会与华兴会、光复会等进步团体，同时也引领中国民主思潮的兴起。他们在清王朝的腐败与无能日甚一日的情况下，迅速觉醒，开始传播民主革命思想。其代表人物是章炳麟、邹容、陈天华等人。

金泽荣来到中国后，正值中国的进步思想比较活跃的时期，正是这样的环境中，朝鲜族文人金泽荣激起了爱国热忱，在与中国的先进知识分子，如梁启超、严复、屠寄、俞樾、梅兰芳、张謇等人的交往中，更进一步受到中国进步思想的洗礼。特别是在辛亥革命后，金泽荣的思想发生了根本性转变，并将其转变体现在他的诗歌作品中。

三、《沧江稿》的版本特点及其诗集的主要内容

（一）《沧江稿》的版本特点

1911 年，金泽荣在南通翰墨林书局先后出版了《沧江稿》十四卷，现收藏于南通图书馆。1911 年《沧江稿》翰墨林书局版本，铅印线装本，共六册。此书是金泽荣亡命到中国以后所出版的最初的中国版本文集，也属于金泽荣文集的第 1 版，由中国近代历史学家屠寄和文人吕思勉资助刊行。

金泽荣在《沧江稿·同刊记》中写到：时"主通州特设国文专修科校"的屠寄"益增赏余诗，曰：'盖速尽刊以惠我'"，并说"自古焉

有书生有待而能济者乎？吾且为子谋之"。这样通过屠寄先生的资助和募捐，出版了《沧江稿》诗集。最后金泽荣感谢屠寄先生说："天下有二难，一知之难也，一让之难也，然有才能知人所有者，或往往有之矣；有才能知而又能虚己以让人者，千百世无几人。让者，公也，公则大矣。"这说明了屠寄帮助当时生活困难的金泽荣出版《沧江稿》诗集的情况。

《沧江稿》，全14卷（诗稿四卷，文稿十卷）6册。页面规格为24 cm×20 cm，版面规格为20 cm×16 cm，黑双边栏，外粗内细；版口有上黑鱼尾，依次有书名、卷数、章次。行格为14行，行字32字，共850页，约160000字。铅印竖排，汉文繁体字，楷体，无标点。《沧江稿》的开头上端印有"翰墨林书局铅印，印刷部代印"的字样。该文集收录了作者从1872年到1911年，40年间所创作的汉文诗歌949首、句25篇、赋1篇、散文345篇。《沧江稿》是研究作者金泽荣的世界观和历史观及文学观的代表文集，也是研究19世纪末20世纪初中朝关系史以及中国朝鲜族文学史的重要文献之一。

到目前为止，《沧江稿》只有翰墨林书局版本，我们所用的也是此版本。其特点为：

一是，收录的汉诗歌的时间对象长，数量多，即全面收录了诗人金泽荣自1872年至1911年，40年间所创作的所有的汉诗歌，共949首。在其后的各种文集中，对这期间所创作的诗歌有不同程度的删减之处。所以，要研究这一时期诗人的诗歌，属此翰墨林书局版本《沧江稿》为最。

二是，坚持采用了旧体印刷方法，增加了旧体诗集的风格，即印字体为楷体铅印，装订为线装本，一页2版，版面设计为有版框，双黑粗细边栏，有上鱼尾，书有书名、张次。竖排，繁体字。正文中加有作者的小字体注释。

三是，没有总目录，各卷有单独目录，其目录以年代为顺序，用干支年编排，只记诗歌数目，无具体的诗歌名，在纸文中单列一行一一道明了其诗歌名。

四是，版面设计井然有序，即每卷首第一行使用抬头法，注明了《沧江稿》×卷，第二行下排注有"花开金泽荣于霖著"字样，在次行有"诗"的注明，其下行有"（干支年）稿××首"的目录字样。

五是，诗文编排采用了抬头法，在一诗几首也不例外，各首具为抬头起始。

六是，原始性强，即本《沧江稿》为金泽荣的第一版汉诗歌集，所以，试题和诗文是属原始作，其后的各种文集中收录的诗歌，是根据本版均有部分改动。所以，此版本为研究金泽荣诗歌的原始版本。

但此《沧江稿》诗集翰墨林书局版本亦有其不足点，如：没有总目录而难以查找所需要的诗歌；用干支年编排，对现代学者的阅读带来一定的困难；无断句而对阅读和理解带有难度；部分诗歌的题目是叙述性的，所以有过长之嫌等。

（二）《沧江稿》诗集的创作特点及主要内容

《沧江稿》中的 949 首诗歌，内容丰富，饱含了作者的心酸和痛苦。它是历史的见证，与其说是一部诗集，不如说是一部史书。沧江先生在《沧江稿》自序中自称自己是韩国遗民，渤海盛国既亡，文籍随亡，其君主统系官职制度仅得见于中国之史，许多事迹，湮没于荒野之间。吾韩今日之事既已至如此，则其五百年间事迹之待文籍以传也，余尤不可以不存区区之作以讼我，先王先大夫之冤噩不复言，遂扶涕书之。金泽荣在此无非也就是要将祖国的历史修复，尽一史官的责任。

《国朝小史稿本成感题》：

> 史稿经年笔始收，国魂招返竟何由？门前如月唐溪水，可度遗山烬厄不？

诗人用 28 个字表达了自己完成史书后的感慨，诗人到了经年才刚刚完成自己的编写任务，目的只是要将"国魂"深深地刻录，但同时也流露出自己的无奈之情。

　　《沧江稿》诗集并非一气呵成，而是将不同时期的创作，一部部积攒起来，并以时间排序成册。笔者根据目录（和内容并不一致）经过整理，现将沧江稿的诗歌整体情况作一个简单介绍。第一卷包括壬申稿四首到戊寅稿八十首；第二卷包括己卯稿三十六首到丁亥稿十一首；第三卷包括己丑稿二十八首到甲辰稿七首；第四卷包括乙巳稿三十五首到辛亥稿三十二首。

　　《沧江稿》汉诗从各个角度表达了自己的情感，有叙事诗，也有抒情诗，有讽喻诗，赞美诗，更有怀古诗和思乡诗，他常以"箕子遗民""高丽遗民""韩客""朝侨"自居，表现自己不敢须臾忘记故国，还与朝鲜的爱国志士相联络，盼望有朝一日能光复河山，实现民族的解放。光复祖国是他流亡中国的最大心愿，也成了他生存的精神支柱。他依靠爱国文章进行斗争的精神也曾极大地鼓舞了在中国的朝鲜爱国志士。他在南通期间广交中国文人，与中国文人结下了不解之缘，有不少送别诗，其中蕴涵着作者无尽的伤感，在沧江稿中，看到最多的词，可以说是"呜呼"之词。在日本的铁蹄践踏之下，朝鲜国将不国，客居他乡，自然只能是独怆然而黯然落泪。由沧江先生的诗歌，完全可以从中发掘当时的历史，因为，沧江先生本身就是一位史学家。因为沧江年轻时读我国明代散文家归有光的书，领悟到唐宋派散文的雄奇精妙，说："读归有光文，读之忽有所感，胸膈之间犹若砉（huā）然开解。"从此坚定了走古文派文学之路的信念。后来他又说，我为文喜好韩愈、苏轼、归有光，为诗喜好李白、杜甫、韩愈、苏轼、王士祯①，可见中国文化对金泽荣的影响之深刻。《沧江稿》中，文卷十卷，是由汉文抒写的散文作品，在诗歌四卷中，更能看到唐诗的影子，如在丁亥稿中《四月二十四日以随员从书状官郑校理闾朝清出开城西门作》中写道："日出城楼上，照我征衣裳。借问安所征，迢迢越封疆。川涂一莽荡，草木交辉光。"

---

　　①　羽离子《韩国金沧江的汉学成就》，《北华大学学报》（社会科学版），2005年第1期。

同时，根据其时间的顺序，类似于我国的编年体历史文献，这也给笔者分析诗歌影射的历史提供了丰富的依据。金沧江不独是一位爱国志士，且是一位重要的汉学家。本文依据原始史料，他是朝鲜最后一代用汉文写作的作家的代表，他的汉文作品是他那一时代的朝鲜汉文学的最高成就的标志之一。金沧江不会说汉语，却用汉文写作，一生作诗 1400 多首，为文则近其数的一半。除有自己诗文的汇集近十种外，他撰写或撰补的史书有十种，笺注的古籍一种，编纂的其国名家诗文选集八种。金沧江所撰述编考的作品不仅数量大，而且质量很高。其史书不独反映了他洞悉社会与人生、能把握宏大的历史演递之史识，以及忠实不妄、不掩不讳、不虚不佞之史德，且能规制严整，记事则能提纲挈领、述陈精当。他的文章文体丰富，有律、绝、赋、联、歌、词、颂、记、简、传、论、辩、笺、评、批、铭、表、序、跋、策、题、说、诔、祭、讣、训等等。其文章，效法中国的归有光，直追韩愈、苏轼。其诗歌则崇效杜甫、李白、韩愈、苏轼、王士祯。无论是他的文章还是他的诗歌，艺术造诣都很高。俞曲园[①]高度评价了金沧江的汉诗成就：

> "是岁(1905 年)九月，君来见我于春在堂。面貌清癯，须鬓修美，望而知为有道之士。出其所著诗文见示，余读其文有清刚之气而曲折疏爽，无不尽之意，无不达之词。殆合曾南丰、王半山两家而一之者。诗则格律严整似唐人句调，清新似宋人。吾于东国诗文亦尝略窥一二，如君者，殆东人之超群绝伦者乎!"张謇对金沧江的充满了爱国主义思想的汉诗尤为赞赏，他评论说："晋山金沧江能为诗，隐山泽间。与之言，然君子也! 观其业渊思而洁趣，躔古而冥追，世纷纭趋乎彼矣。沧江独抗志于空虚无人之区，穷精而不懈。自非所谓风雨如晦，鸡鸣不已者乎! 道寄

---

① 俞樾(1821—1907)，道光三十年(1850)进士，清代著名书法家，浙江德清人，晚号曲园居士、曲园老人等，历任编修、河南学政，以事罢官，居苏州。

于文词，而隆者时命，沧江其必终无悔也。"①

所以，张謇还为《沧江稿》题词并作序。

（三）《沧江稿》诗集反映的思想

爱国主义是一种崇高的思想感情，是一个民族巨大的凝聚力，但它的生成却非全无凭借，而须有必要的基础，这就是对自己的国家和民族历史与文化的了解和认同。

1. 金泽荣的遗民意识

金泽荣将自己的所有思想、情感寄于诗歌中，用最通俗的诗歌语言表达着内心的不平。诗歌内容是从壬申年开始，即1872年。我们可从中分析一下作者的思想情感。从壬申稿（共四首）第一首《平壤之三昌贾舟游浿江》：

> 向晚回舟东归，孤泛方乘兴中流，忽却还夕阳回首处，无限说江山。

这首诗语言自然，虽然不符唐诗格式，但吸收了宋词的自然洒脱。从文字上看，这是一首出游诗，和唐诗中的游子思乡诗很相近，但从诗的末句中，可以看出这是一首山水诗，表达了对祖国山水的喜爱之情。"无限"说江山，其实是流露出对江山的赞美。回到1872年的朝鲜，那时的朝鲜正值大院君掌权之际，"辛未洋扰"事件已经平息，国家局势基本处于稳定状态，朝廷内大院君和闵妃两派之间争权夺势的斗争还不至于影响到诗人的心情。所以，从这首诗歌可以看出，金泽荣只是独自一人泛舟江中，一时诗兴大发，不禁咏出佳句，不带有任何政治色彩，但结合诗人生平，也完全可以证明此时的作者基本生活在一个安定的环境中。此后的《花山观鹿猎》《游金刚山到断发岭作》等三首诗也是同年所作，尽是描写景物的诗句，也尽显和平之意。

---

① 张謇在宣统元年（1909）所写的《朝鲜金沧江云山韶濩堂集序》中评论。

乙亥稿三十一首中的《闻钟》写道：

> 读罢床书夜分，随风钟响洗残醺，敲开岩洞初生月，度尽虚空不碍云。按候时鸡浑未觉。惊寒檐鸟更并群。了知一段提醒意，何似蓬莱寺里闻。

可以看出，作者塑造一个凄清的意境来表达自己的心境，诗中"夜分""残醺""生月""虚空""惊寒"等一系列词语足够体现作者此时的心情，这里大有"姑苏城外寒山寺"的味道，却没有"处江湖之远，则忧其君"的爱国爱民的思想。乙亥年，推算之后可确定为1873年，此时的朝鲜已经处在内忧外患的状态下。19世纪中期，锁国的日本刚被美、俄军舰打开大门，幕府后期主张变革者便于1855年提出："失之于美俄者，取偿于朝鲜与清国。"1868年明治维新开始，翌年日本朝野便提出"征韩论"。1875年9月，日本"云扬"号军舰开到朝鲜西海岸击毁江华炮台，不久又派海军陆战队进逼汉城。可以断定，此时作者的内心还是高句丽的遗民思想占有主导。

金泽荣的直系始祖是高宗时任兵府尚书的金仁璜，其子孙世代居住在开城，而且先祖金勖也在公民王时做官，高丽灭亡后自命为高丽遗民，隐居在万寿山。金泽荣的先祖也不求为官，继续在子南山下生活，由此形成崇尚节义的家风。因此，金泽荣也自命为高丽遗民，应是受到了这样的家风的影响。但是，父亲金益富却劝金泽荣走科举之路，在父亲的压力下他几次参加考试，却难有佳绩。也许是他的遗民意识总使他想到开城人仍然是被拒之门外、还没有通过司马试的缘故。他还没摆脱乡吏意识而想到伸展雄心。更重要的是金泽荣在《韩史綮·序》中说："高丽之世比之中国两汉也，风气尚能宽大。"然而朝鲜的风气却比较狭窄。这对他来说是朝鲜极端的等级制度和作为统治思想的性理学的排他性的必然结果。

不甘心受日本帝国主义的民族压迫，却又无力把祖国从日本侵略者的魔爪下拯救出来，逃亡自然成了金泽荣最理想的选择之一。此后，他常以"箕子遗民""高丽遗民""韩客""朝侨"自居，表现自己不敢须臾忘记故国，还与朝鲜的爱国志士相联络，盼望有朝一日能光复河山，实现民族的解放。1905 年流亡到中国后，金泽荣的高丽遗民意识变为朝鲜遗民意识，促使他投身于爱国启蒙运动，决心以文章报国。高丽遗民意识也是爱国心的一端，因为从爱乡土进而可推至爱祖国，二者是一致的。流露高丽遗民意识的传记有《崧阳耆旧传》《丽季忠臣逸事传》等。因为传记是对列传人物的性格与事件的记述，褒贬寓于其中，因此作家的历史意识体现得极为鲜明。1910 年，庚戌国耻时，他为其子取名为"光祖"，寓意"望其光复祖国也"。事实上，光复祖国是他最大的心愿，也成了他生存的精神支柱。他依靠爱国文章进行斗争的精神也曾极大地鼓舞了在中国的朝鲜爱国志士。

乙巳稿中的《九日发船作二首》中写道：

> 沸流城外水如蓝，万里风来兴正醅，谁谓火轮狞舶子，解装文士向江南。东来杀气似阴奸，谋国何人济此奸。落日浮云千里色，几回回首望三山。

从内容上看，"解装"一词可表明此时作者离开官场，成为一介布衣①。由金泽荣的生平可以知道，他于韩熙伦王元年(1850)生于朝鲜开城府东部。韩光武帝二十八年(1891)会试中进士，先后任议政府主事隶编史局、中枢院参书官兼内阁记录局史籍课长、弘文馆纂辑所正三品通政大夫等职。甲午战后日本加强了对朝鲜的殖民统治，1905年实际上已加以吞并。金泽荣愤而辞官，携妻儿从仁川乘船来华。这首诗说明诗人已经来到中国，此时已脱下官袍，流亡异国他乡，金泽荣在 1905 年离开仁川港前往上海南通，离别之时他多次回望祖国，依依不舍。"东来杀气"直接点明了日本帝国主义侵略朝鲜和中国的罪恶暴行，在此，诗人也在大胆地反问："谋国何人济此艰？"不禁"几回回望三山"，渴望家乡收复。无奈诗人一介书生，只能哀叹，但

---

① 乙巳年，即 1905 年，此时作者刚刚辞去了两个官职。

又无济于事，由此，诗人再度顿起"遗民"之念，但在此时，他不再仅仅称自己是高句丽、高丽的遗民，而是把整个爱国思想融入其中，成为朝鲜遗民，这也算作者思想的一个转折点。他在 1905 年之后诗歌创作中也多数表达此意，对他文集中的 20 余篇传记进行分析，看得出金泽荣在中国作为一个朝鲜遗民，对祖国的光复抱有更强烈的期望。另一方面，文章报国相当于政治报国、军事报国、经济报国，是文士的报国方式，也是金泽荣等流亡文士的共同愿望。

金泽荣流亡中国后，1910 年遭遇朝鲜亡国，在其后 1911 年的一年时间内，他在客居地南通并未申请加入中国国籍。而武昌兵兴，继而中华民国建立的 1912 年，金泽荣很快作出了个人生涯中的这一重大决定。金泽荣在后来致一位"张生"（张謇）的中国友人复函中，就此作了具体说明："若仆当乙巳之岁（1905 年），见本国之为强有力者所噬，恐一朝俘虏之辱及于身，弃官至通居数年。而噬者果竟下之腹，则仆之一身尤伥伥何所依。然而不忍为清民者，清与元班故也。曾未几日，武汉兵兴，中国复还旧观，故仆于是得为中华民国之民。"金泽荣则在民国肇建之后立即申请加入中国国籍，自认为加入"中国新民"行列，对刚刚诞生的亚洲第一个共和国寄予厚望。但其著述署名仍多冠以"朝鲜遗民""朝侨""韩产""韩客"，以示永远不忘故国。朝鲜爱国志士在上海法租界组织临时政府，他立即代为拟《陈情表》，把韩中关系比喻为"为瓜为葛，为唇为齿"，希望中国政府大力支持朝鲜民族解放斗争。他与国内的爱国志士也常有联络，在衰暮之年仍然尽心尽力为光复故国而呼号。泽荣在南通旅居 22 年，与张謇情趣相投私交甚笃，常相携徜徉山水，春秋雅集，岁暮消寒，因此咏景抒情的诗文唱和也甚多。如民国五六年期间，张謇曾作《沧江示所和诗复有赠》："爱客攻吾短，论诗数尔强。时时惊破的，炯炯达升堂。蜡屐吟山出，蜗庐借树藏（沧江寓庐名借树）。众人怜寓卫，后世有知扬。"据曾见过泽荣者的回忆，其人"面貌清癯，须髯修美，一望而知为有道之士"，"或戴朝鲜纱筒帽，身着朝鲜长服"，"首缠纱巾，深衣款步……古味盎然"。读张謇的诗，一个真率而洒脱的韩国诗翁仿佛就在我们的眼前。民国八年(1919),张謇又有《沧江翁今年七十,不以生日告人,八月一日为延客觞翁于观万流亭,赋诗为寿,属客与翁和之》:"六十七十翁发皤,旧运新运天旋螺。《春秋》惟有乱可纪(指翁作《韩史》),忧乐合以诗相摩。看花老辈应逾共,载酒佳时莫厌多。槛外朝来云物好,从容等视万流过。东北浮云屡变更,秋风落日汉阳城。南坛幕府萦吾梦,左列词曹系子情。一局烂柯嗤对奕,几时得尽话长生。引年送日须歌舞,准备缠头听玉笙。"感时怀旧,人生苦短,昔日豪情不再,惟有以诗酒歌舞自相慰藉,这大体上可以看作张、金等诗友休闲生活的写照。张謇与金泽荣唱和的诗作甚多,收于《张季子九录·诗录》系年最后的一首,是大约写于1924年的《视沧江病》。此时泽荣已74岁,张謇也有71岁。诗云:"闻病抛诗叟,来探借树亭。扶掖怜参术,荒寒满户庭。余年犹兀兀,史笔耿丹青。"对贫病交加的沧江极表同情,并且盛赞他在衰暮之年仍能秉笔直书朝鲜历史。

2. 金泽荣的报国意识

可以说,全泽荣对光复朝鲜倾注了所有精力,甚至感觉到光复无望后而服毒自尽。金泽荣的报国诗多集中于1905年之后,此时作者流亡中国,离别之时多次回望汉阳的情景,点燃了他的报国决心,从前自命高丽遗民,现在则朝鲜遗民。当听到赵秉式和闵泳焕的死讯时,他作了一首诗:

> 兰城识字知可用,空赋江南一段哀。

诗人自嘲了识字也无用,作诗赋只是雕琢文字。但是,在写给黄玹的信中他下定决心:

> 愧无身手关时运。只有文章报国思。

谁言识字无用,文章亦可报国。心执此种信念,他决定以文章报国,著述并出版了日本统治下无法发行的多种文章和书籍。

《伏闻皇上内禅感赋》:

> 太息东天事，神尧让至尊。双悬虽日月，再整诅乾坤。黄伞
> 愁云色，青班泣雨痕。小臣今止此，何以拜修门。

1907 年 7 月高宗知道在荷兰海牙召开万国和平会议，为了说明签订保护条约不是他的意思，他偷偷地派李相卨和李俊前去，但因为日本外务官的阻挠而无法入内。因这件事高宗不得不把他的王位让给皇太子（纯宗）。当时激怒的老百姓在各地与日本兵发生冲突，示威队伍拿着武器袭击日本人。金泽荣此首诗写出了朝廷当时的凄惨情形，因为他曾经是一个史官，领受国禄，对国王和祖国有着同一体的意识。

当听说朝鲜爱国义士安重根刺杀了伊藤博文后，感慨万千，抒发壮志，写下了《闻义兵将安重根报国仇事》：

> 平安将士目双张，快杀邦仇似杀羊。未死得闻消息好，狂歌
> 乱舞菊花傍。海参港里鹃摩空，哈尔滨头霹火红。多少六洲好健
> 客，一时匙箸落秋风。从古何尝国不亡，纤儿一例坏金汤。但令
> 得此撑天手，却是亡时也有光。

从诗的字里行间，我们了解了一段历史。安重根，字应七，1879 年 9 月 2 日生于黄海道海州邑，幼年学过汉学和武术。1895 年随父亲加入天主教，接触新学问。1905 年从上海归国，在南浦设立敦义学校，培养人才，1907 年，伊藤博文强迫韩国签订七款条约，强迫呈帝李熙退位，强行解散朝鲜军队，朝鲜爆发了大规模的反抗运动。安重根亡命到俄罗斯远东滨海州，献身于朝鲜的义兵运动。1909 年 10 月 26 日 9 时，伊藤博文乘坐的专列抵达哈尔滨火车站。安重根用手枪打中了伊藤博文和日本驻哈尔滨总领事川上、森泰二郎和田中清次郎，伊藤当天 10 点即告不治。而安重根被当场扑过来的沙俄宪兵逮捕。1910 年 3 月 26 日 9 时 4 分，安重根义士身穿朝鲜国传统的纯白绸朝鲜服从容走上绞刑台，在旅顺大狱内英勇就义。

金泽荣心忧国事，梦想有朝一日能够看到祖国的光复，曾在《鸣呼赋》中直接抒怀感慨，说："余闻之无所泄哀，缘情起礼制一素服，

服之三日，然而犹示足以泄也。"金泽荣和在上海的临时政府成员安昌浩曾在狼山寺共度一宿，因为国事而彻夜长谈。他还与尹显泰、李钟浩、李始荣、朴茂原等担忧国事的人经常会面，以诗赠答。这些诗歌，在沧江诗集中均有记载。其中《寄朴茂原》诗为：

> 人生苟称意，一日当百年。人生苟知己，一室大八埏。惟君性好爱，一似三生缘。山河虽破坏，金兰尚完全，慰我飘泊恨，速客开樽筵。

从此诗的语意中可以感觉到，诗人感觉到人生的称意，因为有朋友在，但事实所谓的称意并不称意，因为国已破碎，自己成为一个沦落人，四处飘泊，无居无所，诗人此时的心情当然是悲伤忧郁，希望自己能回到祖国，但回祖国也只有一个可能，那就是祖国光复之后。从这看来，诗人与友人赠诗中，也不离一个"悲"字，这是祖国的命运紧紧相连的。

张謇在《韩国历代小史序》中写道："金君叙一国三千二百余年事，可观可怨可法可者略备矣。谓以供人观怨而法戒，如是焉差可也。韩之人抱持纶一旅楚三户之志者伙矣。哉！读金君书，其亦有然而思，瞿然而忧，然困而弥厉者乎！"这是张謇与金泽荣共具的卓识，而也正是中朝传统文化互相契合之处。

3. 金泽荣的史学思想

沧江先生在《沧江稿》自序中自称自己是韩国①遗民，并论述说，渤海盛国既亡，文籍随亡，其君主统系官职制度仅得见于中国之史，许多事迹，湮没于荒野之间。

金泽荣在此无非也就是要将祖国的历史修复，以尽一史官的责任。出自史官之手，《沧江稿》更流露出它的史学观点。

金泽荣勤奋撰写、编辑、整理出版朝鲜史书，自有其良苦用心。作者能把历史看作国魂之所寄，把亡史看作比亡国更为悲哀，把撰史

---

① 因为这里的"韩"指大韩帝国，为了不改变书中原话，个别地方予以保留。

看作维系民族精神的大业，把史书看作鼓舞民心寻求民族解放的有力武器，这些爱国举动被当时朝鲜的爱国志士所推崇。而且在沧江稿中也多次提到文章报国和编写史书。《追和严几道赠别诗》：

> 此身胡又在通州？玉露黄花倍作愁。屈子怀邦无补楚，左生收籍早辞周。五年辛苦鲸千里，万古兴亡貉一丘。

这首诗是他在1905年来到中国后所作。诗中充满愁和恨，亡国之痛纵使他有屈原的抱负，也无济于世，白白在朝廷中浪费了几年光阴。然而他在这里用了"万古兴亡貉一丘"这样泄愤的话，可见他对有些人是不满的，"一丘之貉"是一种自嘲式的谩骂。他在《韩史綮》中说："朝鲜开国四千年以来一直轻视经商，不知道发展商业。其税除了鱼、盐、红参以外就没有了，这简直是浪费钱财。"他痛叹大院君没有商才，又惋惜臣下也不了解实学，他非常羡慕由中国的贤相管仲兴起商业而国家富强的事实。基于同声相应、同气相求，金泽荣对于大文章家朴燕岩关于利用厚生以求富强并努力安民的实学思想产生了共鸣。他对燕岩实学思想评价很高，再三出版他的著作，其用意在于启蒙民众，经世致用，努力自强。这可以称之为一种崇尚实际、实效、实用，求真务实、注重经济的实学观。

金泽荣对朝鲜历来轻工商的情况特别给予审视和批评。他在《韩史綮》中说："原东邦自开辟以来，利用厚生、兴商劝工之制，一无所讲。财无所出，唯吮农民之膏血以延其命，而至朝鲜则尤然。何珤之阙然不及此哉。抑朝鲜政制之拙狭已为莫治之痼疾。"金泽荣比较了中国和朝鲜的农商与赋税政策："若朝鲜自其开辟四千年以来，一守三代贱商之规而不之变，不肯兴奖其业。其所取税，自鱼盐红参以外，概皆无之，而况于捐。是谓坐弃其财于地，国之贫而亡，不亦宜乎？……盖吾既惜大院君之不学无术，不能培壅商业，且不能援中国之税制。"金泽荣的重工商的思想和英、法资本主义兴起时的重商主义思想有相近之处。查金泽荣在韩末所撰的早期著作，并无如《韩史綮》这些明确而强烈的励工兴商的思想。金泽荣在流亡中国，寓居当时中国的工业城市南通，参观过当时当地的各类现代化的工厂、农场，自己也从供职于封建朝廷改而服务于以资本主义方式运作的工商企业翰墨林书局，这些切身经验，都是他的新认识的源泉。同时，他的挚友张謇兄弟等都是中国杰出的工商资本家。无庸置疑，正是金泽荣的在华生涯使他产生了已与写作《东史辑略》时远为迥异和进步的新的观念。

19 世纪后半期，美俄英势力开始染指朝鲜半岛，日本更是对朝鲜存侵吞之心。

《代人和日本人米溪咏残萤》：

> 日月不为大，残萤不为小。请除分别心，与我游天表。

用 20 个字直接指出了日本帝国主义的野心和企图，并指出自己的观点，应该共存，不要凭借自己短暂的强大就恃强凌弱。同卷还有一首名为《代人赠日本伊腾大臣》同样也表达了这个观点。1897 年，朝鲜改称大韩帝国。13 年后日本吞并朝鲜半岛，朝鲜王朝倾覆而国亡。在此前后，朝鲜士大夫或趋炎附势，改投日本殖民当局，或不肯俯首而自绝，或致仕回家，从此不问国事，或逃窜山野、流亡国外为国朝逸民而拒绝做日本统治者的顺奴。金泽荣即为后者。后一类人并不多，其中能体察朝鲜史的脉络，用心记录十九世纪末目不暇接的急剧变化之形势与内情，著成史书以求延承国祚。

在金泽荣看来，入党、反党皆祸。得势，并不靠"义理"。他评道："老党之以时辟相戮者，岂为其义理哉。古国家之事有成败而无顺逆。所谓窃钩者诛，窃国者侯。"因此，"自古宫掖之间，冤气常多。人彘巫蛊之祸，史不绝书"。抨击了封建王朝闭言路、禁锢思想、兴史狱的专制独裁。中国的明、清两王朝中，文字狱陡起，专制王权达到了顶峰。而朝鲜的李氏王朝，其历史的轨迹与中国十分相近。封建专制制度与方式，有着惊人的共性。显宗时，朝鲜大儒宋时烈和尹镌不仅政见有异，在对四书五经的注解上以至儒家理论上也见识不同而互有讥驳。金泽荣以其忠君保韩、守儒固统和强烈反日的坚定立场而广受朝鲜爱国人士的尊敬。但其也揭露了统治集团内的血腥倾轧。如在《太祖纪》首谓:"太祖高皇帝康献王,李姓,名旦,字君晋,初名成桂。其先全州人,屡徙为咸兴人。高丽东北面兵马使子春第二子也。母懿思,王后崔氏。屡立战功,致位将相,弑二王,篡恭让王位。在位七年……"言人之不敢言。而在《世祖纪》中,同样揭批道:"世祖之杀侄、杀诸弟以盗君位,万世之大恶也。叔舟请婢端宗妃,又万世大奸大恶之尤也。""世祖……方其血气之刚,欲火之盛也。残其骨肉,如屠羊豕,犯万世之大恶而不知其非。"靠残杀骨肉以夺以保帝王位的何止太祖、世祖二人。统治阶级内部倾轧的另一表征是朋党之争。因朝而异,朝鲜统治集团内有老党、少党之争,南党、北党之争,东党、西党之争等等。同党内部,还争残不休。在论肃宗朝事时他曾叹"朋党之陷人天良如此夫!"

金泽荣自身本是理学之士,又是文臣,他斥责封建君王治国家以私恩,自坏纲纪;国家禄科之道尤貊道;酷刑妄杀;苛禁改嫁等等王政。他认为所有关于是因为所依托的俄罗斯在日俄战争中战败而使朝鲜亡国的说法是荒诞的。金泽荣一针见血地指出在日清战争之后,"使太上皇乘此十年之暇,卧薪尝胆,兢兢自治,则日本将如之何哉!无如卖官鬻爵,禳神观剧之外无一所知,万几万事日就乱亡之途,而惟欲仰俄罗斯之鼻息以为一缕之命。噫!……故曰韩之亡,非俄罗斯之败之故,惟吾自伐自亡而已"。1911 年,中国的辛亥革命爆发,金沧江认为这正是自己所梦寐以求的新的社会改造,因此,他为之欢呼,一气做成《感中国义兵事五首》:

> 武昌城里一声雷,倏忽层阴荡八垓,三百年间天帝醉,可怜今日始醒来。

这标志着金泽荣已从一名旧儒学的忠诚卫道士变成了一名已接受了其他各种社会思想,不再是"箕域地灵应愧死,寥寥仅只产安生"的死抱着经世理学不放的思想解放者,标志了金泽荣从一名李氏王朝的遗民转变成了一名终于抛开了这一封建僵尸的自由人,还标志了他从一名为封建王朝服务的宫廷史官真正转变成了一名能认识到封建君王及封建制度之腐朽丑恶并勇敢地给予猛烈责评的独立的历史学家，体现了金泽荣新的历史观和世界观。他相信辛亥革命不独是只影响轩辕子孙的中国革命："山羞海辱我东邦，三士空留碧血香。四力方军今日举，洗冤非独为轩皇。"① 促成这一转变的原因，从金泽荣本身来说，是由于他对祖国和人民的挚爱，并为它们的解放而永不停息地上下求索的结果，从外部因素而言，中国辛亥革命的胜利，远比朝鲜李氏王朝及强大的满清王朝的一朝崩溃所带来的剧烈震撼，由于中国资本主义在二十世纪初的急剧发展所导致的中国城市社会的变迁，以及他的挚友张謇从一名封建卫道士向一名新兴资产阶级代表人物成功转变的清晰可知的示范作用，都是对金泽荣有着巨大的影响力的。1919 年，朝鲜爆发了新生民族资产阶级领导的声势浩大的三一百日独立运动。由于日本帝国主义血腥镇压，一部分领导这一运动的人士流亡到中国上海，并于 1920 年组成了大韩民国临时政府。金泽荣因之而欢欣鼓舞，为大韩民国拟写了给中华民国总理的《陈情书》，叙述了中韩两国历史上唇齿相依的关系，吁请中国政府对大韩民国给予支持。金泽荣对资产阶级共和制的认同，标明了他最终脱离了旧营垒，而顺应历史发展的潮流，站到了新的进步的革命者的阵营中。

四、《沧江稿》诗集的史料特点及价值

（一）《沧江稿》诗集的史料特点

《沧江稿》诗歌主要反映了 18 世纪末 19 世纪初（第二次鸦片战争到辛亥革命时期）的历史。反映这一时期历史的史料有很多。其中，最为代表性的史料包括：中国的《东华续录》、《东三省政略》（徐世昌

---

① 金泽荣《感中国义兵事五首》，《韶濩堂集精》卷五，南通翰墨林书局，1924年，页 8。

著)、《清季中日韩关系史料》；朝鲜的《李朝实录》《承政院日记》《日省录》《备边司誊录》《同文汇考》《通文馆志》《大东舆地志》等。《沧江稿》同上述的其他史料相比，完全不同。《沧江稿》诗集的特殊性在于，金泽荣是用绝句和律诗的诗语记录了自己出游的所见所感，每首诗作者都标明了写作时间、地点和创作缘由，所以仅从此诗集就能够了解沧江先生的生平和当时的历史背景、历史事件和历史人物。《沧江稿》诗集具有如下几个方面的特点：

第一，从其史料体例来看，《沧江稿》诗集的体例是按时间顺序编排的，因而是带有日记体形式的诗歌集。这一点上，同朝鲜族著名反日义兵将领柳麟锡的《毅庵集》①诗歌有着一些共同点。但《沧江稿》诗集中多为写景抒情的作品，用简洁的语言表达对世事的感慨之情，最终整理成具有一定体系的诗歌专著。这与类似《尹东柱遗诗集》②以内容来分类的编排形式有着明显的差异。

第二，《沧江稿》诗集所反映的时间和空间跨度大。《沧江稿》诗集中记载了有关日本侵略朝鲜及中国的历史等 40 年间的事实，反映了19 世纪后半叶的朝鲜社会生活和 20 世纪初中国社会变迁，即侧重反映了同一时期的中国和朝鲜的近代历史。而在《李朝实录》（另一版本书名称《朝鲜王朝实录》）、《日省录》、《备边司誊录》、《同文汇考》、《通文馆志》、《大清穆宗毅皇帝实录》等朝鲜史料大多反映了有关朝鲜近代社会变化的一些相关历史。与此相比，《沧江稿》诗集虽然是诗歌，但它的内容是中朝两国从 1872 年起至 1911 年之间 40 年的历史，具有浓郁的地域性、民族性和社会性特点。

（二）《沧江稿》的史料价值

如上所知，《沧江稿》诗集是一部用中文记录的朝鲜亡国历史的宝

---

① 柳麟锡(1842—1915)，朝鲜族反日义兵将领，《毅庵集》是柳麟锡的门徒们于1917 年在兴京县平顶山暖泉沟木刻出版的柳麟锡的文集，共 29 册 55 卷。

② 尹东柱(1917—1945)，是 1930—1940 年著名的反日抵抗青年诗人。崔文植、金东勋《尹东柱遗诗集》，延边大学出版社，1996 年 12 月。

贵资料。它具有如下三个方面的史料价值。

1.《沧江稿》诗集为研究中朝关系史提供了宝贵的资料。

金泽荣自称自己是高丽遗民，在他的诗中，更多地流露出他们的遗民思想。高（句）丽虽然灭亡了，但高句丽对中国乃至整个东北亚历史的影响是很大的，现在朝鲜（韩国）把高句丽（高丽）尊为自己的祖先。历史上，朝鲜与中国的关系是典型的朝贡关系，并包涵着军事、经济、文化、外交等各个方面的往来，这种朝贡关系的特征与内容，在朝鲜派往明清的使节、使节所传送的外交文书的种类与形式以及文书传送体制等方面都有着非常鲜明的反映。朝鲜对明清的外交文书，历史文献中称之为"事大文书"。

金泽荣还辨正了一些历史事实，例如实记了仁祖丁丑十五年（1637）三月，清将马保大和朝鲜安州兵使柳琳、义州府尹林庆业率军合攻明使沈世魁所固守的椵岛。沈世魁被杀，岛上数万中国人被屠。"而朝鲜兵之杀戮尤惨，岛人比死，大呼曰：朝鲜有何仇于我而至此乎？"金泽荣在研究评判朝鲜历史时，还注意与中国的历史相比较。在对具体的法令作了比较后，他觉得"朝鲜事事学中国，而事事必甚于中国"①。在对民情作了比较后，他的结论是："余至中国，然后知中国之民有教，而朝鲜之民无教。中国之民合，而朝鲜之民散也。"② 金泽荣通过《沧江稿》，表达了他晚年的历史观、社会观，对于他早年的史著而言，是有扬有弃。在他七十三岁高龄时，他以古喻今，写下了《曹公亭歌》。歌词有："请君赊酒向新风，一酹我李兵仙，一酹君曹鬼雄。巫阳与招魂气返，旌光剑色磨虚空，雷鼓鼓动两国气，人间何代无忠勇。"诗中所言之曹公，即清代南通的抗倭英雄曹顶；李兵仙，指古代朝鲜半岛上的抗日名将李舜臣。在金沧江的著作里，汉学是博大的学问，它从来不与本民族的利益相冲突，只是更有利于本民族的利益。歌颂了中朝两国从古至今的友谊，同时也希望两

---

① 《韩史綮》卷五《太上皇》。
② 《韩史綮》卷四《肃宗》。

国人民能够携手共同抵御外辱。

在中、韩两国长达 3000 年的交往过程中，朝鲜一直是中国的近邻与藩国，在政治、经济与文化等方面深受中国影响，两国政府关系密切，两国人民世代友好，"为瓜为葛，为唇为齿"，乃是不争的事实。金泽荣熟谙上述历史与传闻，坚信朝鲜始祖系箕子，与中华同脉，他自己系箕子后裔，同中国一家。这即是金泽荣的箕子情结，这种情结所包含的实质上是中、朝两大民族之间一种深厚的历史亲和感与一家亲的观念。据此，不难理解为什么在朝鲜遭遇野蛮侵略，金泽荣难免"岛儿奴"命运之际，他想到的唯一客居地是中国。

金泽荣的生活年代，正是大院君执掌朝鲜政权的时间。在此期间，大院君实行了一系列的闭关锁国政策，但唯独和中国保持一定的往来关系，之后的闵妃时代，更是与中国保持了非同寻常的关系。特别是在军事和文化上，两国一向有着密切的联系。1882 年壬午兵变后，闵妃化装成宫女逃走，大院君重新掌政。在闵妃请求下，清朝派吴长庆率三千兵入朝鲜镇压兵变，囚禁大院君，闵妃外戚集团重新掌权，从此清朝（和日本）在朝鲜驻军。正是由于中朝两国间这种密切的往来关系，也才有了张謇出使朝鲜的机会和金泽荣流亡中国的决定。

2.《沧江稿》诗集为研究汉学在朝鲜的影响提供重要依据。

张謇尚有《金沧江刊申紫霞诗集序》(1907) 一文，记两人结交始末甚详。文云："往岁壬午，朝鲜乱。謇参吴武壮军事，次于汉城。金参判允植颇称道金沧江之工诗，他日见沧江于参判所，与之谈，委蛇而文，似迂而弥真。其诗直窥晚唐人之室，参判称固不虚。间辄往还，欢然颇洽。沧江复为言其老辈申紫霞诗才之高，推服之甚至。予亦偶从他处见申所流传者，盖出入于晚唐北宋之间。"[①] 可以看出，金泽荣受唐宋文化影响是极深的，以致他的诗几乎就是唐诗再现。从风格到手法，从结构到语言，全都融入了唐诗的精髓。

① 张謇《金沧江刊申紫霞诗集序》，《张季子九录》文录，中华书局，1931 年。

随意选取《沧江稿》诗集中的一首，如《姑苏怀古》：

> 吴王日日奈欢何，越女如花唱艳歌。未洗千年亡国耻，姑苏城下水空多。

短短四句，我们就可看出，诗人对中国文化的精通。首联"吴王日日奈欢何"，既点明中国古代勾践灭吴的历史典故，又可以看出诗人对汉字的精通，"奈欢何"是文字的倒装使用，现代汉语中习惯说为"奈何欢"。看颔联的最后一字"歌"，与首联的"何"及尾联中的"多"字，在唐诗的格式上押的韵正好一致。类似用中国典故的语句在金泽荣的诗中很多，几乎每首诗中都有，如第三卷丙申稿《舟发礼成江到上杏州》中一句"唱彻离骚谁解听，龙吟雁噭满江愁"。可以看出，诗人不但对唐诗有研究，对中国古诗包括先秦诸子散文、诗歌都有研究，而且运用自如，同样也说明了中国古典文学对朝鲜文人的重要影响。

通过两国文化比较研究，可以看出：朝鲜半岛和中国文化接触最明显的特征，莫过于汉字文化的早期传播和渗透。我们今天看到的韩国、朝鲜现存的大量文献资料都是用汉字写成，这足以证明，汉字自中国流入朝鲜后，对朝鲜文化的发展起到重要作用。江苏东台的学者陆汶为《崧阳耆旧诗集》题诗，对金沧江的作为也诚表敬意："沧江先生目似镜，爱惜文字如性命。前史古文与词藻，先生一网收罗并。在昔东韩多名贤，吟诗能到唐人前。……呜呼！先生一枝笔，沧海遗珠尽搜出。集成贱子赠一言：千秋万世活枯骨。"

另外，儒学对当时朝鲜文化的影响更是极为深远，尤其是程朱理学，几乎统治了李朝思想领域达五百年之久。儒家思想、儒教哲学、儒教文化，经过韩国的当政者、思想家和许多学者的吸收、消化和加工，同现实紧密结合而融为一体。正如《朝鲜儒家史》的作者玄相允所言："儒教思想对整个朝鲜民族的思想和生活的感化及影响实乃大矣。儒学使朝鲜民族的思想发生了变化，民族性格发生了变化，政治、文化、经济发生了极大的变化。"同样，也影响了金泽荣。如同中国许多儒家饱学之士，金泽荣思想深处也存有"华夷之辨"之类的正统观念，并渗透到他的箕子情结中。

通过对《沧江稿》诗集部分研究后不难看出，汉学思想对于朝鲜文化的影响很深，甚至可以说是在引导着朝鲜人民的思想。他把对汉学的研究与对祖国命运的关切结合在一起，又把学者的书斋和朝鲜独立的战争结合在一起，在推动汉学研究的同时，也推动着其民族文化的发展。虽然沧江先生去世较早，没有看到他奋斗的成功结果和愿望的实现，但他所做的工作却是继往开来的。金沧江老人留下的汉学遗产是珍贵的文化与精神的遗产，这些遗产必将日益受到人们的重视。

3.《沧江稿》诗集为研究朝鲜族文学提供了丰富的资料。

读《沧江稿》不但可以了解作者其人其事，同时还可以对同时期的朝鲜文人进行认识和了解。从19世纪末、20世纪初开始，崇文重教的朝鲜族中就有相当数量的知识分子写出大量与当时的现实相关的诗文，形成了具有进步思想倾向的中国朝鲜族文学的雏形。除金泽荣外，还有当时的柳麟锡、申圭植、申采浩、金鼎奎等人，共同用古体汉文诗文奠定了中国朝鲜族文学的基础。同时，《沧江稿》中还提到了一些人，如《寄朴茂原》等诗歌，直接就提到了李建昌、黄玹等人，这些也将成为研究其他文人及作品的重要线索和依据。如《寄黄梅泉》：

> 头流积翠落沧溟，力里随潮到我扃。暮境相依知几日，旧交都尽似飞星。空山猿鹤盟逾密，匪域鲸鲨气正腥。忆否孤歌招隐处，秋风业桂已飘零。岁月于君未害亡，老来诗气益苍苍。遍倦轮世奎仙子，寂寞哀时杜草堂。汉北春花沾有泪，江南烟水去无梁。遥怜卯弟能知此，风雨时时慰对床。小史经营剩泪痕，邱明群籍载西辕。愧无身手关时运，只有文章报国恩。洌水幸会窥皱面，江梅今又映离魂。此生一郁将谁语，好向浮云数寄言。

这首诗歌采用律诗的形式，对黄玹的一生情感、思想进行总结。也同样表达了对友情的赞美，二人可谓是志同道合，可惜空有一腔报国热情，因仅仅是文人只能文章报国，友人永远地离去，自己再也没有人来谈心，只能对着浮云寄托哀思。《沧江稿》诗集中赠与诗占大部分，往往都赠与当时与作者相交甚密的文人朋友。这些诗歌为研究其人朝鲜文思想及作品提供了基础性材料，也是最佳切入口。

总的说，《沧江稿》诗集是那一时代的朝鲜族文学的最高成就的标志之一。金泽荣对中朝的汉文学作了广泛的回顾和精当的评价。在中国的政治、社会和文化的急剧变革中，他能最终突破在长期的封建社会的土壤上发育成熟的旧思想的束缚而开拓视野，跟上社会进步的潮流。

五、结论

金泽荣是一位在汉文学方面造诣很深的朝鲜族文学大家，他活动于19世纪后半叶至20世纪初，坚持反帝反封建的政治立场，抱着民族情操，主张和宣扬中朝友谊和友好往来，在朝鲜和中国度过了自己独特的创作和著书生涯。纵观他的“维持以遣一生，惟轻轻之文字而已”① 的创作生涯，共创作了1400余首诗歌和300余篇散文，仅在《沧江稿》收录的诗歌为949首和散文325篇，正如当时著名中国文人孙厚翼对其评价说：“公为博矣，用心勤矣，史或出入于诸家者，而考例援证，足以传后。国朝事不拘泥于时论党议而洞直己见，文不循循于科臼绳尺而自肆其力，不类偏帮觚墨家套色”，“需考究今古、读书万卷、察世知人，故远非寻常人所能骤为”。② 作为一位著名的朝鲜族诗人，金泽荣以《沧江稿》诗集，为我们提供了重要的朝鲜族文学文献遗产。

一是，《沧江稿》诗集是属金泽荣在中国出版的第一部个人诗集，于1911年由江苏通州翰墨林印书局以铅印线装本出版。金泽荣在《沧江稿》诗集中，收录了从1872年到1911年的40年间所创作的汉文诗

---

① 金泽荣《合刊韶濩堂集·序》，1922年。

② 孙厚翼《沧江先生实纪·序》卷二，第1册，南通翰墨林书局，1934年。

歌 949 首，收录的汉诗歌的时间对象长，数量多，可谓是当时朝鲜族
文人创作的汉诗歌的最高成就，要研究这一时期诗人的诗歌，属此翰
墨林书局版本《沧江稿》诗集为最。

　　二是，《沧江稿》诗集中表达诗人金泽荣一生思想，包括遗民思
想、报国思想、史学思想，具有独特史料特点。《沧江稿》诗集主要反
映了 18 世纪末 19 世纪初的历史。是用绝句和律诗的诗语记录了自己
出游的所见所感，每首诗作者都标明了写作时间、地点和创作缘由，
所以仅从此诗集能够了解沧江先生的生平和当时的历史背景及历史事
件和历史人物。创作体例是按时间顺序编排的，是一部带有日记体形
式的诗歌集。记载了有关日本侵略朝鲜及中国的历史等 40 年间的事
实，反映了 19 世纪后半叶的朝鲜社会生活和 20 世纪初中国社会变
迁，具有浓郁的地域性、民族性和社会性特点。

　　三是，《沧江稿》诗集是一部用中文记录的朝鲜亡国历史的宝贵资
料。它具有如下三个方面的史料价值：诗集为研究中朝关系史提供了
宝贵的资料，同时也为研究汉学在朝鲜的影响提供重要依据，为研究
朝鲜族文学提供了丰富的资料。诗集冲破了狭隘民族主义和极端民族
主义的思想樊笼，实事求是地、公正地审视与记录历史和中朝两国间
历史悠久而频繁的友好交往，是其中朝关系研究在实际应用方面的一
个突出成就。

（原延边大学 2009 年硕士学位论文）

作者单位：延边大学

金泽荣诗学渊源论略

黄　伟　董　芬

在韩国汉文学的发展谱系中，金泽荣是不可忽略的重要一环。他不仅是"韩末四大古文家之一"，也是中韩文化交流的友好使者。[①] "操南音不忘本"的爱国情怀使得金泽荣得到中国士人普遍的情感认同，其孤诣特造的诗学成就成为建构中韩文化交流的有力支撑。

金泽荣崇尚儒学，酷爱汉文，并在诗文创作上取得了极大的成就。晚清以降，硕彦魁儒对金泽荣的诗歌成就及影响多有评介，如俞樾曾评价曰："诗则格律严整似唐人，句调清新似宋人。吾于东国诗文亦尝略窥一二，如君者殆东人之超群绝伦者乎。"[②] 梁任公也是大加赞赏："大集略诵一过，钦佩无似，东国一线文献，庶不坠地也。"[③] 韩国的评论也很多，如曹兢燮在《与金沧江》中赞誉："执事之文，辞理微逊于宁斋而气则胜之；执事之诗，神韵远过于梅泉而意或不逮；至于纵横变化、奇幻融秀，莫测其所以然者，则不得不推执事为上座。"[④] 金台俊说："研究近代诗家，应首推秋琴姜玮、梅泉黄玹和沧江泽荣三家。"[⑤] 金泽荣的诗歌见解，可谓全面而独到：

---

① 张荣生《金沧江：彪炳韩中两国文坛的汉文学家》，《南通大学学报》(社会科学版)2010年第3期。

② 俞樾《书金于霖文稿》，《金泽荣全集》第六册，亚细亚文化社，1978年，页636。

③ 梁启超《复金沧江书》，《金泽荣全集》第六册，页645。

④ 曹兢燮《岩栖集》卷八，《韩国文集丛刊》第350辑，景仁文化社，1990年，页108。

⑤ 金台俊《朝鲜汉文学史》，社会科学文献出版社，1996年，页172。

一方面强调诗歌应该有"愧无身手关时运，只有文章报国恩"
（《寄黄梅泉》）①的道义担当与人文情怀；另一方面丝毫没有忽略诗歌
的审美特性，无论是"一俯一仰一笑一嘻之时，无不出于性灵之自
然"（《诗前社卷序》）的己见独抒，还是"体、法、妙、气"等审美判
断的提出，都体现出作为"韩末四大家"的文学素养与开阔视野。

一

在金泽荣的诗学视野中，没有界唐分宋、强为优劣的偏狭之见，
更多的体现出古典诗学"别裁伪体亲风雅"的集大成特点。"金泽荣
对先秦的《诗经》《史记》及贾谊散文的肯定，对唐代韩愈、宋代苏轼、
明代唐宋派代表人物归有光、清代神韵说代表人物王士禛、桐城派后
期代表人物曾国藩的肯定已足以说明金泽荣在古文上是既宗秦汉、又
宗唐宋的。"② 在群星璀璨的诗人图谱中，李、杜、韩、苏、王是金
泽荣极为推崇、屡屡标举的诗家楷模，也是其借鉴取法的诗学渊薮之
所在。

作为深受儒家文化浸染的金泽荣，其文学作品不可避免地受到中
国历代文学作品的影响。"先秦的《诗经》屈原的《离骚》，司马迁的《史
记》，李白、杜甫、苏轼等人的诗，韩愈、柳宗元、归有光等人的散
文，都曾给予金沧江的文学和史学创作以思想的滋养和艺术的启
迪。"③ 如其《自制墓志铭》中曾明确表示："于文好太史公、韩昌黎、
苏东坡、下至归震川，于诗好李白、杜甫、昌黎、东坡、下至王士
禛，以自沾沾为喜。"同时代人李箕绍所写的挽词也指出了中国古典
文学对金沧江诗歌创作的浸润与影响："松岳钟灵产哲贤，文章命世
岂徒然。渔洋遗韵《濩堂集》，司马逸才《韩史编》。"（《沧江先生实纪》

---

① 《金泽荣全集》。
② 文基连《朝鲜古文家金泽荣与归有光的比较研究》，《国外文学》2000 年第 1 期。
③ 张荣生《金沧江：彪炳韩中两国文坛的汉文学家》，《南通大学学报》（社会
科学版）2010 年第 3 期。

附挽词类）①

在金泽荣手摹心追的诗坛前贤中，最为金氏所推崇的非归有光莫属。如金氏记载："既归，得归有光文，读之忽有所感，胸膈之间犹若辴然开解。自是以往，向之所梦梦者，始渐可以有知向之所戛戛者，始渐可以畅注此，余之所以自快也。……然徐而思之，归氏之文岂能独感余哉。特余之所感触者，偶在于是，而其所以感触之妙，又在于思之笃。盖思而后感，感而后通，通而后快，此其序之不可易者，君不能以独异于我也。"（《杨谷孙文卷序》）

归有光之文无意于感人而欢愉惨恻之思溢于言表，这让金泽荣有一种振聋发聩的新感受，创作之门似乎也豁然开朗。至此，归有光成了金泽荣文学创作道路上的榜样与楷模，乃至被朋友戏言为"震川之子"仍是欣然纳之，钦慕之情由此可见一斑。如《杂言》记载："余交游之中，能知余生平本末及与共文字甘苦之境者，惟宁斋为然。……又尝笑谓曰，子可谓震川之子。此庄周所谓莫逆也。莫逆者相知十分之谓，若不然而止知九分八分，必有一二分相逆。"

在对诗坛前贤转益多师的基础上，金泽荣能够汇通各家之所长，兼收并蓄，形成自己的艺术特色。严复与金泽荣倾盖如故，极为推赏金泽荣的才华："萍水论交地，艰难得此才。异同空李杜，词赋近邹枚。"② 这里难免会掺杂一些文人之间惺惺相惜的溢美之情，但也足以想见金泽荣在文学创作上取得的成就。

二

自叔孙豹揭橥儒家"立德、立功、立言"的人生理想以来，"三不朽"也成了儒家士人为之奋斗终身的终极理想。作为深受儒家文化

---

① 徐郙也认为金沧江诗歌有王士禛遗韵，如其诗云："老辈风流今阒寂，何人神韵继渔洋。"（《题沧江稿》，《金泽荣全集》第六册，页611。）

② 严复《奉和金沧江诗》，《金泽荣全集》第六册，页615。

浸染、笃守孔孟之道的金泽荣，在进取途中也不避免地流露出积极贯彻"立德、立功、立言"这一人生理念的热忱。但科举仕途的偃蹇不顺致使金泽荣把自己的目标定在了"只有文章报国恩"的创作之途。"道不行，乘桴浮于海"，身逢国家发生了天崩地解的巨变，金泽荣作为手无缚鸡之力的文弱书生，只好远离故土，避祸中州。

儒家正统思想是维系金泽荣一生诗文创作的精神支柱，也是金氏家族一以贯之的庭训家风。李氏王朝建立之初，开城贤俊或隐居，或自杀，誓死不与新朝合作以保忠贞之躯，金泽荣的先祖金勋亦如此。金勋在高丽时官拜太子詹事，在高丽王朝灭亡后，他自称高丽遗民，隐居不仕。金勋的儿子金自新亦洗身会盟不仕李氏王朝，先祖的这种崇尚节义的家风，对金泽荣前期的生活与创作影响很深，韩国吴允熙称金泽荣具有强烈的"高丽遗民意识"①。他多次游历高丽王朝的遗迹，慨叹历史兴亡，创作了许多咏史抒怀的诗歌，如《华藏寺》《古宫夕照》《临津石壁歌》《过七凤山桧岩寺墟》《东杜门洞歌》，又大量搜集高丽时期贤良俊杰的资料，创作《高丽忠臣逸事传》与《赵阳耆旧传》，表达对他们的崇敬与悼念。

儒家正统文学观念认为："有德者必有言，有言者不必有德"（《论语·宪问篇》），"质胜文则野，文胜质则史，文质彬彬，然后君子"（《论语·雍也》）。金泽荣也主张要写出好的文章，务必先做一个充满浩然之气的正人君子，如他认为："夫英雄与文章皆天地之元气也。故人苟能为英雄于众人之中，而拨乱世反之正，则其气禀之清明如日如月，其于诗若文不学而自然能之。"（《翰墨林诗卷序》）

除却儒家文化的浸润之外，金氏家族重视文化的优秀传统也是金泽荣取得诗学成就的先决条件。随着李氏王朝的稳定与时间的推移，金氏家族逐渐步入读书科考仕途的道路。其父亲金益福以有才未学为深恨，所以金泽荣的读书科考得到其父亲的全力支持："凡购书籍，接师友之类，无所不用其极，而家人生产一切不使之经心。"（《先考

---

① 吴允熙《沧江金泽荣研究》，华中师范大学出版社，2002 年，页 62。

分监役衔府君墓表》)在家人的敦促下,金泽荣未及加冠便有名于乡里。其才学很早就得到他人的认可,如好友朴天游评价:"君于为文胆似天,行矣河汉浮轻舸。"① 李建昌说:"新诗初见更谁同,四海文心赖至公。"②

三

如果说儒家正统思想体系是金泽荣诗文创作的基石,那么归有光便是金泽荣文学创作道路上导夫先路的启示者与精神领袖。如文基连指出:"金泽荣古文理论最直接的渊源便是归有光。"③ 除却归有光昭然发蒙的文学启示以外,金泽荣还在中韩经典中爬罗剔抉,对一切文学史上的菁华加以吸收消化。细大不捐的广泛涉猎也为他的文学创作打下坚实的基础,如其在《杂言四》中说:"余性好昌黎文,五十年无一日不读。"在《自志》里自评读书喜好:"于文好太史公、韩昌黎、苏东坡,下至归震川;于诗好李白、杜甫、昌黎、东坡,下至王士祯。"

如果说中韩历代典籍涵养、丰厚了他的文学素养,挚友李建昌则是其文学创作的切磋者和登上文坛的推动者。李建昌为皇室后裔,有很高的古诗文造诣,与金氏共列为"韩末古文四大家"。且李氏幼年即有神童之称,以文章名冠缙绅。金泽荣与李建昌结交过程中,常一起谈诗论文,在长期的切磋中他们成为文字知己。金泽荣说:"余交游之中能知余平生本末及与共文字甘苦之境者,惟宁斋。"(《杂言九》)李建昌在《送于霖游燕序》中说:"余与于霖总角论交,历十年而后乃悉其底蕴。"④ 李建昌不仅能知好友金泽荣的文学才能底蕴,且多次赞誉他的文学才能,在《金于霖诗论赠林有瑞》中云:"夫以韶濩子之诗置之古人之列而第其高下,吾未知其如何,而居乎今之世,欲

---

① 朴天游《赠金于霖》,《金泽荣全集》第六册,页 612。

② 李建昌《留题古德村金于霖庄》,《金泽荣全集》第六册,页 614。

③ 文基连《朝鲜古文家金泽荣与归有光的比较研究》。

④ 《沧江先生实纪》附挽词类,《金泽荣全集》第六册,页 631。

于自拔于萎靡肤率之患，则不读韶濩子之诗而不可能也。"① 又在《忆于霖》中说："长安纸贵传佳赋，嵩少山青贮异书。圣代不曾夸羽猎，雄文久已过相如。"② 这是一种相当高的评价，对金泽荣名闻于韩国文坛有着不可低估的作用。

在金泽荣的诗学发展图谱中似乎还要注意下面几个人物，由于他们特定的文化艺术影响与政治历史地位，在金氏诗学理念的演进发展中表现了独特的作用。

据《青皋全公墓表》记载，开城全象谦博洽能文，其读《史记》至有千遍者，且"尽通时文六体而尤长于诗"。金泽荣年轻时曾师从全象谦③，并深受喜爱。这样一位博学多才且对自己褒奖有加的老师应该是青年金泽荣在诗学道路上当之无愧的引路人，但在金泽荣的记载中却直言："乡居无师，所习不过乎科举之学。"（《杨谷孙文卷序》）导致金泽荣对授业恩师的诗学成就不置一词的原因或许是因为审美体系的取向不一致，又或许是诗学主旨的取舍存在差异。因文献不足故，只能暂且存疑了。

金泽荣的古文理论受归有光的影响比较大，但潜在影响有一个人是要必须提及的——曾国藩。曾国藩在晚清古文传承史上有着不可忽略的重要地位，"桐城派中兴功臣"的显赫身份使得曾国藩在文坛上的亮相和表态足以导引晚清文坛的动态和走向。作为深受儒家文化浸染的政治家，曾国藩不仅能顺应时代发展，极力鼓吹文章"经世济民"功用；同时，他构建了一个囊括古文气度与韵味、质性圆满、体用完备的审美体系，体现了传统诗文总结者的宏观视野与艺术修养。

金泽荣在高度评价俞樾的同时也满怀崇敬的提到曾国藩，如其诗《挽曲园先生》云：

① 《金泽荣全集》第六册，《沧江先生实纪》附挽词类，页628。
② 《金泽荣全集》第六册，页614。
③ 《青皋全公墓表》载："泽荣年十四，从公于彩霞山亭学习时文，即公被府辟之年也。公谬以泽荣为才，而钟爱之。尝语之曰：'吾安得有孙如汝者乎？'又尝屡屡劝之曰：'其游学京师乎？'"（《金泽荣全集》第二册，页354。）

涤生已远挚父亡，公又何遽归云乡。中州古道日废落，异言新学来相攘。

在这首诗里，金泽荣对曾国藩（涤生）及其弟子吴汝纶（挚父）是非常推崇的，认为他们是维系中州古道绝学的脊梁。作为儒家信徒，曾国藩始终恪守儒家传统文化所规定的君臣大义以及"攻乎异端"等信条，曾国藩的诗文理论是建筑在他的政治伦理与文化立场之上。

朱自清说："曾国藩出来冲兴了桐城派。……桐城文的病在弱在窄，他却能以深博的学问、弘通的见识、雄直的气势，使它起死回生。他才真回到韩愈而且胜过韩愈。"① "一宗宋儒，不废汉学"的治学主张使曾国藩能够在汉学、宋学壁垒森严的对峙中兼收并蓄，形成了自己渊博的学术体系；义理、考据并重，骈散并行不悖，以经史入文的主张也印证了曾氏"读书做事，皆仗胸襟"的人生格言，体现出曾氏弘通的识见；而雄直之气、驱迈之势也正是曾氏针对桐城派懦缓文风而开出的一剂苦口良药，同时也奠定了桐城古文中兴功臣的地位。

曾国藩主张在"力去陈言、戛戛独造"的基础上，通过段落的跌宕起伏及独具匠心的谋篇布势，进而达到"声调铿锵，包蕴不尽"最高审美准则。曾氏还强调通过布局谋篇以追求文章的奇横之趣、自然之致，只有"二者并进，乃为成体之文"②，如曾氏认为："古文之道，谋篇布势是一段最大功夫。《书经》《左传》，每一篇空处较多，实处较少，旁面较多，正面较少。精神注于眉宇目光，不可周身皆眉倒处皆目也。线索要如蛛丝马迹，丝不可过粗，迹不可太密也。"③ 曾国藩强调古文的布局"须有千岩万壑、重峦复嶂之观，不可一览而尽，又不可杂乱无纪"④。曾氏还强调："一篇之内，端绪不宜繁多。

---

① 朱自清《经典常谈》，三联书店，1980 年，页 137。
② 曾国藩《曾国藩全集·日记》，岳麓书社，1994 年，页 638。
③ 曾国藩《曾国藩全集·日记》，页 408。
④ 曾国藩《曾国藩全集·日记》，页 542。

譬如万山旁薄，必有主峰，龙衮九章，但挈一领"，反之就会"首尾
衡决，陈义芜杂"①。

金泽荣同样也非常注意文章的结构，他在《杂言三》对初学作文的
人说："初学作文者，于或开，或合，或出，或入，或起，或伏，或
深，或浅，或诱，或擒，或纵之类皆可留心。而尤其当心者有二：一
曰段落不可不清，次曰机关不可不轻泄。"要求为文首先要段落清晰，
讲究机关的设定，然后求善于开合起伏深浅等行文之法。金泽荣重视
行文结构，但不受程序的约束，追求的是自由灵活的运用，《答李明
集论古文书》中强调古文的"起承转合，乃为文者万世不易之定法，
非是，则言无其序，辞不得达，而无所谓文者矣。然法虽万世不易，
而不易之中尤有大变易，然后其法也活，而其文至于工，此所以有出
入纵横、长短高下之类之运用之妙"。

四

江山不幸诗家幸，人穷工诗诗工穷，在金泽荣诗学体系的建构过
程中，偃蹇坎坷的科举仕途与家国沦丧的切肤之痛也无疑深深刺痛了
诗人敏感的神经，并为其诗文创作提供了喷薄欲出的创作冲动。

虽然金泽荣满腹经纶、胸怀鸿鹄之志，但科举之途却如蜀道之
难，屡试不第。五次科举失利的打击，使得金泽荣清醒地认识到科举
制度的黑暗。1884 年第四次参加汉城府成均试后，他即写下长诗《西
家有女子》，诗中把自己喻为才德兼备，无人推荐而容颜老去的女
子，诗云："西家有女子，月魄花为姿。一顾尹姬泣，再顾阳城靡。
既能工刺绣，亦复解书诗。徒坐寒门户，良媒不相知。荏苒岁月
改，朱颜过盛时。……转身返空房，耿耿心独悲。"该诗和唐代秦
韬玉的《贫女》主题一致，都寄寓着作者的不平和感慨："敢将十指
夸针巧，不把双眉斗画长。苦恨年年压金线，为他人作嫁衣裳。"

---

① 曾国藩《曾国藩全集·书信》，页 7426。

如果说《西家有女子》是婉而多讽的话，痛定思痛后的金泽荣则毫不留情面的直指科举制度的弊端，如："隋唐进士科，本系淫昏政。吾韩弊尤甚，只问崔卢姓"（《王原初》），也抒发了自己怀才不遇的无奈、愤懑之情："可笑主司无计策，尽抛奇货向空山"（《同壶山梅泉游北汉山城》）。

1891年，时年42岁的金泽荣时来运转，高中进士。但朝中权贵颟顸无能，金泽荣有志不得伸，只能无奈自嘲："不思将相不思仙，傲兀文章四十年。"（《六月十五日应成均进士榜作二首》之一）久试不第、无路请缨的人生困厄恰恰成全了金泽荣在诗坛上的春风得意，也促使他走向了"愧无身手关时运，只有文章报国恩"（《寄黄梅泉》）的创作之路。

他的笔似匕首，如投枪，酣畅淋漓地抒发出对政治黑暗的不满，对外来入侵者的控诉；他的笔似洪钟，如大吕，大音镗鞳的唤醒民众。如"游女不知兴废事，隔花惟唱郑郎诗"（《平壤》），痛惜广大民众的麻痹无知。对"昨夜蛤蟆海上来，腾腾杀气近瑶台"（《六月十五日夜月极明，有人在溪东吹笛极工》），对日本人卑鄙的侵略行径鄙夷不屑。对于洪水猛兽般的侵略恶行，金泽荣的理想是金戈铁马、建功立业："何当乘此雪，万马驰狼居。金戈喋胡血，笑入麒麟阁。"（《夜雪赴李杞人康夏招用车字共赋》）但他的报效之志无人理解："唱彻离骚谁解听，龙吟雁嗷满江愁。"（《舟发礼成江至幸州》）

1905年11月17日，日本强迫韩国签订《乙巳条约》，宣告了韩国独立的终结，韩国至此完全沦为日本的殖民地。"半夜狂风海上来，玄冬霹雳汉城摧"，远在南通的金泽荣痛不欲生："炉底死灰心共冷，天涯芳草首难回。"（《追感本国十月之事》）他渴望涌现出李舜臣、曹顶这样的抗倭英雄，施展出"奇韬妙略妙神鬼"的策略，以"杀倭满海波涛红"（《曹公亭歌》）。直至安重根刺杀伊藤博文后，金泽荣欣喜若狂："平安壮士双目张，快杀邦仇似杀羊。未死得闻消息好，狂歌乱舞菊花傍。"（《闻义兵将安重根报国仇事》）金沧江眷怀故国，不胜黍离之悲的爱国情操，得到了中国士人的高度赞扬，严复说他"湿灰悲故国，泛梗薄余生"①；沈同芳认为金氏"空有国魂招屈宋，尚余文席夺欧曾"②。

"立德、立功、立言"三不朽的人生理想一直是儒家士人为之奋斗终身的终极目标，也是历代文人诗文创作渊源之所在。身受儒家济世情怀的影响，金泽荣始终心忧天下。科举的接连失利让金泽荣看清了韩国党争激烈、压制庶族政策的弊端，促使其诗学理念更多的关注民生疾苦。甲午以降，陵谷变迁，金泽荣诗学理念更多的融入了"南冠"之悲痛，"黍离"之凄苦。身为一介儒生，金泽荣没有"横刀立马生长风"（《曹公亭歌》）的勇武，只能殊途同归，走上"雕虫强欲算英雄"（《上鱼一斋判书允中》）的以文报国之路。金氏后期诗作熔铸了对故国的眷恋与怀念之情，在前期的哀时感乱中又加入一层故国之思，风格更为哀婉凄恻。

如王性淳《题沧江先生甲午诗稿后》所云："逮夫中经丧乱，式微陟岵之思，琐尾流离之感，触目兴喟情不自胜，于是诗一变而哀怨幽杳，如羁人寡妇含涕太息，而旁观侧听者亦将为之泫然。"③

结　语

金泽荣生活的时代固然有不少诗人仍认真执着地在诗体论、创作论、风格论、批评论上奉献心血，但特定的时代背景却使得儒家"事父""事君"的诗教内核与以文经世的创作动机成为当时（文）人关注的焦点。但金泽荣的诗学体系不仅涵盖了他所关注的历史意识和时代责任感，同时还囊括了多样化的审美轨迹与艺术取向。

金泽荣前期诗歌"句调清新似宋人"④，虽身为亡国之民，诗中亦有抑郁不平之气，但其情感表达尚能含蓄隐忍，不欲向人露其锋

①　王栻《严复集·诗文下》，中华书局，1986年，页375。
②　沈同芳《奉呈金沧江》，《金泽荣全集》第六册，页616。
③　《沧江先生实纪》附叙述类，《金泽荣全集》第六册，页647。
④　俞樾《书金于霖文稿后》，《金泽荣全集》第六册，页636。

芒。如曹兢燮指出金沧江之作"如风行水上，自然成文。了不见其有砌叠雕镂之痕"①。自甲午之战后，国事家运，日就凋残，其诗歌一变为凄苦之音，多亡国之痛。虽金氏后期诗歌以凄苦之风为主调，但其"生性好风流语，不好苦寒语"（《与退翁牋》）的独特个性，又使得其诗歌呈现出不同的艺术特点。如清新明快的写景诗《五园朝景》，慷慨激扬、豪气干云的《闻义兵将安重根报国仇事》。

韩国著名批评家金台俊认为："沧江（一云花开）金泽荣无师自通，依靠自己的独自苦读而得悟文心妙语。"② 其实，金泽荣的诗学渊源一方面植根于儒家文化与家庭熏染，另一方面得力于对文学典籍细大不捐的广泛涉猎以及对优秀诗人的借鉴继承，当然，风云际会的时代变局也是构建金泽荣诗学体系必不可少的一个重要环节。

（原载于《民族文学研究》2014 第 3 期）

作者单位：南通大学文学院

① 曹兢燮《岩栖集》卷八，《韩国文集丛刊》第 350 辑，页 108。
② 金台俊《朝鲜汉文学史》，页 172。

金沧江：彪炳韩中两国文坛的汉文学家

张荣生

中国封建社会，历经两千余年发展，孕育了灿烂的中华文化。它博大精深，不仅涵养了中华民族大家庭的成员，而且辐射周边邻国，尤其是曾经作为中华帝国附属国家之一的韩国（朝鲜）的知识分子。著名的韩国诗人、历史学家金沧江就是其中杰出的人物。

金沧江名泽荣（1850—1927），字于霖，沧江是他的号（他的另一个号是韶濩堂主人）。生平以号行。原籍韩国开城（旧名崧都、松京，曾为高丽王朝都城）人。1905 年，他因官场与其生平志所不相容，而日本帝国主义侵吞韩国的图谋又日益成为现实，他眼看着自己的祖国国将不国，决计不做亡国奴，于是寻求中国南通著名实业家、教育家张謇的资助，毅然背井离乡，渡海流亡到中国黄海之滨的南通城定居为侨民。以此为界，他的一生分为前后两个时期。前期生活在韩国，曾多次游历名山大川，并于 1891 年 42 岁时考中进士，踏上仕途。他的仕宦生涯主要是从事文字工作，曾担任过编史局主事、中枢院参书官、内阁记录局史籍课长、正三品通政大夫和学部编辑委员。后期生活在南通，在张謇兄弟举办的南通翰墨林印书局里担任书籍编校。编校工作基本是个闲职，他的主要工作是从事著述。1910 年日本正式宣布并吞韩国，金沧江从此失去祖国。1911 年辛亥革命爆发，统治中国社会达 2000 余年之久的封建君主制度宣告结束。1912 年中华民国成立，共和政体开辟了中华民族新的纪元。金沧江为之欢欣鼓舞，曾申请加入中华民国国籍，自号"中国新民"，对刚刚诞生的亚洲第一个共和国寄予厚望，但在其著作中署名时仍多用"韩国遗民""朝侨""韩产""韩客"，以示不忘故国。1926 年张謇因病辞世，他生前创办的企业因多种原因陷入困境，而中华大地上也正是军阀混战连年不断的黑暗时期。金沧江看不到这种"风雨如晦，鸡鸣不已"的日子何时是个尽头，悲观绝望之下，于1927年含恨自杀身亡，终年78岁。他的不幸逝世引起了当时江浙知识界广泛的悲痛，人们称誉他是"韩国的屈原"。

金沧江毕生以文为业。他利用有生之年写下了大量的古文、诗和史学专著，其中较为著名的有：《丽季忠臣逸事传》《崧阳耆旧传》《朴燕岩文集》《明美堂集》《黄梅泉诗集》《申紫霞诗集》《沧江稿》《韶濩子诗》《韶濩堂文集》《丽韩九家文钞》《箕子国历代诗》《增补文献通考》《东史辑略》《韩国历代小史》《校正三国史记》《韩史綮》等传记、诗文集和历史专著。今人辑其著作编为《金泽荣全集》六卷。由于他的卓越成就，他与同时代的李建昌、黄玹、姜玮（一说李南珪）四人并称为旧韩末期四大古文家、四大文豪，受到同时代文化人的交口称赞和衷心景仰。例如孙翼厚在《沧江先生实纪序》里说他："……叩杖入中国，宣壹郁于诗文。中国之豪人通士多同感于声气，愿与之游，于是沧江之名遍一世……而公之文虽谓之'满天下'未为过也。"① 不仅如此，他已被当今学术界研究朝鲜（韩国）历史的专家学者们公认为是韩国历史上著名的古文家、诗人、历史学家、文学批评家、爱国启蒙思想家和反日独立运动的活动家；他的文学业绩，对汉文学史和汉文学批评史作出了宝贵的贡献，因而不仅在韩国文化史，而且在中国文化史上，都有着不可磨灭的地位。

金沧江作为一个文化人，在他那不算优裕的生活环境里，尤其是后期遭逢多灾多难的时代，处在颠沛流离的境地，何以能取得如此杰出的文学和史学创作业绩？个中的原因是值得我们认真探讨并加以思索的。这无论对我们今天造就伟大的文学家，还是对我们创造现时代的先进文化来说，都是一个有意义的课题。笔者认为，以下五个方面

① 孙翼厚《沧江先生实纪序》转引自文基连《归有光与金泽荣的比较文学研究》，江苏南通市金沧江研究所《金沧江研究》第三辑，2001年，页45。

的原因是值得重视的。

　　首先，中国儒家正统思想的长期熏陶为金沧江的著述事业准备了思想条件。以孔孟学说为主要代表的儒家思想体系，曾经不仅在中国，而且在韩国也是占据统治地位的指导思想理论。与此相联系，通过科举考试方式进入仕途，曾经不仅在中国，而且在韩国也是士人出将入相、参与政治的必由之路。金沧江自幼师从家乡的老师全象谦学习做诗和时文（八股文）。而做时文，是需要站在圣贤的立场说话，"代圣贤立言"的，这就需要举子们熟读并理解儒家经典。我们从金沧江后来所写的论文中对儒家经典的娴熟引用和精当论证，可知他对儒家思想学说是烂熟于心的。幼年对儒家经典的诵读和研习，使金沧江从小就接受到儒家正统思想的熏陶和浸染。"修身、齐家、治国、平天下"①，"穷则独善其身，达则兼济天下"②，"居庙堂之高则忧其民，处江湖之远则忧其君"③：这些正统的思想信条，既是众多封建士大夫，也是金沧江的人生观和毕生做人的准则。要写妙文，先做妙人。把自己造成一个正人君子，是写作出类拔萃文章的先决条件。"有德者必有言"，正如金沧江自己在《翰墨林诗卷序》中所说："夫英雄与文章皆天地之元气也。故人苟能为英雄于众人之中，而拨乱世反之正，则其气禀之清明如日如月，其于诗若文不学而自然能之。"④

　　其次，对中国古代优秀文学作品的研习琢磨为金沧江的著述事业准备了艺术条件。鲁迅先生说过，一切成功的作品都在告诉人们应当这样写，一切不成功的作品都在告诉人们不应当那样写。据今人研究，金沧江的文学作品受到过许多中国古代著名文人的思想和艺术的影响。先秦的《诗经》，屈原的《离骚》，司马迁的《史记》，李白、杜

---

①　[战国]孟轲著《孟子·尽心上》，陈戍国《四书五经》，岳麓书社，1991年，页661。

②　[战国]孟轲著《孟子·尽心上》，《四书五经》，页127。

③　司马迁《报任安书》，《中国历代散文选》，北京出版社，1980年，页186。

④　金泽荣《翰墨林诗卷序》，转引自文基连文，《金沧江研究》第三辑，页56。

甫、苏轼等人的诗，韩愈、柳宗元、归有光等人的散文，都曾给予金沧江的文学和史学创作以思想的滋养和艺术的启迪。在他晚年自撰的《自制墓志铭》中曾明确地肯定了这一点，他写道："公于文好太史公、韩昌黎、苏东坡、下至归震川，于诗好李白、杜甫、昌黎、东坡、下至王士祯，以自沾沾为喜。"① 在众多中国古代优秀文学作品中，金沧江尤其喜好《诗经》《史记》和韩愈、归有光的散文。他曾这样赞美中国现实主义文学的源头《诗经》和被鲁迅誉为"史家之绝唱，无韵之《离骚》"② 的《史记》："读毛诗，则可以知后世之诗皆死诗也；读司马迁史则可以知后世之史皆死史也。"③ 而他对归有光散文的喜爱与师承神似达到了这样的地步，以至于他认同了文友将他划入归有光的谱系。他曾写道："余交游之中，能知余生平本末及与共文字甘苦之境者，惟宁斋为然。……尝笑谓曰：'子可谓震川之子。'此庄周所谓莫逆也。"④ 同时代人李绍箕所写的挽词也指出了金沧江对中国古典文学的师承关系，他写道："崧岳钟灵产哲贤，文章命世岂徒然。渔洋遗韵《濩堂集》，司马逸才《韩史编》。"⑤

其次，独特的遭遇和丰富的阅历为金沧江的著述事业准备了社会内容。如所周知，文学作品，也包括富有文采的史学作品，对于读者具有认识价值和审美价值。审美价值主要是由作品的艺术性产生的，一般具有外在性和直接性；认识价值主要是由作品的思想性产生的，一般具有内在性和间接性。优秀的文学作品一般都包含着深刻而广阔的时代和社会生活内容，尤其是蕴含着基于作家对社会生活的思考认识而提炼出来的自然哲理、社会哲理、政治哲理和人生哲理。这样的

---

① 金泽荣《自制墓志铭》，转引自文基连文，《金沧江研究》第三辑，页56。
② 中国社会科学院文学研究所中国文学史编写组编《中国文学史》，人民文学出版社，1962年，页139。
③ 转引自宋天镐《金泽荣文学中的中国文人思想考察》，《金沧江研究》第三辑，页33。
④ 金泽荣《杂言》，转引自文基连文，《金沧江研究》第三辑，页48。
⑤ 李绍箕《挽词》，转引自文基连文，《金沧江研究》第三辑，页54。

作品经得起历史长河大浪淘沙式的多次洗涤筛选，经久弥鲜、历久不衰。我们读金沧江的优秀作品，也感到这样耐人咀嚼的韵味和魅力。之所以如此，是因为他的作品涉及了众多的领域，包含了丰富的社会内容。金沧江生活在 19 世纪末期和 20 世纪初期。这是一个西学东渐、除旧布新的大变动的时代。西方列强（也包括日本）利用科技革命先一步强盛起来的优势，对中国、韩国等东方弱国实行赤裸裸的侵略政策和战争政策。正义与邪恶、崇高与卑鄙、伟大与渺小、真善美与假恶丑之间，进行着激烈的斗争与较量。在金沧江生平的后期，他经历了国亡家破的重大变故，颠沛流离迁徙到异国他乡。这使他饱尝了生活的艰辛，领略了政治的意义，并较多地接触和体味到下层普通民众的艰苦生活。这引起了他对生活的深沉思索，胸中积蓄了众多待吐的"块垒"，使他在创作时能够做到有感而发，避免了"少年不识愁滋味，为赋新词强说愁"式的无病呻吟。而在他生平的前期，生活相对安定，仕途相对平稳。那时他曾接受他的恩师全象谦"其游学京师乎"的屡屡劝告①，走出家门，遍游韩中名山大川达 60 余日，广交文友，开阔胸襟，拓宽视野，丰富见闻。这使他胸中充满了浩然之气，孕育了他日后创作作品时"气盛言宜"、感情自然涌泻的基本风格。文章憎命达，诗穷而后工；时势孕英才，苦难造就人。特定的时代，既磨难了金沧江，也成就了金沧江。真所谓"贫贱忧戚，玉汝于成"啊！

其次，对中国古典文论的潜心钻研为金沧江的著述事业准备了正确的创作方法。金沧江广泛涉猎、深入研究过从先秦直至明清中国文人所著的文学创作理论和文学鉴赏理论，对一些传统命题一一加以重新审视，有所质疑，有所批判，有所继承，有所发展。在文与道的关系上，金沧江主张文道一致论。他认为"文章自是天地自然之法则"②。士如有道则必有文："士但可问其志之有无，而不必问其文之

---

① 转引自文基连文《金沧江研究》第三辑，页 47。

② 金泽荣《韶濩堂文集定本·杂言三》，转引自宋天镐文，《金沧江研究》第三辑，页 25。

工拙也。"① 他在《答人论古文书》中，引用自己的切身经验来论证"道"可以决定"文"："夫所谓文章者，简而言之则不过曰文理。理也者，学问之源本，是非之准绳，趣味之所生，解悟之所机括也。故凡彼体法、妙气之属，皆不能不资乎理，如鱼之不能不资乎水。故仆阅历于半世之间，多见为文者理顺则其成也易，理滞则徒用力而无所成。"② 在文与质的关系上，金沧江主张文质并重，反对重质轻文。他引用《论语》中孔子的有关言论并加以发挥："道非文莫形，而文与道一也"；"文不醇雅，则不能感动人心而为后世所重"。③ 所以他的文章十分重视文采，力求做到形式与内容的统一，达到"文质彬彬"的境界。金沧江继承中国明代大散文家归有光的文统，十分推崇有神气的文章。归有光曾说："余谓文章天地之元气，得之者其气直与天地流。"④ 又说："为文必在养气。气蕴乎中而文溢于外，盖有不自知者。如诸葛孔明《出师表》、胡澹庵《上高宗封事》，皆沛然自肺腑中流出，不期文而自文，谓非正气之所发乎？"⑤ 与此相似，金沧江十分景仰古人有神气的文章，认为"秦汉以上文，其神天然，其气沛然"，"夫文章之度，贵在于广大疏荡。故太史公叙儒林则如儒林，叙刺客则如刺客"。那么，什么样的文章才算是有神气的文章呢？他说："夫所谓神者，非口耳记诵矜富博之谓也，非奇趣异调乐为妄诞之谓也；惟在于陈言腐辞净然铲去，长短高下先后深浅各职其职，绎之而理真，咀之而味厚，咏之而韵永，使人读之而不知其手舞足蹈者也。""古文之妙，惟在乎行之以神。苟神矣，浅可使深，弱可使强，易可使难，小可使大，安用艰文涩句为哉？然神不徒至，要在于理，此不可不察。"⑥ 这

————————

　　①　金泽荣《韶濩堂文集定本·冯君文稿书》，转引自宋天镐文，《金沧江研究》第三辑，页 26。

　　②　金泽荣《答人论古文书》，转引自文基连文，《金沧江研究》第三辑，页 52。

　　③　金泽荣《书深斋文稿后》，转引自文基连文，《金沧江研究》第三辑，页 50。

　　④　郭绍虞《中国文学批评史》，上海古籍出版社，1979 年，页 360。

　　⑤　归有光《文章指南》，转引自宋天镐文，《金沧江研究》第三辑，页 26。

　　⑥　转引自宋天镐文，《金沧江研究》第三辑，页 27。

些研究所取得的成果，从生活、思想、艺术等多种角度，探讨了作家进行文学创作活动的规律，涉及创作论、鉴赏论等美学领域，使他精通了文章之道。这一方面丰富和发展了自刘勰《文心雕龙》以来中国文学创作理论的思想宝库；另一方面，而且是更重要的方面，则是直接指导了他的文学和史学创作。

其次，对文学和史学事业的执着追求是导致金沧江创作成功的决定性因素。许多人的经验表明，文学创作是需要才能的，如果不具备必要的才能，往往会徒然用力而一无所成。但是，经验同样表明，天才的成功依靠的只是百分之一的灵感，必须外加百分之九十九的汗水，只有把别人喝咖啡的时间用在工作上，才能取得伟大的创作成就。少年时的金沧江就是聪明颖异的，具有从文的才能，这可以从他撰写的《青皋全公墓表》中的一段文字看出来："泽荣年十四，从公于彩霞山亭学习时文。……公谬以泽荣为才而钟爱之，尝语之曰：'吾安得有孙如汝乎？'"[1] 但是，少年颖异者不一定每一个都能在成年后有所成就，金沧江后来的成就靠的是他对文学和史学执着的追求。他在学习《诗经》的过程中领悟到文学作品的审美功能与社会价值："余读《氓》诗而知诗之不可无也。淫奔之妇平居对人讳其踪迹，掩匿覆盖无所不至。至有不幸而被逐，则讳之尤甚：此固人之常情也。而今乃一吟咏之间，凡系羞耻而可讳者冲吻直出，譬如食中有蝇吐出乃已：是岂非性情感发油然跃然，己亦不自知其然而然者欤？诗之有功于性情如是夫！"[2] 正如中国古典文论把文章看成是"经国之大业"和"不朽之盛事"[3] 一样，金沧江由正确认识文学的社会功能和社会地位，走上了"以文为业"和"文章报国"的道路，把写作优秀的文学和史学作品当作自己的毕生理想和终身职志，生死以之，无怨无悔。金沧江对文章之道的探求，经历了由苦读、笃思到顿然开悟，即

---

① 金泽荣《青皋全公墓表》，转引自文基连文，《金沧江研究》第三辑，页 47。
② 金泽荣《杂言》，转引自文基连文，《金沧江研究》第三辑，页 57。
③ 曹丕《典论·论文》，郭绍虞、王文生《中国历代文论选》第一册，上海古籍出版社，1979 年，页 159。

哲学上所谓从量变的积累到质变的升华的过程。起初，他从他的老师全象谦"读《史记》至有千遍者，遂尽通时文六体而尤长于诗"① 的榜样中得到启发，广泛研读多种古籍。我们只要从他后来对中国古典文学作品的熟悉程度，就可推知他在刻苦攻读上下了多少功夫！但是他从 19 岁读到 23 岁，却感到收获不大。直到 23 岁那年外出游览了平壤和金刚山等名山大川，并于归来后得读中国明代文坛唐宋派领袖归有光的散文著作，领略了即小见大、借题发挥、就事论理抒情等写作技巧之后，才对为文之道感到豁然开朗、恍然大悟。他在后来追述这一感悟过程时写道："既归，得归有光文。读之忽有所感，胸膈之间犹若焘然开解。自是以往，向之所梦梦者始渐可以有知，向之所戛戛者始渐可以畅注。此余之所以自快也。……然徐而思之，归氏之文岂能独感余哉？特余之所感触者偶在于是，而其所以感触之妙又在于思之笃。盖思而后感，感而后通，通而后快：此其序之不可易者。"② 他把这种体验总结为一种理论，认为"若文字之道，尤贵有悟。不悟，虽终身为之，只是秕谷而已"③。在《漱润堂记》中，他对开悟作了进一步的阐述："天下之所谓道述文章者，莫不由勤而精、由悟而成。苟能悟之，则向之闻一而不知一者，可以知十百矣；向之远在千万里之外者，可以逢诸左右矣；向之戛戛乎难者，可以油油然化为易矣；向之求之于千万卷者，一二卷足矣；向之言法言诀者，无所谓法诀者矣。"开悟之后所写的文章，"瓦砾可使为金玉，而升斗可使为釜钟，入之无穷，出之不竭，何其快矣！"但是要到达这种开悟的境界，必须经过艰辛的思索："乃屡年深思之力之所为，而非一朝之间无故而至者。"④ 晚年他曾自述自己 50 年来没有一天不读韩愈的文章，可见其一生读书学习之勤奋。他的这种执着事业的精神得到张謇的赞赏。据张謇所写《朝鲜金沧江刊申紫霞诗集

---

① 韩国学文献研究所编《金泽荣全集》第二册，页 354。
② 金泽荣《杨谷孙文卷序》，转引自文基连文，《金沧江研究》第三辑，页 48。
③ 金泽荣《杨谷孙文卷序》，转引自文基连文，《金沧江研究》第三辑，页 48。
④ 转引自宋天镐文，《金沧江研究》第三辑，页 28—29。

序》："阅二十年，忽得沧江书于海上，将来就我。已而果来，并妻孥三人，行李萧然，不满一室。犹有长物，则所抄紫霞诗稿本也。"① 在《朝鲜金沧江云山韶濩堂集序》中又写道："晋山金沧江能为诗，隐山泽间。与之言，隤然君子也；观其业，渊思而絜趣，躔古而冥追。世纷纭趋乎彼矣，沧江独抗志于空虚无人之区，穷精而不懈，自非所谓'风雨如晦，鸡鸣不已'者乎？道寄于文词，而隆污者时命，沧江其必无悔也！"② 在《韩国历代小史序》中，张謇更是极力称扬金沧江国亡著史的执着精神，他写道："既至，不十年，国遂为人摧践以亡。而其祖宗丘墓所在、故国禾黍之悲，耿耿不忘于君之心。于是始终李氏朝鲜之事，成《韩史綮》。居数年，以其书合于前所作《韩国历代小史》为一书，以仿虞书冠尧典之义。甚矣，金君之用力勤而其志可悲也！庄生有言：'哀莫大于心死，而身死次之。'嗟乎，此以人而言也；言乎国，则謇独以为哀莫大于史亡，而国亡次之。国亡则死此一姓之系耳；史亡不惟死不幸而绝之国，将并死此一国后来庶乎有耻之人。金君叙一国三千二百余年事，可观可怨可法可戒者略备矣。谓以供人观怨而法戒，如是焉差可也。"③ 是啊！辞国逃亡，宁肯少带行李，却要随身珍藏着前辈的诗稿；世变纷乱、人骛名利，他却独坐书案，孜孜于文学，耐得寂寞；祖国覆亡、力薄无救，发愤著史、希存一脉：这是何等地执着，何等地坚毅，何等地痴迷于文学和史学事业啊！真所谓"衣带渐宽终不悔，为伊消得人憔悴"④ 啊！无怪乎韩国近人金台俊先生在其写于 20 世纪 30 年代的《朝鲜汉文学史》中称赞道："沧江金泽荣无师自通，依靠自己的独自苦读，而得悟文心妙语。"⑤

---

① 张謇研究中心、南通市图书馆编《张謇全集》卷五，江苏古籍出版社，1994年，页 231—232。

② 张謇研究中心、南通市图书馆编《张謇全集》卷五，页 236。

③ 张謇研究中心、南通市图书馆编《张謇全集》卷五，页 291。

④ 柳永《凤栖梧》，龙榆生《唐宋名家词选》，上海古籍出版社，1980 年，页 77。

⑤ 转引自文基连文，《金沧江研究》第三辑，页 47。

　　研讨金沧江的生平与著述事业，不可能不涉及他与中国南通和张謇之间的关系，因为金沧江生平的后期正是他创作生涯中作品最多而在思想性与艺术性上又最为成熟的时期。张謇兄弟的慷慨资助，使离乡背井的金沧江有了一个相对安定的居息环境，为他从事文学和史学创作提供了不可或缺的物质条件。其实，中国南通与韩国之间的民间往来并不始于金张结交。据清光绪《通州直隶州志》载："明嘉靖二十二年（1543），朝鲜国人舟遭风漂至吕四场。其众凡40余人。内长官2人：洪彬、苏彦良。上下礼颇严，服皆左衽；三四人共一器而食，器以铜为之，人各一匙。抚臣奏闻，诏令驿次送还本国。"① 事隔360余年之后的金沧江与张謇结友，可说是中韩两国民间友好往来史上的辉煌篇章。从1905年到1927年，金沧江在南通生活了22年。这期间他与张謇成了莫逆之交，互为知音，相处得亲密无间，不是兄弟而胜似兄弟。考察他俩之间形成的这种跨越国度和语言的友谊，实在是一件有意义的课题。笔者认为，金张之间结成这种罕见的友谊绝不是无缘无故的，是由以下四个方面的因素导致的。第一，他们都是熟读儒家经典、饱受儒家思想浸染的正统派士大夫，又都曾搏击过科举功名，两人具有共同的思想基础和相近的人生阅历。第二，他们都有着共同的特长爱好，都善于吟诗作赋，虽语言不同，但文字可通；诗酒唱酬，笔谈往还，是文人之间的乐趣所在。第三，他们都有着在当时来说是先进的政治社会观和进步的人生观。在政治观上，他们都立志忠君报国，后来又都拥护实行共和。在人生观上，张謇要遗留一二有用事业，在其身后与草木同在；金沧江要成一家之言，用以兴灭国、继绝世、存国魂。在文学和史学观上，他们都认为文学对于端正世道人心、史学对于维系民族精神有着不可替代的社会功用，因而是值得作为事业来追求的。第四，他们之间有着互相契合的缘分，可谓是相逢源于曾相识，心有灵犀一点通。他俩真诚地倾慕对方的长处，真诚地庆

　　① 　梁悦馨《光绪通州直隶州志》，江苏南通图书馆藏。

贺对方的成功，真诚地交流相互的感情，真诚地支持对方的事业。他们的这种缘分，是从清光绪八年（1882）农历七月，应朝鲜国王李熙之请，清政府派庆军统帅吴长庆率兵前往朝鲜平定"壬午兵变"张謇随军入朝而开始的。

从那以来，他们的友谊经历了政治风云变幻和经济事业曲折的考验，历经20余年一直牢实地保持和发展着。1926年张謇在事业困窘中不幸病故，这对于已是风烛残年的金沧江来说，无异于摧折了精神支柱，他所遭受的精神打击是沉重的。为此他写下了沉痛的挽词："等霸期王负俊才，应龙飞处一声雷。纵无邓禹奇功在，足试瞿昙活水来。昌黎云与孟郊龙，文字狂欢卅载中。今日都来成一错，奈何淮月奈江风。"①1927年，这位名扬当时韩中两国文坛的伟大诗人和历史学家怀着对朝鲜复国和中华复兴的无限期待弃世而去。人们把他的遗体安葬在美丽峻拔的狼山之麓的南坡上，下与"初唐四杰"之一的骆宾王墓相接，东与安葬张謇的啬公墓相望，让这两位异国的至交生相知、死相依，生相邻、死相望。现在，这两处墓地已经成了南通市宝贵的旅游资源。春华秋月，寒来暑往，来自四面八方的游人们把金张之间的跨国友谊当作南通地区人杰地灵的表征永久传颂。

大江东去，物换星移。张謇和金沧江离开人世间已经80多年了。八十多年来，中国和韩国的面貌都已经并且正在发生最为深刻的变化。帝国主义任意侵吞韩国和宰割中国的时代早已一去不复返了。中国和韩国都已成为综合国力相当强盛的国家。张謇和金沧江曾经生活过的"风雨如晦，鸡鸣不已"的社会环境早已成了历史的陈迹。他们真诚憧憬的韩国复国和中华复兴，前者早已成为现实，后者正在变成现实。抚今思昔，感慨万千；继往开来，责任重大。我们今天纪念金沧江真的具有多方面的现实意义，可以给人们以多方面的有益启示。其一，我们有必要把中国的儒学继续发扬光大。绵延2000余年的中

---

① 转引自章开沅《张謇与中韩文化交流》，《金沧江研究》第三辑，页15。

国儒学，曾经是世界最先进文化的一部分。它的主导方面是积极入世的，是激励人们奋发有为的。它曾经涵育了包括张謇和金沧江在内的许许多多伟大的政治家、思想家、军事家、科学家、事业家、文学家、史学家和学问家。在经济全球化日益发展的当今世界，我们有必要取其精华、去其糟粕，对古老的中国儒学进行科学辩证的扬弃，把它改造成为我们铸造 21 世纪中国先进文化的有用材料。其二，我们要倍加珍惜我们民族的语言。汉语是世界上时间最悠久、结构最周密、语词最丰富、表义最精确、使用人口最多、最具有表现力、最具有生命力的世界语言之一。金沧江的文学和史学作品都是用汉语来写作的，所以才具有如此深邃隽永的魅力和经久不衰的生命力。作为一个外国人，他对汉语的娴熟掌握和灵活运用，确实不下于同时代任何一个最伟大的中国文学家，真正达到了炉火纯青、得心应手的地步。关于这一点，还可以从下面的事实得到证明：许多从事过或阅读过翻译作品的人都有这样的体验，把外国文学作品翻译成汉语，不但不会减少它的艺术性，有时反而会加强它的艺术性；而把中国的唐诗宋词或古典戏曲翻译成外文则恰恰相反，往往是，甚至必然是味同嚼蜡。处在 21 世纪国际交往日益频繁的时代，我们既要坚持对外开放的基本国策，大力强化对于外国语的学习和训练，同时也要重视标准化汉语言的推广和发展，使之继续成为世界上最具有生命力和发展前景的语言。其三，知识分子只有把自己的命运与国家和民族的命运连在一起，才能做出伟大的业绩。知识分子是任何一个民族里担任"思想者"角色的阶层。它的基本职能是传达社会情绪、加工社会信息、生产精神产品。只有自觉地甘当"人民的代言人"的知识分子，才会永远活在人民心中。金沧江之所以被人民誉为"韩国的屈原"，就是因为他的一生为自己的祖国和民族鼓与呼的一生。司马迁说过："人固有一死，或重于泰山，或轻于鸿毛。"① 金沧江毕生以文章报国，他的一生就是重于泰山的一生。与他同时代的孔圣学在《书金沧江先

---

① 　司马迁《报任安书》，《中国历代散文选》，北京出版社，1980 年，页 360。

生实纪后》里这样写道:"其为文章似韩昌黎、王渔洋,其树节义似陶元亮、管幼安,何其伟哉!若先生可谓穷于乡而达于天下,屈于一时而伸于百世矣。"① 今天,改革开放和现代化建设的伟业为每一个真诚报效祖国的知识分子提供了广阔的用武之地。我们有责任记录和传承好我们的历史,表现和宣扬好我们的现实,在推进中华民族伟大复兴、从而也促进人类进步事业的同时实现我们的人生价值。其四,要创造无愧于时代的新文化,必须与时俱进、推陈出新。作为一个有作为的文化人,他在文化史上的地位不是取决于他有没有提供后人所需要的东西,而是取决于他是否比他的前人提供了更多的东西。当年金沧江勇于并善于学习前人,扬弃前人。他学习汉唐诗赋而超越了汉唐诗赋,师承归有光散文而超过了归有光散文。同时代人所写的《忆于霖》有云:"长安纸贵传佳赋,嵩少山青贮异书。圣代不曾夸羽猎,雄文久已过相如。"我们今天读金沧江富有思想和文采的优秀作品,也觉得他确实具有汉唐诗人作品雄健的气魄境界和壮美的意象韵味。平心而论,就清民之际的南通文坛而言,金沧江的诗文创作所达到的思想成就和艺术造诣已经超过了以平实风格为标志的张謇,可以与范当世的优秀诗文相媲美。今天我们纪念金沧江,就要学习他那种对艺术执着追求、终身不悔不懈的毅力和精神,刻苦研读前人的全部或绝大多数最优秀的作品,力求站在巨人的肩上,既继承前人,又超越前人,追随着时代的脚步一同前进,努力创造出无愧于伟大时代和光荣前辈的新的文化硕果来。其五,中国与韩国是仅隔一条鸭绿江的近邻,是名副其实"一衣带水"的邻邦。处在今天的信息时代,任何国家和民族的发展都不可能孤立地进行,中国的发展离不开包括韩国朝鲜在内的世界,韩国朝鲜的发展也离不开包括中国在内的全球。我们应当继承和发展当年张謇与金沧江开辟的两国人民纯真诚挚友好往来的光荣传统,进一步开展和加强两国人民在广阔领域里的友好交往和

---

① 孔圣学《书金沧江先生实纪后》,转引自文基连文,《金沧江研究》第三辑,页45—46。

互助合作，促进两国经济和社会事业的快速发展，以造福于中韩两国
的人民。

　　　　〔原载于《南通大学学报》(社会科学版)2010 年第 3 期〕

　　　　　　　　作者单位：南通大学张謇研究所

旅华韩人金泽荣的文化拯救活动

王庆德

到 19 世纪末 20 世纪初，韩国被日本殖民的趋势已不可避免。当时大批韩人或为躲避战乱，或为免遭迫害，或为组织救亡运动而纷纷迁移到了中国，在东北和上海形成了两个比较重要的旅华韩人在华活动中心。在中韩民间交流史上这是一个比较重要的时期。过去对这一时期旅华韩人群体的研究多集中于他们的政治活动[1]，从而忽视了这一群体的多样性，特别是其中弱势群体和个人的活动。本文所论述的金泽荣在 1905 年便来到了中国，作为一个传统的韩国旧式文人，他没有直接参与当时韩人在华的政治救亡运动，而且婉拒好友俞樾让其定居上海的建议[2]，在偏于一隅的南通继续着他前半生在韩时所从事的韩国文化编纂活动。如果说，一个国家的救亡运动的形式和内容可以多样化的话，那么，下面对金泽荣在华的文史活动的论述，希望能够丰富对这一时期旅华韩人在华活动的多样性的了解。

一

金泽荣生于韩熙伦王元年(1850)，季韩京畿道开城府人，是旧韩三大诗人之一，著名的史学家、爱国启蒙思想家。他早年受惠于韩国汉文文学传统，诗追韩愈、苏轼之遗风，与韩国当时另一位汉文文学

---

① 石源华《韩国独立运动与中国》，上海人民出版社，1995 年；朴英姬《朝鲜民族革命党研究》，辽宁民族出版社，2001 年。

② 金泽荣《答俞曲园先生书》，韩国学文献研究所编《金泽荣全集》卷一，亚细亚文化社，1978 年，页 417—418。

家李建昌(1852—1898年)"同倡古文，号为名家"，影响甚大①。其
著《沧江诗稿》在韩国文人中赢得声誉。金泽荣在1891年增广成均馆
会试中，才"以诗拔第十一人"而中进士②。先后任议政府主事隶编
史局、中枢院参书馆兼内阁记录局史籍课长，弘文馆编辑所、正三品
通政大夫等职。这一时期，金泽荣先后编辑整理了《金初庵先生文集》
和《韩在廉诗集》，并主持《礼典》和《文献备考》两项巨大的韩文化典籍
整理工作，在韩国文史学界享有极高的声望和地位。1894年甲午战
争后，日本独占韩国已成既定事实，韩国被日本吞并只是时间问题。
金泽荣身居其中，自然觉察到了这种态势，"昨夜蛤蟆海上来，腾腾
杀气近瑶台。刳肠安得冲星剑，心折卢家老秀才。"③金泽荣也曾试
图尽己绵薄之力以图拯救韩国，但对于当时韩国统治阶层内部的斗争
和腐败又显得很无奈，"韩自中世以来，四党分立，各持其论。圣于
东者而狂于西，忠于南者逆于北，纷纭错乱，莫执其一。"④韩政坛
不但派系林立，而且其选拔人才的科举制度也充斥着裙带关系，任人
唯亲。"吾韩作法之凉，用人不公，不能多得国中人才……以厚其基
本，而以致于今日其长短得失，已皆如水逝云散，言之无益。"⑤对
于此种政弊，金泽荣也曾几次上书⑥，但终无结果。他虽有治国之
心，但又不想"堕在于四党之中"，因此对韩国政治失望之极。他曾
言："若吾子者道正而时正，才高而命凉，虽立人之朝，而未尝一当
天下之大责，做天下之大事，年未至而径巷怀于田野之中。"⑦对体
制的不满和怀才不遇的感悟，使金泽荣埋首文史，不再言政。他在中

　　①　金泽荣《河谦镇序》，《韶濩堂集》。
　　②　金泽荣《年略》，《韶濩堂集》卷十五。
　　③　金泽荣《甲午稿·六月十五日夜月极明有人在浮东吹笛极工》，《金泽荣全集》
卷一，亚细亚文化社，1978年，页224。
　　④　金泽荣《韩史綮序》，《金泽荣全集》卷一，页506—507。
　　⑤　金泽荣《壶山稿序》，《韶濩堂集》卷七。
　　⑥　金泽荣曾经感叹："危机屡削藩篱势，妙算空呈改革书。"见《上海赠张蔷翁修
撰》，《金泽荣全集》卷一，页252。
　　⑦　金泽荣《与张季直书》，《金泽荣全集》卷一，页416。

进士之后写下这样的诗句："不思将相不思仙，傲兀文章四十年。"① 面对日本愈迫愈紧的威胁，他只能慨叹："东来杀气肆阴歼，谋国何人济比艰。"② 既不能在国难之时挽狂澜于一臂，又不甘受亡国之辱，金泽荣只希望能为韩国文化的延续和传播尽其才智，希望能在国难之时寻一稳定的环境，使他能够完成他所背负的沉重的文化使命，所以到了 1905 年，在韩国事实上已经被日本吞并之时，愤而辞官，携妻女从仁川来华，投靠他的中国友人张謇。

金泽荣与张謇之间特殊的私人关系是他来华的直接原因。1882年，韩国发生"壬午兵乱"，清政府派遣吴长庆率军赴韩帮助韩国平乱，张謇时为吴之随军幕僚也来到韩国。平乱之后，张謇与韩国当时的一些要臣和文人过往甚密。其中在与当时韩国重臣金弘集的交谈中得悉金泽荣其人，并见到金泽荣的诗集，连连称善，使金弘集为之约见。八月，张謇与金泽荣相会于汉城，两人互为对方的才识所倾倒。张謇称金诗颇具晚唐遗风，而近体诗绝好。金泽荣也认为张謇对诗赋的"论辨甚妙"。两人由此建立了良好的个人关系，以后往来甚频，直至张謇回国为止。③ 两人一别二十三年，直至 1905 年夏，金泽荣在与杭州俞樾的通信中才得悉张謇状元高中之后回家乡创办实业的情况。于是他与张謇修书诉其景况，告知准备赴华重会旧知，然后于1905 年 9 月来到中国，与张謇在上海重逢。张謇感其境遇，邀他定居南通，并在南通翰墨林书局为其谋得职位，免除了他在物质方面的后顾之忧，而且从精神上勉其志，不以其为亡国遗民而下之，并为其所撰文史著作出版多加资助。同时，当时国内学者俞樾、严复、梁启超等也都与金泽荣有学术上的交流，对韩国文化的传承颇为关心。南通人民对这个异乡学人也非常友好，尊重他在学术上的才华，金泽荣

---

① 金泽荣《辛卯稿·六月十五日应成均进士榜作二首》，《金泽荣全集》卷一，页217。

② 金泽荣《己巳稿·九日发船作二首》，《金泽荣全集》卷一，页250。

③ 张謇《朝鲜金沧江刊申紫霞诗集序》，《张季子九录》文录卷六，中华书局，1931 年，页2206。

因此结交了许多中国文人义士。金泽荣对这些帮助感慨万千，最后于1912年入籍南通。①

二

以1905年为间，金泽荣一生可分为两段。如果说金泽荣在前半段人生中的文史创作和整理活动是兴趣和志向使然的话，那么他的后半生的文史活动则带有了强烈的文化拯救的悲壮色彩。由于金泽荣身兼文学家和史学家两种角色，所以其文史活动也就表现在两个方面：一是对韩国汉文文学的整理；二是编纂韩国历史。

（一）韩国汉文文学的整理

韩国古代文学分为汉文文学和国文文学两大支脉。汉文文学是韩国古代借鉴汉字、深受汉文化熏陶而兴，始于新罗时期，时值新罗派遣大批遣唐使到唐朝留学，从而产生了以强首、崔致远等为代表的一批汉文文学的开创者。而且新罗及以后王朝选拔人才是以其汉文能力高下为标准，所以汉文文学的发展颇为繁荣，只是到近代以来才因开化思想的兴起而渐趋衰落。金泽荣正处在汉文文学发展的尾声，因此他有条件对汉文文学的整个发展过程进行梳理。

金泽荣在韩时就有志于编选一部汉文文学作品集，所以留心广泛搜集资料。来华后仅用一年的时间就编选整理完成《丽韩文选》一书。初稿，金泽荣遴选了近二十位汉文文学家，包括高丽和李朝两个时代，后因便于出版之故，又从二十位中精选出九位，而成这部《丽韩文选》。这部书有两个特点：其一，这九位汉文文学家的作品是按汉文文学发展的时代而选定的，基本上反映了汉文文学发展脉络。金泽荣把汉文文学的发展大体划分为六个时代。第一时代即强首、崔致远为代表的开创时代。因属草创时期，故往往多注重模仿唐诗文的辞章而

---

① 金泽荣《答张生书》，《金泽荣全集》卷一，页418—421。

轻内容，致使"馆阁之体"盛行，有"骈俪绮丽之弊"。由此，金泽荣颇为推崇以金富轼（1075—1152 年）为代表的第二代汉文文学家，认为他们"生当其中，能不囿于一代习尚之风气"，开"典朴丰厚"之文风。第三代以李齐贤（1287—1367 年）为首，其古诗文"唱韩欧之体"，"尤长记事"，继续发展着淳朴的文风。进入李朝，以李植（1584—1647 年）和张维（1587—1638 年）为代表的第四代汉文文学家，其文"卓然大雅，一洗丽末以来二百年浅俚昏浊之陋"，"法益备，气益清"。而到李朝中晚期，朴趾源（1737—1805 年）成为第五代汉文文学家的集大成者。金泽荣称"燕岩之文，特为雄杰，独诣创裁，有以极一代之盛焉。"之后，到李朝末年，虽曾有申纬（1769—1847 年）、李建昌等诗文大家产生，但此时由于韩国国文之完备和因开化思想而致的民族主义思潮的兴起，汉文文学至此衰落。[①] 其二，金泽荣在展述汉文学发展脉络时是以其文学观贯穿全书的。他认为"文章之道不患无辞而患无其气"，"气之强弱，即文之高下矣"。[②] 他以水为喻，"气之发也，犹水也，文犹浮物。气不足以御文，则犹水之小者不能胜物而至于沉胶。"[③] 所以文章是以内在气势而非华丽的辞章取胜。那么何得此气呢？金泽荣认为"今夫江河之水，千里奔流，一遇大山大屿，则逆折激荡，震动天地，此岂有意也耶？势自然也"。而"一溪一涧寻丈曲之木石激之，而求其似江河，则为何如哉？"因此，"气也者，不可以人力强为之，非艰文险句之所能致也，亦非夸言放词之所袭也"[④]。金泽荣正是以此"文气观"作为其编选《丽韩文选》的标准，而这也恰恰把握住了汉文文学繁荣发展的主流。

金泽荣在完成了通论性质的《丽韩文选》，对千余年汉文文学发展总结之后，便转入对汉文文学家个人文献的编纂，这也是为了补《丽韩文选》博而不精之不足。因金泽荣早年习古文时便颇受惠于朴趾源

---

① 金泽荣《丽韩文选序》，《韶濩堂集》卷七。
②③④ 金泽荣《与河晦峰论燕岩集文书》，《重编燕岩集》，南通翰墨林书局，1917 年。

的作品，并推崇备至。所以他在中国对朴趾源作品重新进行了整理，汇编而成《重编燕岩集》一书。这部文集取材于朴氏的《热河日记》《课农小抄》及其他一些散见的朴氏作品，共分七卷，其中以记卷和诗卷包含作品最多。朴趾源创作的小说颇负盛名，在这部文集中便收有《虎叱》《两班传》等名篇。朴氏的诗文创作数量虽不大，但多为名篇，该文集中收有朴氏十八首诗，如《丛石亭观日出》《田家》《鸭绿江回望龙湾城》等优秀作品均有收录。朴趾源一生著作丰富，但生前未能及时出版。韩国国内直到 1932 年才出版了他的六卷《燕岩集》[①]。而金泽荣这部《重编燕岩集》在南通出版于 1917 年，当是朴趾源作品的最早版本。

接下来金泽荣对李朝末年的两位汉文文学家的个人作品进行了整理。申纬，号紫霞，又号警修堂。其诗、书、画并称"三绝"，名响于中外。他同清朝翁覃溪等江南名士交往甚多，深受清朝学风熏染，在清朝诗风影响下创作出许多风格崭新的诗作。金泽荣对申纬评价甚高，他说："其诗以苏子瞻为师，旁出于徐陵、王摩诘、陆务观之间，莹莹乎其悟微也，飙飙乎其驰突也。能艳、能野；能幻、能实；能拙、能豪；能平、能险，千情万状，随意牢笼，无不活动，森在眼前，使读者目眩神醉，可谓其旷世奇才。穷一代之极变，而翩翩乎其衰晚三大家矣。"[②] 金泽荣年轻时便为申诗所吸引，有意编选成集，中经三十年，此念不辍，终于在来华后集《警修堂集》和《绎玩姑选》合编为《申紫霞诗集》，共六卷，于 1906 年出版。

黄玹，字梅泉，与金泽荣同代，为其挚友，曾与金泽荣、李建昌同游，为韩末一代古文大家。金泽荣称其"诗情切飘动，在吾韩艺苑中指不多屈"[③]。在韩国亡国之时，黄绝食殉国，他说："国家养士五百年，国亡之日无一人死难者，宁不痛哉！"[④] 金泽荣感其事，悼亡友，

---

①　韦旭生《朝鲜文学史》，北京大学出版社，1986 年，页 396。
②　金泽荣《申紫霞诗集序》，《金泽荣全集》卷一，页 484—485。
③　金泽荣《黄玹传》，《金泽荣全集》卷二，页 198。
④　金泽荣《黄玹传》，《金泽荣全集》卷二，页 197。

遂编选而成《黄梅泉诗集》，于1911年出版，以此缅奠这位爱国诗人。

综而观之，金泽荣以己之力，尽其所能，在华对韩国汉文文学进行了一次大规模的整理，无论从内容上还是从作品数量上都是一次前无古人的创举，基本上反映了韩国汉文文学发展的全貌。他尤其注意对汉文文学发展后期名家作品的保存，注意了汉文文学发展过程的完整性。而这些作品在中国出版也促进了韩文化的传播和中韩两国之间的文化交流。

（二）编纂韩国史

韩国有悠久的史学编纂传统。早在三国时期就有《留记》《书记》《国史》等正史编成，但后因战乱被毁而未能流传下来。高丽时期金富轼编纂的《三国史记》是流传下来的最早的一部正史，此后又有《三国遗事》《帝王韵记》等一些私人史学著作流传。至李朝初年，有郑麟趾的《高丽史》、徐居正的《东史通鉴》等。这些史书的编纂对于研究韩国文化有重要意义。然而由于当时舆论所限或流传传抄之误等原因，有些史书传至近代已谬误百出，亟需重新订正。金泽荣曾为史官，通览各种史籍，深知其中问题之多。来华后，他便选取韩国史学中最重要的两部正史——《三国史记》和《高丽史》进行订正。

《三国史记》成书于1145年，是一部纪传体正史，其文"能朴古、能丰厚、能疏宕、有活动之气"，是研究三国时期的重要参考文献。但由于该书成书较早，在长期的传承过程中，其抄写、排版等错误颇多，导致"其中有字脱者、有句亡者、有旁注误作正文者，其外一二亦有不类金氏之所为者"①。到李朝末年，《三国史记》许多地方已面目全非，许多重要史实与真相相违，以致于当时"人皆贱之，而不肯读"。正是在这种背景下，金泽荣决心复《三国史记》以原貌，以传后世。他联合尚在国内的韩国学者王性淳、河谦镇、李明集等分校五十卷之巨的《三国史记》。当时他们"或窜居荒谷，或旅食异邦"，面临

---

① 金泽荣《校正三国史记》，《金泽荣全集》卷六，页5。

"文献不足"的困难。但他们却能"据持孤本，呵护遗文，刻意爬梳，冥心探索"①，终于在1916年校毕出版。别字错句尚好修改，而要分辨其中金富轼之真迹却非易事，不仅需要查阅、辨别大量史料，更需校者有渊博的史实和睿智的史识。例如对于原书中权踦的序言的鉴别，便是金泽荣通过对《三国史记》撰述、出版过程的重新考证而做出的。

如果说对于《三国史记》主要侧重于校正的话，那么对于《高丽史》则是重写历史了。《高丽史》成书于李朝初年，是在李成桂主持下，由郑麟趾等人编纂而成的。由于李朝是李成桂篡位高丽而建立的，所以这部《高丽史》对这段历史有诸多曲折之处，极力掩饰李成桂之不轨，粉饰李朝建立的合法性，"其中于韩亲之外又多有稗陋荒谬之失者乎"，颇多不合历史公允之处，为后代学者所诟病。② 鉴于此，金泽荣以"大耋之年"，征引多种史料，遵"简、严、典、重"之原则，对《高丽史》简增繁删，重构框架，著成《新高丽史》一书。该书共五十三卷，分本纪、志、表和列传四部分。其中本纪、列传改动最大。原《高丽史》中的本纪"太无法度，至细极屑之事，无不记载，又不连属成文，而片片分段"③，金泽荣去其无用之处，又使文句连贯，言之成文。原书列传所选人物均以李朝初建者之好恶为标准，并不能真正代表当时的历史实况。金泽荣早年便曾编纂《丽季忠臣逸事》一书补其遗漏，现在借重写《高丽史》的机会，对列传人物重新选择，补写了许多原书中遗漏的重要历史人物，使《新高丽史》列传达十三卷之多。

金泽荣整理韩国旧史时发现，韩国的史学编纂进入李朝不久便处于停滞状态，特别是经燕山君当政时发生的"戊午士祸"后，致使"史笔催挫，而至于英祖则并以闭蠹"，遂成"无史之国"④，到李朝末年甚少见到关于李朝的史著。同时，论述三国以前的韩国历史的史

---

① 金泽荣《校正三国史记》，《金泽荣全集》卷六，页6。
② 金泽荣《新高丽史》，南通翰墨林书局，1922年。
③ 金泽荣《新高丽史》。
④ 金泽荣《韩国历代小史》，南通翰墨林书局，1914年。

著也不多见，更遑论一部韩国通史了。金泽荣希望能秉承韩国史学编
纂传统，既要为李朝立史，也要为韩国修全史。所以他来华后不久，
便利用为韩史官之时所收集的资料撰述了一部韩国史。但成书后，仍
觉资料欠缺，遂乔装冒险潜回国内，取得大量资料而返，后又历经五
年，终于著成《韩国历代小史》。这部史书有三个特点：第一，它是一
部编年体通史，包括了从传说中的檀君建国直到李朝亡国三千多年的
历史，是对韩国历代发展全景式的记录。特别是弥补了三国之前韩国
历史的空白，考证了檀君和箕子东移的历史传说，是研究韩国远古的
重要史料。第二，这部通史同时也是对"李朝无史"的补白，而且该
书重点便是放在了李朝五百年的历史上。在全书的二十八卷中，李朝
部分占了十一卷之多。同时，在李朝部分中，近代史又占相当大的篇
幅，特别是对日本吞并韩国的过程记载颇详，与朴殷植的《韩国痛史》
同属最早一批记载这一段历史的史书。书中特别记录了安重根等韩国
志士的事迹，表达了金泽荣的复国之志。第三，该书又兼有纪传体史
书的特点，加入了许多人物列传，如对以李退溪和李栗谷为代表的山
林派及以金玉均为代表的开化党等多有论述，使该书更显历史的丰
富性。

《韩国历代小史》取材丰富，参考资料达二十余种，论述公允，再
加金泽荣生动的文笔，使该书很快便在旅华韩人中及韩国国内流传开
来。该书不但叙述了韩国辉煌的过去，而且更论及了韩国当今的悲惨
境地，这种巨大的历史反差更激起了韩国人民光复祖国的斗志，也达
到了金泽荣以史笔明复国之志的目的。

三

金泽荣在华期间并未完全生活于陈旧的故国之思，埋首于历史
故纸堆中，他十分关心韩国民族解放斗争的现实。朝鲜爱国志士在
上海租界组织临时政府，他立即代为拟《陈情表》，把韩中关系比喻
为"为瓜为葛，为唇为齿"，希望中国政府大力支持朝鲜民族解放

斗争。① 他与国内的爱国志士也常有联系，在衰暮之年仍然尽心尽力为光复故国而呼号。但是，他仍以文人的身份在同胞积极的政治救亡运动之外专注于韩国文化的拯救活动。陈寅恪先生曾言："凡一种文化值衰落之时，为此文化所化之人必感苦痛，其表现此文化之程度量愈宏，则其所受之苦痛亦愈甚。"② 1905 年之后日本对韩的殖民政策已经从政治、经济殖民转向文化殖民，韩国大量文化典籍被毁，学校正逐渐以日文教学取代韩文，一个民族的文化处在了被连根剪除的境地。③ 金泽荣厕身南通二十三年，没有像古代传统知识分子那样在不能把志向实现于社会时，躲进一方自然天地中自娱自耗，他始终没有忘记他所背负的韩国文化拯救的历史使命，表现出了一个知识分子别于他人的长久的文化韧性。"则夫孰以于霖此举为迂也哉？于霖有言曰：今日故邦之事，有何可为者？惟可多传书籍于天下也。"④ 金泽荣一生中最为辉煌的时期恰恰是他来华后的这二十三年，他的著述涵盖了最能体现韩国古代文化的文史两个领域，包括文集四部、史著三部，以及他自己的文集《韶濩堂集》十五卷，其量之大，其内容之广都是罕见的。

金泽荣文史活动所表现出来的文化拯救的意义还不仅于此，更深层而言，它着眼的不只是一个国家，而是一个民族，一种民族精神。"灭人之国，必先去其史；隳人之枋，败人之纲纪，必先去其史；绝人之材，湮塞人之教，必先去其史。"⑤ 广义的史，也就是国学——一个民族所传承积累的赖以自认的文史哲学。张謇对于金泽荣以史明志之心甚为理解，他在《韩国历代小史序》中有这样的评价："今李氏朝鲜忽焉墟于邻，并其三千二百余年之国社斩矣。金君沧江当其国是

① 金泽荣《拟陈情书》，《金泽荣全集》卷一，页 433。
② 陈寅恪《王观堂先生挽词并序》，转引自吴学昭《吴宓与陈寅恪》，清华大学出版社，1992 年，页 47。
③ ［韩］姜万吉《韩国现代史》，社会科学文献出版社，1997 年，页 153。
④ 金泽荣《重编燕岩集·序》，《金泽荣全集》卷一，页 508—511。
⑤ 龚自珍《龚自珍文集》，上海古籍出版社，1975 年，页 285。

抢攘之际，尝为一史官。度与其学与所学拂戾不能容，而国将不国，乃独懔坚冰且至之，本其生平崇敬孔子之，携妻子而来中国，以为庶几近孔子而中国居也。既至，不十年，国遂为人摧践以亡。而祖宗丘墓所在，故国禾黍之悲，耿耿不忘于君之心。于是始终李氏朝鲜之事，成《韩史綮》。居数年，以其书合之于前所作《韩国历代小史》为一书，以仿虞书冠尧典之义。甚矣！君之用力勤，而其志可悲也。庄生有言，哀莫大于心死，而身死次之。嗟乎！此以人而言。言乎国，则謇独以为哀莫大于史亡，而国亡次之。国亡则死此一系耳，史亡不唯死不幸绝之国，将并死此一国后来庶乎有耻之人。金君叙一国三千二百余年事，可观可怨可法可戒者略备矣。谓以供人观怨而法戒，如是焉差可也。韩之人抱持纶一旅楚三户之志者伙矣。读金君书，其亦有然而思，瞿然而忧，踽踽然困而弥厉者乎！"① 把历史看作国魂之所寄，把史亡看作比国亡更为悲哀，把撰史看作维系民族精神的大业，把史书看作鼓舞民心寻求民族解放的有力武器，② 正是金泽荣旅华多年文史活动孜孜以求的目的所在。"国家是形态，历史是精神。现在韩国的形态虽已崩溃，但只要精神没有灭亡，形态即有复活之日。"③ 可以说，形式上的国家的消亡并不意味着一个民族的消失，而文化的消亡则意味着这个民族从此不在。只有文化才能承载着整个民族得以自认的灵魂和精神，传延着别于他族的民族历史文明。比照着当时那些轰轰烈烈的政治救亡运动，金泽荣寂寞的文化著述的意义实在于此。

（原载于《江海学刊》2002年第3期）
作者单位：南京大学历史系

① 张謇《韩国历代小史序》，《张季子九录》文录卷八，页2272—2273。
② 章开沅《张謇与中韩文化交流》，《华中师范大学学报》2000年第6期，页35。
③ 朴殷植语，转引于［韩］姜万吉《韩国现代史》，社会科学文献出版社，1997年，页170。

附录一：朝鲜文人金泽荣研究综述

王　成

金泽荣(1850—1927 年)，字子霖，号沧江，另号韶濩生、云山韶濩堂主人。朝鲜朝末期著名文人、社会活动家，与姜玮、李建昌、黄玹并称朝鲜四大家。有诗文集《韶濩堂集》传世，收诗 1000 余首、散文 300 多篇。曾编辑刊行《韩史綮》《韩国历代小史》《校正三国史记》等史学著作，以及《丽朝十家文钞》、《明美堂集》(李建昌著)等文学著作，在文学史方面作出了突出贡献。

金泽荣深受中韩两国学界关注，韩国学界早在 20 世纪 30 年代就开始研究金泽荣，如韩国学者金台俊的《朝鲜汉文学史》对金泽荣给予了高度评价："不依赖任何师友而能独立地领会文心的妙悟。"① 此后，金泽荣进入更多韩国学者的研究视野，各类研究成果不断涌现。崔惠珠发表在《韩国研究论丛》上的《韩国的金泽荣研究状况》一文介绍了韩国学者关于金泽荣的研究成果。作者指出，最初对金泽荣进行研究的学者是权五淳，"权五淳将金泽荣与享有盛誉的韩末文人学者姜玮、黄玹并称为三大家"② 。作者从文人学者、历史学家的双重身份视角梳理了韩国学界关于金泽荣的研究。该文对我们了解国外关于金泽荣的研究现状有一定的参考价值。

20 世纪 80 年代，国内学者开始关注金泽荣。根据笔者基于中国知网、万方数据库等的不完全统计，以"金泽荣""金沧江"为主题、关键词以及在文章中提及两词的论文共计 50 篇。另外，一

---

① ［韩］金台俊《朝鲜汉文学史》，朝鲜语文学会，1931 年，页 187。
② 崔惠珠《韩国的金泽荣研究状况》，《韩国研究论丛》第五辑，中国社会科学出版社，1998 年，页 423。

些著作、学位论文的部分章节也有论及金泽荣其人其文。江苏省南通市还成立了"金沧江研究所",《南通大学学报(社会科学版)》设有金泽荣研究专栏。本文主要评述以金泽荣为主题的论文,计31篇。笔者拟从生平思想、诗文创作、社会活动等方面对金泽荣研究的汉文成果作初步梳理和评述,指出其中存在的问题,并对今后金泽荣研究进行展望。

一、关于金泽荣思想的研究

金泽荣所处时代,正值朝鲜内忧外患,政治、经济等处于动荡、混乱之时。这种环境、经历,深深地影响了他的生活与创作。作为一位爱国文人,他一直怀有济世报国的思想。蒋国宏的《金泽荣爱国主义思想散论——兼论爱国主义的变现形式与生成途径》一文,主要论述了金泽荣的爱国思想与表现,认为金泽荣的气节可以与"明末四公子"之一的冒襄相媲美。金泽荣在旅居南通期间,积极撰写和出版本国的历史书籍,表达对忠臣义士的敬仰、对祖国的眷恋,反对日本殖民统治,"吟诗修史,走出了一条修史救国的独特的文人救国之路,谱写了一曲爱国主义的不朽篇章"①。

金京振的《论金泽荣哲学思想》一文认为,金泽荣在世界的本质问题上,提出了世界起源于"气"的思想;在宇宙的生成问题上,强调天地的作用。金泽荣还极力否定佛教的轮回复生说,不相信人世间有所谓"天堂""地狱"。在认识论上,金泽荣主张"致知在格物",而在人性论上,金泽荣倾向于"心有善有恶论"。②

金泽荣在诗文创作的同时,还善于总结经验,提出了很多具有指导意义与理论意义的文学观点。同时他的文学理论也指导着他的

---

①　蒋国宏《金泽荣爱国主义思想散论——兼论爱国主义的变现形式与生成途径》,《南通职业大学学报》2003年第3期,页77。

②　金京振《论金泽荣哲学思想》,《中央民族学院学报》1991年第6期。

创作实践，二者是互相补充、互相影响的。笔者的《朝鲜金泽荣文学审美论刍议》一文从文学范畴论、创作审美论、批评鉴赏论等方面探讨了金泽荣的文学理论主张，认为金泽荣"对'体、法、妙、气'内在关联的研究，关于做文章、作诗的创作方法论及对朝鲜、中国文学的批评鉴赏等，见解独到，有很高的理论价值，对朝鲜古典文学批评史不仅起到了总结完善的作用，更进一步推动了朝鲜近现代文学理论的发展"①。

黄伟、董芬的《金泽荣诗学渊源论略》一文分析了金泽荣诗学的渊源。作者指出，金泽荣的评学观受到了多方面因素的影响，如本土文学理念、中国传统诗学等。作者通过分析认为，"金泽荣的诗学渊源一方面植根于儒家文化与家庭熏染，另一方面得力于对文学典籍细大不捐的广泛涉猎以及对优秀诗人的借鉴继承，当然，风云际会的时代变局也是构建金泽荣诗学体系必不可少的一个重要环节"②。

金泽荣不仅在文学理论上有独到见解，对于史学也有自己的创见。金泽荣在 1914 年完成了一部史学著作《韩史綮》，全书六卷，记李氏王朝"二十三王、二帝、二废立，历年凡五百十九年"之事。羽离子的《〈韩史綮〉与金泽荣的历史批评》一文认为《韩史綮》全面地展示了金泽荣的历史观，"全书不仅通过纪事来述论，还专门立'论曰'五十一条，构筑了一个全面论史的体系"③。作者通过分析总结出《韩史綮》历史批评的要点，即撕开封建统治者的虚伪矫饰，揭露统治集团内的血腥倾轧；抨击了封建王朝闭言路、禁锢思想、兴史狱的专制独裁统治；对纯粹以农立国的批判和主张倚重工商；质疑御用儒学的治世功用等。

---

① 王成《朝鲜金泽荣文学审美论刍议》，《连云港师范高等专科学校学报》2012 年第 2 期，页 29。
② 黄伟、董芬《金泽荣诗学渊源论略》，《民族文学研究》2014 年第 3 期，页 109。
③ 羽离子《〈韩史綮〉与金泽荣的历史批评》，《史学史研究》2003 年第 3 期，页 77。

二、关于金泽荣诗文的研究

金泽荣在诗歌、散文等领域都取得了很高的成就，其传世文集收录 1000 多首诗歌、300 多篇散文。金泽荣在诗歌中说："愧无身手关时运，只有文章报国恩。"（《寄黄梅泉》）其诗文反映了金泽荣的思想、行迹、心态以及当时的历史变化等。①

金明得的《金泽荣其人其诗》首先梳理了金泽荣的生平经历，而后重点论述了金泽荣诗歌的思想内容与艺术特征。内容上，反映民生疾苦、抨击腐败的科举制度、歌颂爱国将领、颂扬珍贵友谊等。艺术特征上，以赋为诗、重视炼字、活用典故等。作者还有一篇论文《论金泽荣的诗风格美》，认为悲慨是金泽荣诗歌的主要风格，并且这种诗风是不断发展的。② 金泽荣的诗风也有平和的一面，如他的山水诗、田园诗。金泽荣诗歌的风格是在其漫长的人生旅途中逐渐积累形成的。

尹巍的《金泽荣汉诗创作研究》是研究金泽荣诗歌的力作。文章以金泽荣创作的诗歌作为研究对象，探讨了金泽荣汉诗的思想意蕴，如咏史之怀与时代气息、爱国之情与异国情怀、忧国忧民与壮志难酬、寄情山水与书写乡愁等。尹巍认为金泽荣创作的汉诗呈现出鲜明的艺术特色，如善择诗体、工于布局，长于修辞、巧择意象等。作者认为，金泽荣的诗歌体式全备，题材多样，"从咏史释怀到爱国之心，从忧民济世到寄情山水，从与历史对话到慨叹史实，点点滴滴，字字句句都融入了金泽荣的真性情"③。

笔者的《金泽荣记体文述论》是一篇专门研究金泽荣散文的论文。文章以金泽荣的记体散文为研究对象，主要论述了金泽荣的台

---

① 金明得《金泽荣其人其诗》，《延边大学学报》1988 年第 4 期。
② 金明得《论金泽荣的诗风格美》，《延边大学学报》1990 年第 1 期。
③ 尹巍《金泽荣汉诗创作研究》，中央民族大学博士学位论文，2013 年，页 34。

阁名胜记、山水游记、书画杂物记和人事杂记等记文的内涵、特点以及艺术特征。笔者认为，金泽荣记体文成就颇高，当然，也存在一些缺陷与不足，"金泽荣记体文中的议论，是其显著的特点之一。同时，在部分文章中也成了缺点。其说理过于冗长、繁琐，为说教而说理"①。

也有学者在比较视野中研究金泽荣。文基连的《朝鲜古文家金泽荣与归有光的比较研究》通过比较金泽荣与归有光在文学主张上的异同，考察了归有光对金泽荣的影响。如关于文道与文质的关系问题，作者认为，"金泽荣在文道关系上继承了归有光的主张，同时他又以更加准确的语言概括了归有光的文道观"②。在宗秦汉与宗唐宋的问题上，金泽荣肯定《史记》、贾谊散文，以及韩愈、苏轼、归有光、曾国藩等的文章，说明金泽荣是既宗秦汉又宗唐宋的。作者最后得出结论，"金泽荣古文理论最直接的渊源便是归有光"③。

于秀林的《〈沧江稿〉诗集的文献学研究》以《沧江稿》所收录的汉文诗歌为研究对象，探讨了《沧江稿》的文献价值，从历史文献的角度介绍《沧江稿》的文献特点及融入的作者的思想。作者重点总结《沧江稿》诗集在"研究中朝关系史、研究汉学在朝鲜的影响、研究朝鲜族文学方面的史料价值"④。作者通过梳理、分析具体诗作后认为："《沧江稿》诗集是一部用中文记录的朝鲜亡国历史的宝贵资料。它具有如下三个方面的史料价值：诗集为研究中朝关系史提供了宝贵的资料，同时也为研究汉学在朝鲜的影响提供了重要依据，为研究朝鲜族文学提供了丰富资料。"⑤

---

① 王成《金泽荣记体文述论》，《当代韩国》2016 年第 3 期，页 93。

② 文基连《朝鲜古文家金泽荣与归有光的比较研究》，《国外文学》2000 年第 1 期，页 108。

③ 文基连《朝鲜古文家金泽荣与归有光的比较研究》，页 109。

④ 于秀林《〈沧江稿〉诗集的文献学研究》，延边大学硕士学位论文，2009 年，"摘要"。

⑤ 于秀林《〈沧江稿〉诗集的文献学研究》，页 41。

羽离子的《韩国金沧江的汉学成就》一文总结了金泽荣的汉学成就。作者指出，金泽荣冲破了"狭隘民族主义和极端民族主义的思想樊笼，实事求是地、公正地审视与记录历史和韩中两国间历史悠久而频繁的友好交往而不歪曲史实"①，认为金泽荣对韩国文人崔致远、金富轼、李稿、郑梦周、朴齐家以及中国文人屈原、司马迁、李白、杜甫、白居易、陶渊明、严复、俞樾等都作过分析，或品评他们的作品，或评说他们的人生，取得了很高的成就。

三、关于金泽荣社会活动的研究

1905 年，金泽荣来到中国南通并定居于此，在张謇创办的翰墨林印书局供职，从事文学创作及编辑书籍等活动，并结识了很多当时的名流。这一段工作、生活经历，引起了国内学者的广泛关注与研究，发表了一大批相关研究成果。

金泽荣 55 岁时背井离乡，来到中国，究竟是什么让他做出了如此决定？学者们就此进行了广泛探讨。徐乃为的《金泽荣离韩来华的目的与根因辨正》一文认为，学界多认定的"反抗日本殖民统治，为不作亡国奴"这个原因，"充其量只是（金泽荣）离韩来华的触媒与由头"，金泽荣离韩来华的真正原因是"自许于自己的诗文著述，渴望于自己的声名传扬，恐惧于人生的来日无多，景仰于中华的儒家文化"②。

金泽荣来华之后，定居南通，开始了新生活。张自强的《"韩国屈原"金沧江在南通的日子》一文，主要介绍了金泽荣来南通时的一路跋涉，以及金泽荣在南通期间精心著述、结交当时社会名流等的情况③。金泽荣定居南通后，于 1912 年申请加入中国国籍，是何原因让他选择加入中国国籍呢？庄安正的《亡国情势·箕子情结·挚友情

---

① 羽离子《韩国金沧江的汉学成就》，《北华大学学报》2005 年第 1 期，页 57。

② 徐乃为《金泽荣离韩来华的目的与根因辨正》，《南通大学学报》2013 年第 4 期，页 118。

③ 张自强《"韩国屈原"金沧江在南通的日子》，《钟山风雨》2015 年第 1 期。

谊——金泽荣申请加入中国国籍缘由考析》一文通过细致的分析、考辨认为，是韩国 1910 年的亡国情势、对中国历史的箕子情结以及与张謇的深厚友谊使金泽荣在中国有了归宿感，三者结合，才使金泽荣有了入中国国籍之举。①

著名实业家、教育家张謇在南通创办了翰墨林编译印书局，是中国近代颇具影响力的新式出版社。金泽荣来到中国南通后就供职于此，印书局成为他养家糊口、著书立说的场所。庄安正的《金泽荣与翰墨林编译印书局》一文指出，翰墨林编译印书局是金泽荣日常工作、编校著述以及社会交游的场所。同时，印书局也因金泽荣的加入，出版了许多重要的韩国历史、文学著作，形成了自己的特色，奠定了印书局在近代出版界的独特地位。②

范军的《韩国金泽荣在中国的编辑出版工作》一文主要对金泽荣在中国的编辑出版实践和思想作了一番梳理。"金泽荣花费精力最多、成果最丰富的是对韩国历史及历史人物传记的编写与出版"③，如《韩国历代小史》《东史辑略》等。金泽荣也整理刊行了韩国文人的文集，如《丽朝十家文钞》、黄玹著《梅泉集》、李建昌著《明美堂集》、朴趾源著《重编朴燕岩先生文集》，以及自己的著述《沧江稿》《韶濩堂集》等。

"作为中韩文化交流的友好使者，他的编辑出版活动无疑是研究中韩文化交流史的宝贵资料"④。张性旻的《金泽荣在华期间的史书编纂与出版活动初探》一文介绍了金泽荣在南通翰墨林印书局出版的多部历史著作，如《韩史綮》《韩国历代小史》《校正三国史记》《重编韩国崧阳耆旧传》等，努力纠正原有书籍中的讹误，使很多朝鲜半岛的历

① 庄安正《亡国情势·箕子情结·挚友情谊——金泽荣申请加入中国国籍缘由考析》，《韩国研究论丛》第十三辑，中国社会科学出版社，2006 年。

② 庄安正《金泽荣与翰墨林编译印书局》，《广西社会科学》2006 年第 2 期。

③ 范军《韩国金泽荣在中国的编辑出版工作》，《第十一届国际出版学研讨会论文集》，2004 年，页 44。

④ 范军《韩国金泽荣在中国的编辑出版工作》，页 46。

史文献得以流传至今。①

　　邹振环的《近代中韩文化交流史上的金泽荣》一文介绍了金泽荣
与南通翰墨林印书局，尤其是与张謇的关系，又据复旦大学图书
馆、上海图书馆、韩国高丽大学图书馆馆藏资料，列出了金泽荣在
翰墨林印书局撰辑的书目目录，其中诗文类 15 种、史传类 14 种、
选编类 16 种，合计 45 种，还用相当篇幅分析了金泽荣自杀的原
因。② 邹振环、李春博的《中韩翰墨林书缘——金泽荣与南通翰墨林
印书局》一文是对《近代中韩文化交流史上的金泽荣》一文的补充，主
要以金泽荣与翰墨林印书局的书缘关系为研究对象，分析了金泽荣任
职翰墨林印书局的缘由、出版的朝鲜汉文文献以及《韩史綮》的内容和
价值。③

　　作为社会群体中的一员，任何一位作家都不可能独立存在，他一
定有社会交游，跟不同人交往，从而构成生活"文化圈"。交游对作
家也有很大的影响，如生活方式、文学创作等。金泽荣与中国名流的
交游，丰富了他的现实世界和精神世界。

　　庄安正发表了多篇关于金泽荣社会活动的论文，如《金泽荣与俞
樾交往述论》一文主要探讨了金泽荣与俞樾交往的原因、过程等，属
于个案交游研究。作者认为金泽荣、俞樾二人在文化价值观、学术成
就上的共通之处是二人互相肯定、互相理解的根本所在，并且二人的
交往对两人的学术研究均产生了积极的影响。④《金泽荣与近代南通
文人群体交往考评》一文探讨了金泽荣与南通文人的交游情况。据作
者分析，他们的交往大致经历了由编校业务的需要到慕名互访的过

----

　　① 　张性旻《金泽荣在华期间的史书编纂与出版活动初探》，《美与时代》2014 年 7
月下旬刊。
　　② 　邹振环《近代中韩文化交流史上的金泽荣》，《韩国研究论丛》第五辑，中国社
会科学出版社，1998 年。
　　③ 　邹振环、李春博《中韩翰墨林书缘——金泽荣与南通翰墨林印书局》，《韩国
研究论丛》第十辑，中国社会科学出版社，2003 年。
　　④ 　庄安正《金泽荣与俞樾交往述论》，《史林》2004 年第 1 期。

程，交往的主要形式是以文会友或因文结谊。① 据作者考证，金泽荣的交游对象，有身份证明者计 71 人，职业五花八门。交往也为双方带来了积极的效果，加深了他们之间的相互了解，使金泽荣很快融入了中国社会。

倪怡中的《南通翰墨林印书局的韩国学者》一文介绍了金泽荣与张謇相识、定交的时间及经过等，也论述了金泽荣与俞樾、梁启超、屠寄、严复等人的交往，还介绍了金泽荣在翰墨林印书局编辑出版的书籍，如申纬《申紫霞诗集》、自著《韶濩堂集》等。②

倪怡中还与周昶合作了几篇关于金泽荣研究的论文，如《张謇和金泽荣的交往》③。张謇和金泽荣是 1882 年在朝鲜结识的，后来金泽荣投奔张謇，任职于张謇创办的翰墨林印书局。作者认为爱国主义精神是二人友情的思想基础，诗文是他们表情达意的方式和媒介，他们共同谱写了中朝两国文化交流值得纪念的篇章。周、倪二人的另一篇文章《金泽荣和中国文化名人的诗文交往》指出，金泽荣在南通生活了20 多年，广泛结交中国文人学者，如俞樾、张謇、严复、梁启超、屠寄、吕思勉等，与他们建立了深厚的友谊，诗文唱和、书信往来不断。④

薛平的《张謇与金沧江——一个世纪前的中朝（韩）友谊个案研究》一文主要介绍了张謇与金泽荣交往的时间、原因、过程等。作者对张謇、金泽荣二人的友谊做了历史的透视，指出文化的认同与归附、相同的士人出身，以及清朝与朝鲜的宗藩关系、相同的国运是二人相交的现实基础。二人的交往具有时代意义、历史意义，是中国和朝鲜历

---

① 庄安正《金泽荣与近代南通文人群体交往考评》，《南通大学学报》2005 年第4 期。

② 倪怡中《南通翰墨林印书局的韩国学者》，《博览群书》2006 年第 3 期。

③ 周昶、倪怡中《张謇和金泽荣的交往》，《临沧师范高等专科学校学报》2009 年第 2 期。

④ 周昶、倪怡中《金泽荣和中国文化名人的诗文交往》，《南通大学学报》2010 年第 2 期，页 109。

史关系的缩影。①

顾敏琪的《金泽荣与屠寄、吕思勉之诗文交往》一文首先梳理了金泽荣与屠寄、吕思勉交往的缘起，然后分析了金泽荣和屠寄、吕思勉在常州的重逢，以及金泽荣与屠寄对吕思勉的提携。作者认为，"屠寄、吕思勉与金泽荣的个人交往，不仅应看作常州籍学者对外开展学术文化交流，而更应看做是当时中韩文化交流的一个缩影"②。

四、目前研究存在的问题和前景展望

目前国内对金泽荣的研究取得了可喜的成果，但是也存在诸多问题。首先，研究成果探讨的问题重复性较多，如关于金泽荣与张謇的交往、金泽荣在翰墨林印书馆出版书籍的情况等，大多是在重复论述，没有新材料的发现与挖掘。其次，对于金泽荣的诗文研究、分析不够深入，尤其是散文。最后，研究面过窄，视野不够开阔，没有形成交叉研究。

为了对金泽荣作全面、系统的研究，笔者认为应该在以下几个方面下功夫。第一，加大对金泽荣散文创作的研究。金泽荣的《韶濩堂集》有散文300多篇，涵盖序、记、论、传、墓志铭等文体，内容丰富，成就突出，是我们分析他的心态、思想以及当时社会政治、文化等的重要材料。目前的研究还远远不够，今后应该加大对其散文的研究。第二，加强金泽荣与中国古代作家作品的比较研究。金泽荣的诗歌与散文作品，包含着丰富的中国文化因素，通过对比研究，可以透视中国文化、文学的域外影响与接受情况。在诗歌方面，可以把金泽荣与杜甫作对比研究；散文方面，可以把金泽荣与韩愈作比较。第

---

① 薛平《张謇与金沧江——一个世纪前的中朝(韩)友谊个案研究》，扬州大学硕士学位论文，2001年。

② 顾敏琪《金泽荣与屠寄、吕思勉之诗文交往》，《常州工学院学报》2013年第3期，页3。

三，加快中韩两国关于金泽荣研究成果的相互译介、刊行等工作。中韩两国学界应该多进行学术交流，及时掌握彼此关于汉文学成果的研究动态，不应各自为战、各行其是。只有多交流多借鉴，才能构建完整、系统的汉文学整体研究和个案研究体系。

（原载于《当代韩国》2018 年第 3 期）
作者单位：黑龙江大学文学院

附录二：既往研究目录索引

张源旺　张厚军

(1) 羽离子：《张謇与朝鲜流亡爱国诗人金沧江》，《文史杂志》1988 年 02 期(1988/04/20)

(2) 金明得：《金泽荣其人其诗》，《延边大学学报(社会科学版)》1988 年 04 期(1988/12/30)

(3) 崔惠珠、徐梅：《韩国的金泽荣研究状况》，《韩国研究论丛》1998 年 S1 期(1998/12/31)

(4) 邹振环：《近代中韩文化交流史上的金泽荣》，《韩国研究论丛》1998 年 S1 期(1998/12/31)

(5) 文基连：《朝鲜古文家金泽荣与归有光的比较研究》，北京大学对外汉语中心；《国外文学(季刊)》2000 年第 1 期(总第 77 期)(2000/02/25)

(6) 章开沅：《张謇与中韩文化交流》，《华中师范大学学报(人文社会科学版)》第 39 卷第 6 期(2000/11)

(7) 薛平：《张謇与金沧江———一个世纪前的中朝(韩)友谊个案研究》，扬州大学 2001 年硕士学位论文(2001/05/23)

(8) 王敦琴：《张謇与金沧江诗之比较》，《南通工学院学报(社会科学版)》第 19 卷第 2 期(2003/06)

(9) 羽离子：《朝鲜族文学家金泽荣简论》，《民族文学研究》2004 年 02 期(2004/05/20)

(10) 羽离子：《从〈韩史綮〉识金泽荣的历史批评观》，《韩国研究论丛》2004 年 00 期(2004/12/31)

(11) 羽离子：《韩国金沧江的汉学成就》，《北华大学学报(社会

科学版)》第 6 卷第 1 期(2005/02)

(12)庄安正：《金泽荣与翰墨林编译印书局》，《广西社会科学》2006 年第 2 期(总第 128 期)(2006/02/28)

(13)倪怡中：《南通翰墨林印书局里的韩国学者》，《书人书事》2006 年 3 月

(14)于秀林：《〈沧江稿〉诗集的文献学研究》，《哲学与人文科学辑》2011 年第 S1 期(2009/05/27)

(15)周昶、倪怡中：《张謇和金泽荣的交往》，《临沧师范高等专科学校学报》第 18 卷第 2 期(2009/06)

(16)崔荣华：《张謇与江谦的师生情缘》，《南通大学学报》(社会科学版)第 25 卷第 6 期(2009/11)

(17)尹巍：《金泽荣汉诗创作研究》，中央民族大学 2010 年博士学位论文(2010/03/01)

(18)周昶、倪怡中：《金泽荣和中国文化名人的诗文交往》，《南通大学学报(社会科学版)》2010 年第 2 期(2010/03/15)

(19)张荣生：《金沧江：彪炳韩中两国文坛的汉文学家》，《南通大学学报(社会科学版)》2010 年 03 期(2010/05/15)

(20)王成：《朝鲜金泽荣文学审美论刍议》，《连云港师范高等专科学校学报》2012 年第 2 期(2012/06)

(21)黄伟、董芬：《金泽荣诗学渊源论略》，《民族文学研究》2014 年 8 期

(22)徐乃为：《金泽荣离韩来华的目的与根因辨正》，《南通大学学报(社会科学版)》第 29 卷第 4 期(2013/07/15)

(23)张性旻：《金泽荣在华期间的史书编纂与出版活动初探》，《美与时代(下)》2014 年 07 期(2014/07/25)

(24)张自强：《"韩国屈原"金沧江在南通的日子》，《钟山风雨》2015 年第 1 期(2010/02/10)

(25)庄安正：《金泽荣与近代南通文人群体交往考评》，《南通大学学报(社会科学版)》第 21 卷第 4 期(2015/12)

（26）马雯雯、马菁：《浅论张謇与朝鲜文人的唱酬诗交流》，文教资料 2016 年 05 期（2016/02/15）

（27）郭美善：《金泽荣在中国的出版著述活动考》，《延边大学学报（社会科学版）》第 49 卷第 4 期（2016/07）

（28）王成：《朝鲜文人金泽荣研究综述》，《当代韩国》2018 年 03 期（2018/09/25）

（29）江悦、陶一昕：《从金泽荣流亡经历中探究近代中国文化的向心力》，《2020 年课堂教学教育改革专题研讨会论文集》（2020/08/20）

（30）王成：《朝鲜金泽荣对〈诗经〉〈论语〉等若干问题考论》，《外国语言与文化》2019 年 04 期（2019/12/28）

（31）王成：《朝鲜金泽荣对司马迁〈史记〉的批评与接受》，《殷都学刊》2019 年 03 期（2019/09/15）

（32）赵太和：《吕思勉与朝鲜学者金泽荣的交往——兼论金泽荣对吕思勉治史的影响》，《历史教学问题》2019 年 03 期（2019/06/15）

（33）吴伟：《金泽荣书法风貌及其成因探究》，《教育研究与评论》2018 年 05 期（2018/10/20）

（34）王成：《金泽荣记体文述论》，《当代韩国》2016 年 03 期（2016/09/25）

（35）牛林杰、李冬梅：《抗战语境下中韩文人的相互交流与身份认同》，《韩国研究论丛》2019 年 01 期（2019/06/30）

（36）顾敏琪：《金泽荣与屠寄、吕思勉之诗文交往》，《常州工学院学报（社科版）》2013 年 03 期（2013/06/28）

（37）刘单：《金泽荣与中国文人交往心态考析》，《现代语文（文学研究）》2010 年 07 期（2010/07/05）

（38）黄彦彦：《金泽荣的文学审美倾向》，《现代语文（文学研究版）》2009 年 06 期（2009/06/05）

（39）庄安正：《金泽荣与俞樾交往述论》，《韩国研究论丛》（2004/12/31）

（40）范军：《韩国金泽荣在中国的编辑出版工作》，《第十一届国际出版学研讨会论文集》（2004/10/01），《出版科学》2004 年 06 期（2004/11/15）

（41）邹振环、李春博：《中韩翰墨林书缘——金泽荣与南通翰墨林印书局》，《韩国研究论丛》2003 年总第 10 辑（2003/10/31）

（42）蒋国宏：《金泽荣爱国主义思想散论——兼论爱国主义的表现形式与生成途径》，《南通职业大学学报（综合版）》2003 年 03 期（2003/09/25）

（43）张自强、冯新民：《韩国诗人南通新民——金沧江》，《文史知识》2003 年 08 期（2003/08/01）

（44）王庆德：《旅华韩人金泽荣的文化拯救活动》，《江海学刊》2002 年 03 期（2002/06/30）

（45）文基连：《归有光与金泽荣的文学思想比较》，《韩国学论文集》2000 年总第八辑（2000/08/31）

（46）宋天镐：《金泽荣文学中的中国文人思想考察》，《韩国学论文集》1998 年总第七辑（1998/09/30）

（47）魏武：《朝鲜爱国诗人金泽荣及其书法艺术》，《南通师专学报（社会科学版）》1995 年 02 期（1995/06/15）

（48）金京振：《论金泽荣哲学思想》，《中央民族学院学报》1991 年 06 期（1991/12/27）

附录三：金沧江年谱

蔡观明编①

公元 1850 年　一岁　清道光三十年庚戌　韩哲宗章皇帝（熙伦王）李昇元年

十月十五日癸酉，沧江翁生于京畿开城府东部子男山南之舍。

公元 1856 年　七岁　清咸丰六年丙辰　韩熙伦王七年

翁始受书。

公元 1859 年　十岁　清咸丰九年己未　韩熙伦王十年

翁元配王氏来归。

公元 1863 年　十四岁　清同治二年癸亥　韩熙伦王十四年

王沉于女宠者多年，羸疾沉绵，冬十二年殂。无嗣，赵太妃令庄献世子曾孙兴宣君昰应之第二子载晃入即王位，为文祖之后，改名曰熙。王时年十二，太妃垂帘同听政。尊兴宣君为大院君，大院君专执朝政，令大臣以下受成于己，而以朝命颁之。

翁受功令业于青皋全公象谦。

公元 1865 年　十六岁　清同治四年乙丑　韩光武帝二年

大院君建景福宫，经用不敷，令近道民赴役。且募民纳钱，名曰

---

①　蔡观明年轻时见过金泽荣，解放后，其在南通市图书馆整理古籍时，以金泽荣自订《年略》与按年编列的金泽荣诗文集为参考，编辑成此《金沧江年谱》，未曾刊印，手稿本一册，藏于南通市图书馆。

愿纳，纳钱多者授官，或以虚衔。于是乡里骚然。

　　公元 1866 年　　十七岁　　清同治五年丙寅　　韩光武帝三年
　　太妃撤帘。纳骊兴闵氏为妃。正月，杀天主教神父张敬一，法兰西水师提督鲁势遣部下领兵舰入江华海口。先请通商，大院君拒之。九月法军入江华。以李元熙为巡抚中军，率兵五千往击，千总梁宪洙以炮兵三百设伏江华城下，突起毙数十人，敌遂奔退。大捕杀天主教徒。
　　春，翁婴红疹几危，自是始有火气之疾。九月，汉城府成均试，以诗入格。

　　公元 1867 年　　十八岁　　清同治六年丁卯　　韩光武帝四年
　　二月，会试见罢。

　　公元 1868 年　　十九岁　　清同治七年戊辰　　韩光武帝五年
　　正月，以宫役财绌，丁京城西门收贩鬻者之税。罢当百钱。夏，美利坚人崔兰轩欲与朝鲜通商，以船一艘入大同江，潮落船胶。平安监司朴珪寿发军吏焚其船，杀兰轩。时日本仿行西洋政治，自称皇帝，遗其臣花房义质致国书，拒不受。
　　翁不乐举业，从兼斋白公岐钲问业，始知有古文学。

　　公元 1870 年　　二十一岁　　清同治九年庚午　　韩光武帝七年
　　会试见罢。

　　公元 1871 年　　二十二岁　　清同治十年辛未　　韩光武帝八年
　　夏四月，美利坚水师提督鲁势借以兵船五艘入德津。以鱼在渊为巡抚中军御之。在渊至广城堡为敌所袭，力战死之，敌亦退。
　　正月，长子光濂生。是年翁长兄润荣殁。

公元 1872 年　二十三岁　清同治十一年壬申　韩光武帝九年

四月，散疾往平壤，转至海州而还。八月，与再从权石厉卿游金刚山，至于东海，观丛石。冬，读归有光文忽有悟。

公元 1873 年　二十四岁　清同治十二年癸酉　韩光武帝十年

王年稍长，思亲政，王后颇通书史，饶智略，善同王意，王甚宠之。崔益铉上疏论大院君，大院君大怒，阖门谢事。王始亲政，令王后参议，以闵升镐为手足而使之。

读书开州之鸿山。苦火疾有年，每踞石观水移时，胸次为之爽然，遂自号曰沧江。

公元 1874 年　二十五岁　清同治十三年甲戌　韩光武帝十一年

后以元子诞生，请设祈醮，王亦性好鬼神而乐从之。分窜大院君亲信。

春，会李校理建昌于京城。（李字凤朝，号宁斋。）

公元 1875 年　二十六岁　清光绪元年乙亥　韩光武帝十二年

王自祈醮宴乐以来，日用数千金。凡大院君十年所储积者，不期年而荡然。

日本使黑田清隆领兵舰来。

公元 1876 年　二十七岁　清光绪二年丙子　韩光武帝十三年

正月，黑田清隆入江华，致国书。王令群臣议，朴珪寿主受书，王然之。假申櫶判中书府事衔，遣清隆去。櫶与清隆定修好条约，畏其兵威，悉从所请。卖外官。

生长女。

公元 1877 年　二十八岁　清光绪三年丁丑　韩光武帝十四年

始卖科。

作《院谷新业记》。筑见山堂，作《见山堂记》。（一名云山韶
濩堂。）

公元 1878 年　二十九岁　清光绪四年戊寅　韩光武帝十五年
王以老党自处，语及南比、少三党，则必曰："他色。"
八月，与同郡李相东游三南，往返六十日，周行约三千里，亦为
散疾也。

公元 1879 年　三十岁　清光绪五年己卯　韩光武帝十六年
日本使臣花房义质来开港于釜山，仍起馆于汉城西门外居焉。
六月，翁元配王氏殁。继配全氏来归。

公元 1880 年　三十一岁　清光绪六年庚辰　韩光武帝十七年
葬王氏，作圹铭。作伯兄碧梧堂府君墓志铭。
入都应试。（自都还渡信津诗，有"送我入国门，迟我乘高
轩"句。）

公元 1881 年　三十二岁　清光绪七年辛巳　韩光武帝十八年
设军国机务衙门。王决意通各国。九月，遣参议金允植往谋其事
于李鸿章，遂为之绍介于各国焉。
春，选定韩公在濂诗集。初庵集印役成。六月，遇关西金医针破
痞块。有计偕东上诗。

公元 1882 年　三十三岁　清光绪八年壬午　韩光武帝十九年
夏四月美利坚遣公使至仁川，乃以申櫶为全权大臣往会，定通商
之约。
大院君利用兵变发动政变，清派兵执大院君，吴长庆留镇。日本
井上馨等帅兵来责乱兵杀堀本礼造事。公使竹添进一郎来开港于元
山浦。

王后乱中逃忠州，事定还京。

四月，增广成均试一所以诗拔第一，秋，会试见罢。冬，用京畿监司洪祐昌保举，赴及第试入格，复试报罢作和斋墨迹跋。

公元 1883 年　三十四岁　清光绪九年癸未　韩光武帝二十年

以财窘开典圜局于仁川，铸当五钱。为各国开港仁川，王后自忠州还时，携湖西李媪，封为真灵君，所言皆从。

春，会试保举试见罢。八月，会吴长庆幕僚张謇于汉城清军中。

公元 1884 年　三十五岁　清光绪十年甲申　韩光武帝二十一年

夏五月，吴长庆还国，统领吴兆有代视军务。改服制为窄袖。改军制为亲军前、后、左右四营，营置使为大将。金玉均等结日使竹添作乱，劫王，杀大臣。袁世凯以兵入宫，击日本兵，王入世凯营，事定还宫。

五月，作《崧阳耆旧传》。八月，汉城府成均试，初试以经义拔第一。名书室曰揽瀑亭，作《揽瀑亭记》。作《二十二峰草堂》。

公元 1885 年　三十六岁　清光绪十一年乙酉　韩光武帝二十二年

清放大院君还。

二月，会试见罢。

公元 1886 年　三十七岁　清光绪十二年丙戌　韩光武帝二十三年

为俄罗斯人开港于会宁府，法、意、奥、比皆定商约。清撤朝鲜留镇兵，召吴兆有还。以袁世凯代为统领，兼商务大臣。

本府成均升补试，以诗入格。生子德麟。

公元 1887 年　三十八岁　清光绪十三年丁亥　韩光武帝二十

四年

以都承旨闵泳骏为全权公使驻日本。以朴定阳为驻扎美利坚公使。

四月，翁随书状官郑闾朝赴清。行至平壤，闻母病驰还，母殁已二日。辑《崧阳耆旧诗集》。

公元 1888 年　三十九岁　清光绪十四年戊子　韩光武帝二十五年

美利坚人宴各公使，朴定阳赴宴，与清使抗礼。闻于清，移咨责之。遂归罪定阳，召还，使之闲住。

作《丽季忠臣逸事传》。作《崧阳耆旧传序》。

公元 1889 年　四十岁　清光绪十五年己丑　韩光武帝二十六年

秋，服八味汤火疾始瘳。去夏峡庐失火，八月，归居嗒台。

公元 1890 年　四十一岁　清光绪十六年庚寅　韩光武帝二十七年

德麟殇。

公元 1891 年　四十二岁　清光绪十七年辛卯　韩光武帝二十八年

京城讹传袁世凯将劝王传位世子，而令大院君辅政，王闻而大惧！春二月，命世子南面受百官朝贺。既而知其讹言，收南面之命。

五月，增广成均会试以诗拔进士第十一人。

作《鹤归轩记》。

公元 1892 年　四十三岁　清光绪十八年壬辰　韩光武帝二十九年

二月，遭出继子光濂丧。

公元 1893 年　四十四岁　清光绪十九年癸巳　韩光武帝三十年

东学党以祭天诵咒结党徒，党人崔时亨揭竿，以斥洋、倭诛闵泳骏、赵秉式等为名。乃罢秉式。以鱼允中为宣谕使，洪启薰为招讨使，遣散之。造国旗。

七月，葬母尹端人。冬，入都。

公元 1894 年　四十五岁　清光绪二十年甲午　韩光武帝三十一年

古阜郡民起义。请援于袁世凯，转告李鸿章。鸿章以往年有约，中日出兵朝鲜，互相通知，乃通知日本。使叶志超、聂士成领兵赴之。日本以大鸟圭介为驻朝鲜公使，遣水师提督伊东祐亨，陆军少将大岛义昌领兵五千随之。大鸟引兵入宫，迎大院君入主政。以是岁为开国五百三年，废清年号。日本袭败清兵于平壤。

公元 1895 年　四十六岁　清光绪二十一年乙未　韩开国五百四年（光武帝三十二年）

日本与清又战于旅顺、威海卫之间，皆胜。清畏而乞和，遣李鸿章至马关定条约，其第一条：清国认朝鲜为独立自主之国。颁立宪官制，下断发令。王后谋复君权，内务大臣朴泳孝密请兵于日本公使，事泄逃日本。王后恃俄援，劝王罢训练队而独存侍卫队，以重君权。日本三浦吾楼欲除后，通于大院君，遣杉村濬入宫刺杀后。

春，《瀛寰概录》成（原名《士民必知》）。四月，改内阁主事隶记录局编史。七月，买屋于京城北巷，妻女来居。九月，升中枢院参书官，叙奏任官六等，兼内阁参书官，仍兼内阁记录局史籍课长。十一月，遵令断发。

公元 1896 年　四十七岁　清光绪二十二年丙申　韩建阳元年用阳历。

徐载弼创独立协会。王潜出至俄罗斯公使馆，下诏罢内阁诸臣职，随遣警务官捕斩金弘集、郑秉夏，余逃日本。收回断发之令。罢内阁，复议政府。

正月，复长发。二月，刊《耆旧传》，翁三从弟丰基郡守信荣出资以成者也。七月，内阁史籍课罢，翁只供本职于中枢院。以申箕善"儒学经纬"讥西教，自劾。翁曾作序亦自劾。十一月遭父丧。

公元 1897 年　　四十八岁　　清光绪二十三年丁酉　　韩光武元年

王从俄馆移庆运宫，九月，即帝位，改国号曰韩。解中枢院顾问官徐载弼职。

公元 1898 年　　四十九岁　　清光绪二十四年戊戌　　韩光武二年

大院君卒。六月，置元帅府，帝亲统海陆军为大元帅，皇太子为元帅。

正月，应招充史礼所辅佐员。为文悼学士李建昌。

九月，停史礼所事。礼典已编至八九，委员南廷哲令翁与直员张志善私成之。

公元 1899 年　　五十岁　　清光绪二十五年己亥　　韩光武三年

倚日人力解散独立协会。清公使徐寿朋来订商约。

正月，应学部大臣申责善选，以辅佐员赴本部编辑局。四月八日，全氏殁于汉京。秋，选定《朴燕岩趾源文集》。

公元 1900 年　　五十一岁　　清光绪二十六年庚子　　韩光武四年

二月，改宪法为无限君权。是时帝饕财尤甚，苟能营进钱财者皆亲之。清有义和团事件，联军入北京，帝电贺。以渔权归日本。大饥。

作《燕岩集序》。（翁取其诗文稿，旁取《课农小抄》《热河日记》，编为六卷。）

公元 1901 年　五十二岁　清光绪二十七年辛丑　韩光武五年

大饥。

撰《东史辑略》，自檀君至高丽。由仁川舟往开城。

孙女出阁，嫁林有瑞子昺植。

公元 1902 年　五十三岁　清光绪二十八年壬寅　韩光武六年

平南观察使闵泳喆营行宫于平壤，迫民出钱助役巨万金，他吏掊克率如此。

大饥。丁抹定商约。

闵衡植助刊《东史辑略》。冬，升六品承训郎。

公元 1903 年　五十四岁　清光绪二十九年癸卯　韩光武七年

秋八月，日人设铁道自汉京南门至釜山。大饥。

正月，差文献备考续撰委员，于弘文馆开纂辑所。

三月，升正三品通政大夫。十二月，竣会典役。

作《疆域考补论序》。

公元 1904 年　五十五岁　清光绪三十年甲辰　韩光武八年

日俄开战，韩绝俄罗斯，罢驻俄使李范晋。日本破俄。日本胁订内政改革案。

尹始炳等组保安会，后投日使林权助，改名一进。

得鲜于氏家谱所载箕子以下诸王事，补《东史辑略》。海丰府院君尹公给纸笔书手，使翁选高丽迄近代文二十家。

公元 1905 年　五十六岁　清光绪三十一年乙巳　韩光武九年

日本陆军大将长谷川好道来驻汉京，建宪兵司令部。日本大使伊藤博文来见时，出五条约请署押，即统监韩之外交、港务，胁政府签署。

作祭季妹尹氏妇及祭先考妣文。

二月，用学部圈荐为编辑委员。学部取《东史辑略》刊行，改名《历史辑略》。秋，李日如以其曾大父《东樊诗稿》请选。九月，挈妻女出仁川，投劾辞二官，乘船至上海。赴苏州访俞曲园，拟居苏，曲园劝还上海。访张謇于通海实业账房，遂至通州，校书于翰墨林，买屋于东濠河之侧。

公元 1906 年　五十七岁　清光绪三十二年丙午　韩光武十年
日本废韩外部，置外事局于其国。各国必撤驻使。三月，日本置统监府，伊藤任统监。前参政闵宗植起兵，兵败被囚，久之始释。
前赞政崔益铉，泰仁郡府林炳瓒同谋起义，事败被拘。
选定《丽韩文选》，冬，选定《申紫霞诗集》。作《花开家稿序》。

公元 1907 年　五十八岁　清光绪三十三年丁未　韩光武十一年
改议政府为内阁，李完用为总理大臣。帝密使李相卨赴海牙和平会被拒。
伊藤胁内禅。统监胁定七条约，皆统监兼综韩内政之事也。内阁次官悉以日人为之，外则各道以日人为警视等官。解散兵队。
作《是真沧江室记》、《申紫霞诗集序》、《全青皋先生墓表》、亡儿光源圹铭。作《挽曲园诗》。正月廿四日，第四子生，乳名喜郎，名光续。为张謇寄子，改名光祖。

公元 1908 年　五十九岁　清光绪三十四年戊申　韩隆熙元年
诸道义兵，在在蜂起，而兵队之见罢者走与之合，势颇劲。六月，各郡设守备队，讨伐队以防之。
韩以续文献备考刊成，赐儿马一匹，颁书一部。
十二月，往上海，因游金陵历金焦而归。

公元 1909 年　六十岁　清宣统元年己酉　韩隆熙二年
伊藤解任，被安重根刺杀之于哈尔滨。一进会倡议日韩合并。

二月，女柔黄嫁岳逢春。挈妻子回国，在上海登船时，交严复、郑孝胥，又曾游杭州。六月，复华服出仁川，至烟台，遂至通州。秋，辑《箕子国历代诗》，辑成作序。作《东樊诗稿序》。

公元 1910 年　六十一岁　清宣统二年庚戌　韩隆熙三年
韩合并于日。
　　夏，修《东史辑略》，改名曰《韩国历代小史》。书成作序。秋，重修《崧阳耆旧传》，补成《崧阳耆旧诗集》。
　　韩亡，制素服，服之三日，游无锡，有《同眭聘臣游惠山泉诗》，作《宁斋遗札跋》，及《先考通仕郎开城府分监役衔府君墓志》《先妣墓志》《继氏全氏墓志》。

公元 1911 年　六十二岁　清宣统三年辛亥
清亡，民国成立
　　选定亡友《黄梅泉集》。五月，屠寄醵赀刊《沧江诗稿》。金谨镛助二百金，刊文集。重作《崧阳耆旧传序》。（按《沧江稿》录诗至辛亥，附断句有："赁屋犹看春色入，孩儿时引笑声来。"注："以上通州许家巷赁屋联。"似翁二次到通，即改寓许家巷。）

公元 1912 年　六十三岁　民国元年壬子
秋，《文集》十四卷刊成。入籍为中华民国。

公元 1913 年　六十四岁　民国二年癸丑
撰《古本大学章句》。作《韩史綮》序。

公元 1914 年　六十五岁　民国三年甲寅
光祖与卢氏女订婚。《韩国历代小史》至是完全脱稿。

公元 1915 年　六十六岁　民国四年乙卯

袁世凯称帝。

六月，自城中许家巷之僦屋，移僦于老之西南十余武地之屋。西墙外一宅，本包壮行之石圃，有女贞树一株，因名屋曰借树亭。榜门联语："金天还旧籍，石圃结方邻。"应屠寄招至常州，薄游而返。募资故国，刊《韩国历代小史》。

公元 1916 年　六十七岁　民国五年丙辰
袁世凯取消帝制，同年死。
作《借树亭记》。校刊金富轼《三国史》。改《沧江稿》为《韶濩堂集》，重刊之。

公元 1917 年　六十八岁　民国六年丁巳
张勋拥溥仪复辟，段祺瑞讨平之。以后军阀割据，争战不息。
失少子光祖。

公元 1918 年　六十九岁　民国十年戊午
谋嗣于三从弟士元，士元以其第二子焕拘许之，改名光高。
钱浩斋以南通城东北三里高桥祭田予翁为生圹，翁以己姓名之曰金山生圹。古本大学私笺成。秋，《韩史綮》成。

公元 1919 年　七十岁　民国八年己未
葬光祖，作亡儿孝郎墓志铭。刊《韶濩堂续集》三卷，费师洪醲金助刊。

公元 1920 年　七十一岁　民国九年庚申
以堂侄光爀之子晶基为光祖后。作精刊《韶濩堂集》补序。代作《大韩民国总理大臣陈情中华民国总理书》。（时韩人组织临时政府于上海租界。）

公元 1921 年　七十二岁　民国十年辛酉
订陈修定女为晶基妻。①
十月，往上海，未几归。

公元 1922 年　七十三岁　民国十一年（壬戌）
作诗挽屠寄。梁启超至南通，往见之。
八月十一日，访陈修定于丝鱼港。

公元 1924 年　七十五岁　民国十三年（甲子）
江浙战争，浙败。既而直奉战起，冯玉祥起兵据北京，囚曹锟，吴佩孚败走，段祺瑞执政。（后仍为张作霖所逐。）

公元 1925 年　七十六岁　民国十四年（乙丑）
孙中山应段召至北京，未几病卒。奉军南下。

公元 1926 年　七十七岁　民国十五年（丙寅）
南方国共合作，兴师北伐，孙传芳驱奉军据江苏，与南军战于闽赣皆败。复让江南予奉军，准备尽撤所部至苏北。
翁作诗挽张謇："等霸期王负俊才，应龙飞处一声雷。纵无邓禹奇功在，足试瞿昙活手来。""昌黎云与孟郊龙，文字狂欢卅载中。今日都来成一错，奈何淮月奈江风。"

公元 1927 年　七十八岁　民国十六年（丁卯）
孙传芳部逐渐撤苏北，南方进军节节胜利。
翁素有烟癖，生计日艰，南通主实业会计者不发生活费，加以政局演变，遂服鸦片烟膏自杀，时农历二月也。

------

①　据陈修定说是其堂侄女。又据席子珍说，该女于金死后过门，后因婆媳不和，去而不返。晶基 28 岁时与席子珍结婚，生三子。

朝鲜金泽荣撰辑书目

《韩国历代小史十三卷》 朝鲜金泽荣撰
1915 年南通翰墨林书局铅印本 四册线装（南通市图书馆藏）

《韩国历代小史二十八卷》 朝鲜金泽荣撰
民国间南通翰墨林书局铅印本 九册线装（南京图书馆藏）

《韩国历代小史二十八卷》（正误本） 朝鲜金泽荣撰
1924 年南通翰墨林书局铅印本 九册线装（南通市图书馆、南京图书馆藏）

《韩国近代小史□□卷》（最后正误本） 朝鲜金泽荣撰
民国间南通翰墨林书局铅印本 四册线装（南通市图书馆、南京图书馆藏）

《校正三国史记五十卷》 朝鲜金泽荣撰
1916 年南通翰墨林书局铅印本 四册线装
《三国史记》为高丽金富轼撰；"三国"指：朝鲜历史上的新罗、高句丽、百济。（南通市图书馆藏）

《瀛寰概录四卷》 英国纥法撰 朝鲜白南奎等译 朝鲜金泽荣补
朝鲜金泽荣第二次改写手稿本 一册线装
本书原名《士民必知》，朝鲜开国五百四年（1819 年）朝鲜活字印本。（南通市图书馆藏）

《新高丽史五十三卷目录一卷》 朝鲜金泽荣撰
1924 年南通翰墨林书局铅印本 十四册线装
对本书，另外出版了《正误一卷》一册。
此书是朝鲜郑麟趾《高丽史》的增修本。（南通市图书馆、南京图

书馆藏）

《韩史綮六卷》　朝鲜金泽荣撰
1914 年南昌岳逢春刊南通翰墨林铅印本　三册线装
（岳逢春是金泽荣女婿）（南通市图书馆藏）

《高丽季世忠臣逸事传一卷》　朝鲜金泽荣撰
民国间南通翰墨林书局铅印本　一册线装
（在《韶濩堂三集二卷》后附有此书"正误"）（南通市图书馆藏）

《重编韩代崧阳耆旧传二卷》　朝鲜金泽荣辑
1920 年南通翰墨林书局铅印本　一册线装（南通市图书馆藏）

《（金泽荣）年略一卷》　朝鲜金泽荣撰
民国间南通翰墨林书局铅印本　一册线装（南通博物馆藏）

《重修通明宫附设经社记一卷》　朝鲜金泽荣撰　海门黄祖谦书
民国间影印本　一册线装（南通市图书馆藏）

《钱处士行状一卷》　朝鲜金泽荣撰　南通张謇书
1919 年石印本　一册线装（南通市图书馆藏）

《沧江稿十四卷》　朝鲜金泽荣撰
1911 年南通翰墨林书局铅印本　六册线装
十四卷：诗稿四卷　中国屠寄等出资刊行
　　　　文稿十卷　朝鲜白南轼等出资刊行
文集前有金泽荣遗像。（南通市图书馆、南通博物馆藏）

《韶濩堂集十五卷附刊一卷》　朝鲜金泽荣撰

1911 年南通翰墨林书局铅印本   七册线装

本书收诗 1041 首、文 463 篇（南通市图书馆、南京图书馆藏）

《韶濩堂续集三卷》 朝鲜金泽荣撰

1919 年南通翰墨林书局铅印本   一册线装

卷三中有作者《年略》（南通市图书馆藏）

《精刊韶濩堂集□卷》 朝鲜金泽荣撰

1920 年南通翰墨林书局铅印本   四册线装

□卷：《韶濩堂诗集》定本六卷

　　　《韶濩堂文集》定本□卷（南通市图书馆藏）

《韶濩堂亲补九卷附编二卷》 朝鲜金泽荣撰

1920 年南通翰墨林书局铅印本   三册线装

书面页题签《精刊韶濩堂集补》。（南通市图书馆藏）

《韶濩堂三集二卷》 朝鲜金泽荣撰

1922 年南通翰墨林书局铅印本   一册线装（南通市图书馆藏）

《韶濩堂集精十二卷》 朝鲜金泽荣撰

1924 年南通翰墨林书局铅印本   四册线装

书面页题签《重刊韶濩堂集精》

十二卷：《韶濩堂诗集》定本六卷

　　　　《韶濩堂文集》选本六卷（南通市图书馆藏）

《合刊韶濩堂集十五卷目录二卷》 朝鲜金泽荣撰

民国间南通翰墨林书局铅印本   八册线装

金泽荣从子光弦刊。（南通市图书馆、南京图书馆藏）

《韶濩堂全集补遗二卷》　朝鲜金泽荣撰　南通崔竟成选
1925 年南通翰墨林书局铅印本　一册线装（南通市图书馆藏）

《韩国金沧江集选二卷》　朝鲜金泽荣撰　山阴李祯选
民国间南通翰墨林书局铅印本　一册（南通博物馆藏）

《丽韩九家文选三卷》　朝鲜金泽荣辑
手稿本　二册线装
九家指：金富轼、李齐贤、張维、李植、金昌协、朴趾源、洪奭
周、金迈淳、李建昌。（南通市图书馆藏）

《丽韩十家文钞十一卷》　朝鲜金泽荣　王性淳辑
1915 年南通翰墨林书局铅印本　二册线装
十家指：上面一书列的九家外，加金泽荣一家。（南通市图书馆
藏）

《箕子国历代诗四卷》　朝鲜金泽荣辑
1909 年手稿本　一册线装
书中共收八十五人，诗二百三十首并附各作者小传；红条格纸。
（南通市图书馆藏）

《梅泉集七卷　续集二卷》　朝鲜黄玹撰　金泽荣选
1911 年南通翰墨林书局铅印本　四册线装（南通市图书馆、南京
图书馆藏）

《申紫霞诗集六卷》　朝鲜申纬撰　金泽荣辑
1907 年南通翰墨林书局铅印本　二册线装
据一九二六年第二版印本前序中讲，此次印的一千部，几乎全部
被朝鲜购去。此一部系张謇藏书。（南通市图书馆藏）

《申紫霞诗集六卷》　朝鲜申纬撰　金泽荣辑
1926年南通翰墨林书局铅印本　二册线装（南通市图书馆藏）

《重编朴燕岩先生文集七卷》　朝鲜朴趾源撰　金泽荣评
民国间南通翰墨林书局铅印本　二册线装（南通市图书馆藏）

《崧阳耆旧集二卷》　朝鲜金泽荣辑
1910年南通翰墨林书局铅印本　一册线装（南通市图书馆藏）

《古本大学私笺六卷》　朝鲜金泽荣撰
1918年南通翰墨林书局铅印本　一册线装（南通市图书馆藏）

（以上书目仅据南京图书馆、南通市图书馆、南通博物馆藏书目
录中查录）